大党伟力

——百年大党何以风华正茂——

黄明哲◎著

红旗出版社

红旗出版社 RED FLAG PRESS 推动进步的力量

图书在版编目（CIP）数据

大党伟力 / 黄明哲著. -- 北京 : 红旗出版社, 2020.12
ISBN 978-7-5051-5193-2

Ⅰ. ①大… Ⅱ. ①黄… Ⅲ. ①中国共产党－党史－通俗读物 Ⅳ. ①D23-49

中国版本图书馆CIP数据核字 (2020) 第069364号

书　　名　大党伟力
编　　著　黄明哲

责任编辑	朱小玲	封面设计	张合涛
责任印务	郝　旺	责任检校	武环静
出版发行	红旗出版社		
地　　址	北京市沙滩北街 2 号	邮政编码	100727
	杭州市体育场路 178 号	邮政编码	310039
编 辑 部	0571-85310198	发 行 部	0571-85311330
E-mail	rucdj@163.com		
图文排版	北京时代华语国际传媒股份有限公司		
印　　刷	北京中科印刷有限公司		
开　　本	690 毫米 ×980 毫米	1/16	
字　　数	200 千字	印　　张	21.5
版　　次	2020 年 12 月北京第 1 版	印　　次	2021 年 2 月北京第 2 次印刷
ISBN	978-7-5051-5193-2	定　　价	58.00 元

欢迎品牌畅销图书项目合作　　联系电话：0571-85310806

序言

沧海横流显砥柱，万山磅礴看主峰。100 年来，从一个 50 多人的小党成长为拥有 9000 多万党员、执政 70 多年的大党；从播下救亡图存革命火种的小小红船，到领航中华民族复兴伟业的巍巍巨轮，是什么力量让中国共产党由小变大、由弱变强，百折不挠、革故鼎新，成为始终走在时代前列、人民衷心拥护、勇于自我革命、经得起各种风浪考验、朝气蓬勃的马克思主义执政党？

1936 年，美国作家埃德加斯诺来到延安，看到一种令他惊异的生活方式：毛泽东住在十分简陋的窑洞里，周恩来睡的是土炕，彭德怀穿的背心是用缴获的降落伞裁成的。斯诺由此发现了一种“伟大的力量”，并断言这种力量是中国共产党的胜利之本。

那么，这种“伟大的力量”来自何方？这种“伟力”来自坚守初心的意志力，来自理想信念的精神力，来自人民至上的感召力，来自民主集中的组织力，来自道德高尚的品格力，来自自我革命的免疫力，来自本领恐慌的学习力，来自作风优良的感染力，来自钢铁纪律的约束力，来自担负使命的奋斗力，来自守正出新的创造力，来自兴国之魂的文化力。

当我们把目光投向 80 多年前的延安，发现在那贫瘠的土地上生发出一股昂扬的蓬勃生机，被美国记者斯诺在《红星照耀中国》一书中誉为“东方魔力”——那种精神，那种力量，那种欲望，那种热情……是人类历史本身的丰富而灿烂的精华，是“兴国之光”。正是这种伟大的力量成了中国共产党从南湖小船走向天安门，从小到大，从弱到强，从胜利走向胜利的法宝，威力无穷。

初心如磐，使命在肩，正是因为磨砺于伟大斗争、致力于伟大工程、奋进在伟大事业、激荡着伟大梦想，我们党才能穿过革命、建设和改革的险滩激流，近百年犹未老，一世纪正青春。

目录
CONTENTS

第一章　坚守初心的意志力

有一种力量坚不可摧，有一种力量所向披靡，有一种力排山倒海，有一种力量披荆斩棘，有了它俯首甘为孺子牛，有了它留取丹心照汗青，有了它敢教日月换新天，有了它横扫千军如卷席。这种力量叫作初心。中国共产党成立之初，就义无反顾地肩负起实现中华民族伟大复兴的历史使命，把“人民的利益”鲜明地写在旗帜上。

“一个民族、一个国家，必须知道自己是谁，是从哪里来的，要到哪里去，想明白了、想对了，就要坚定不移朝着目标前进。”中国共产党人的初心和使命，就是为中国人民谋幸福，为中华民族谋复兴，这是激励我们不断前进的根本动力。

第二章　理想信念的精神力

理想指引人生方向，信念决定事业成败，理想信念是人们的精神支柱和力量源泉。理想信念也是共产党人的政治灵魂，是成事之基、动力之源、精神之“钙”。马克思主义信仰，共产主义理想，社会主义信念，是共产党人的力量之源、定力之基，也是保持党的团结统一的思想基础。

从“砍头不要紧，只要主义真”的夏明翰，到在狱中写下《清贫》《可爱的中国》的方志敏，再到县委书记的好榜样焦裕禄、新时期领导干部的楷模孔繁森……众多党员领导干部不仅为我们留下了关于共产主义理想信念的铮铮誓言和激扬文字，而且用行动甚至生命诠释了这一崇高理想信念的价值和力量。

第三章 人民至上的感召力

我们党诞生于人民，来自于人民，植根于人民，服务于人民，胸怀的是“人民梦想”，致力的是“人民生活”，坚守的是“人民立场”，关注的是“人民忧乐甘苦”，依靠的是“人民群众”，拥有的是“人民军队”，建立的是“人民政权”，追求的是“人民幸福”，践行的是“以人民为中心的发展理念”，求解的是“人民对美好生活的向往”，奋斗的是“解放全人类”，真正把“以人民心为心”的精神书写在旗帜上，真正求得全体人民的“最大公约数”、画出中华民族“最大的同心圆”。

正是因为坚持人民至上，我们党才赢得了人民群众的拥护支持，筑成“真正的铜墙铁壁”，汇成磅礴的洪流大潮，推动“中国号”巨轮劈波斩浪、胜利前行；才成为时代合格的“答卷人”，凝聚起最震撼人心的前进力量，谱写了最大气磅礴的壮歌，绘就了改天换地的画卷，完成了开天辟地的壮举，绽放出耀眼的时代芳华。

第四章　民主集中的组织力

民主集中制是中国共产党的根本组织制度和领导制度，党的各级组织在民主集中制基础上形成了科学的严密整体，倍增了党的力量。100年来，中国共产党之所以能披荆斩棘、破浪前行，民主集中制指导下组织力量的强化增效，确实发挥了无可替代的保证作用。通过强化组织力量，我们党在实践中成功锻造了强有力的党的领导核心，使之成为全党团结统一的力量中心，为全党行动明确了方向、统一了步调；通过强化组织力量，我们党在实践中持之以恒地着力提升各级党组织凝聚力、战斗力，尤其抓住基层党组织这个党全部工作和战斗力的基础，将其打造成坚强的战斗堡垒，使之成为基层党员和群众的主心骨。

第五章 道德高尚的品格力

正人先正己，心正则身修；德高则望重，德高以率众。我国传统文化特别强调“修身正心”“德行天下”。以道德高尚的力量赢得人心和事业成就是共产党人的独特优势。无产阶级政党是没有自己特殊利益、为最广大人民群众谋利益的最大公无私的政党，天然具有独特而强大的道德优势。共产党人作为这个组织的成员，理应具备全心全意为人民服务的宗旨意识，具有无私奉献的道德境界，具有比一般社会成员高得多的道德素质。我们党充分利用和发挥自己的道德优势，最大限度激发自身道德力量，时时处处为人民着想，全心全意为人民谋利益，赢得了人民群众最大的信任、拥护和支持，从而团结带领人民群众战胜风险挑战、推进事业发展。

第六章 自我革命的免疫力

物久则废，器久则坏，法久则弊。自我革命精神是中国共产党人在长期革命、建设和改革中形成的，体现了中国共产党人的信仰信念、精神品格、优良传统。自我革命精神是党章规定的“党在自己的政治生活中正确地开展批评和自我批评，在原则问题上进行思想斗争，坚持真理，修正错误”的具体体现，与党的自我净化、自我完善、自我革新、自我提高这“四自能力”高度一致，彰显了中国共产党人实事求是、自律除弊、革故鼎新、与时俱进等精神品格。作为我们党的宝贵精神财富，自我革命精神是保持党的先进性和纯洁性的必然要求。兴党强党，必须以自我革命精神打造和锤炼自己。党只有在革故鼎新、守正出新中实现自身跨越，才能不断给党和人民事业注入生机活力。

第七章　本领恐慌的学习力

学习，是中国共产党与生俱来的鲜明品质。

勤于学习善于学习的本领是中国共产党保持韧性的独特气质，其价值在于为党的事业发展提供了能力补给和源源不断的新鲜能量。中国共产党正是通过学习而不断由小变大、由弱变强、从胜利走向新的胜利，从而使自身的韧性不断得以巩固、强化和更新。重学习并善学习的特点是：始终把学习视作一种政治责任，注重理论联系实际、学习与运用结合；注重领导带头、示范；从中央到县都创立了党校，通过组织调训等形式对干部进行教育培训。学习使得中国共产党的韧性得以建构并不断维续。

第八章　作风优良的感染力

作风关系党风、学风、政风、社风、民风。好的作风产生无穷的创造力，形成巨大的凝聚力，造就坚强的战斗力。党的作风直接关系着党的形象和人心的向背。

70多年前，美国记者斯诺来到延安。“毛泽东住在简单的窑洞里，穿的是打了补丁的衣服，吃的是小米饭和辣椒土豆丝；周恩来睡在土炕上；彭德怀穿的背心是用缴获敌人的降落伞做的。”当这位美国记者看到这些时，他郑重写下，“那种精神，那种力量，那种欲望，那种热情……是人类历史本身的丰富而灿烂的精华”，是“东方魔力”，是“兴国之光”。这正是共产党人的作风给人带来的震慑力。今天，为实现中国梦汇集起不可战胜的磅礴力量，我们要在激流险滩中乘风破浪，要在问题挑战中排云而上，就更需要一个坚强有力的领导核心，更需要加强作风建设。

第九章　钢铁纪律的约束力

党是用革命理想和铁的纪律组织起来的马克思主义政党，组织严密、纪律严明是党的优良传统和政治优势，也是我们的力量所在。

我们党是靠革命理想和铁的纪律组织起来的马克思主义政党，毛泽东同志说过："加强纪律性，革命无不胜。"纪律，严明的纪律，让中国共产党从一个只有50余名党员的小党，发展成拥有9000多万党员的大党，成为中华民族最具先进性、纯洁性和纪律性的坚强领导核心。可以说，纪律是我们党不断发展壮大的"生命线"，是任何党员都不可触碰的"高压线"，也是为党和国家各项事业保驾护航的"安全线"，更是我们党不断前进的原动力，它始终镌刻在党的旗帜上、流淌在党的血脉中。

第十章　担负使命的奋斗力

作为中国工人阶级、中国人民和中华民族的“先锋队”，作为卓越“代表”，共产党人天然秉持了奋斗的特质，具有伟大的奋斗精神。共产党人的字典里，“奋斗”二字始终闪烁着璀璨光芒。“为有牺牲多壮志，敢教日月换新天”，是对我们共产党人奋斗精神的高度肯定和褒奖。

党员作为构成政党的基石和细胞，更应该葆有深厚的底蕴和强大的生命力，为人民创造幸福新生活点亮明灯。从点着煤油灯摸索着前行到高科技自动化生活的出行，从封建社会被奴役到新时代人民当家作主，中国共产党为中国人民带来了希望之光。人民生活的全面小康，历史文化的发展更迭，经济社会的文明进步，都凝聚在共产党人奋斗的精神内涵中，永不凋零。

第十一章　守正出新的创造力

百年前产党人的呐喊，三千年未有之时代变局，以毛泽东同志为核心的党的第一代中央领导集体开辟了极富创造力的农村包围城市、武装夺取政权的井冈山道路，最终赢得红色江山。40 多年前，以邓小平同志为核心的党的第二代中央领导集体，极富创造力地推行改革开放，这才有了此后中国经济腾飞的奇迹。以江泽民同志为核心的党的第三代中央领导集体，坚定捍卫中国特色社会主义，成功把中国特色社会主义推向 21 世纪。以胡锦涛同志为总书记的党中央，紧紧围绕坚持和发展中国特色社会主义这一主题，科学判断国内外形势，不断研究新情况、解决新问题，在推进中国特色社会主义建设各方面进行了新的探索、积累了丰富经验。以习近平同志为核心的党中央不忘初心、砥砺奋进，有效应对国际国内诸多风险和挑战，解决了许多长期想解决而没有解决的难题，办成了许多过去想办而没有办成的大事。

创新，始终是中国发展的时代最强音。

第十二章 兴国之魂的文化力

文化，是一个民族的精神家园，是一个民族区别于其他民族独特的精神标识。中国共产党正是在中华民族国运衰微、惨遭欺凌，在文化方面陷入困顿迷茫的境遇下登上历史舞台、担负起救亡图存和民族复兴使命的；经过艰苦卓绝的探索和奋斗，用无可辩驳的历史事实诠释了中国文化的价值，为重振中华民族的文化自信奠定了国力和心理基础。

中华民族走出文化迷茫、告别文化自卑、经历文化自觉、走向文化自信、追求文化自强的历史逻辑昭示我们，没有中国共产党的文化担当，就不可能有中华民族的伟大复兴和民族文化的自信自强。正如习近平总书记所说，“文化自信是更基本、更深沉、更持久的力量”。

第一章

坚守初心的意志力

有一种力量坚不可摧，有一种力量所向披靡，有一种力排山倒海，有一种力量披荆斩棘，有了它俯首甘为孺子牛，有了它留取丹心照汗青，有了它敢教日月换新天，有了它横扫千军如卷席。这种力量叫作初心。中国共产党成立之初，就义无反顾地肩负起实现中华民族伟大复兴的历史使命，把“人民的利益”鲜明地写在旗帜上。

“一个民族、一个国家，必须知道自己是谁，是从哪里来的，要到哪里去，想明白了、想对了，就要坚定不移朝着目标前进。”中国共产党人的初心和使命，就是为中国人民谋幸福，为中华民族谋复兴，这是激励我们不断前进的根本动力。

◎初心到底是什么

初心，字面上理解为最初的心愿。它是本心、本色、本源，是誓言、信念、行动。

初心是为之奋斗的理想，是百折不回的信念；是引领人生的旗帜，是照亮前程的灯塔；是中华民族传统美德的历史积淀与薪火传承。

尊崇初心，铭记初心，不是怀古恋旧、“念老皇历”，不是厚古薄今、眼睛“向后看”，不是纠结过往裹足不前；而是通过对初心的不断修养与升华，为美好人生提供正确导航和强大引擎。

“不忘初心”四个字的直接表述最早见于唐代。白居易《画弥勒上生帧记》中写道：“所以表不忘初心，而必果本愿也。”意思是，所以向佛祖表明自己不忘最初的求佛向道之心，一定能够实现自己的本愿。这里的“初心”是一个佛家用语，源于唐朝时期实叉难陀翻译的《大方广佛华严经》。其中卷十七写道：“三世一切诸如来，靡不护念初发心。”这里面的“初发心”即是指心中秉承的真诚质朴的本心。卷十九有：“如菩萨初心，不与后心俱。”初心与“后心”相异，对这种初发之心的坚守和不忘，在佛理中具有独特的意义。

随着“初心”这个说法的传播，在中国文人士大夫那里，“不忘初心”具有了更广泛的意义，渐渐被表述为一种对精神的坚守和对理想的追求。苏轼在上奏给宋哲宗的《杭州召还乞郡状》中写道：“臣若守其初心，始终不变，则群小侧目，必无安理。”意思是我在朝堂近侍左右，若继续坚持自己的责任，直言直谏，则朝堂之上的小人们必将不快，朝廷也无法安宁。作为有气节的士大夫，苏轼宁愿守“重难边郡”，“唯不愿在禁近”，以成全自己的坚守与初心。

南宋名臣文天祥，年幼时有一次看到家乡吉州学宫有乡贤欧阳修、杨邦乂、胡铨的画像，这三个人均因生前的忠义之举而获得“忠”的谥号。年幼的文天祥感慨道：“死的时候如果不能和他们并列，那就不是真男儿了！”这样一个信念伴随了他一生。朝廷有难时，他以书生之力举兵而起，纵使战败被俘依旧坚守气节，忽必烈欣赏他的才能与气节，亲自招降，他却只求一死以做到“仁至义尽”。文天祥死后，在其衣服中发现了他的绝命诗：“孔曰成仁，孟曰取义，唯其义尽，所以仁至。”

文天祥的故事告诉我们，初心绝不是任意一个念头发作的时刻，初心含有一种对自身使命的自觉。同时初心也意味着坚定，一种信念一旦确立，就有了行动的方向，无论什么情况下都不会轻易改变，面对挫折与诱惑，反而会从中豁亮自己继续前行。

将视野扩展到整个中华文明发展的历史，可以发现“不忘初心”精神早已体现在中华传统文化的精神之中。在许多思想典籍中，都有和这种初心精神高度契合的思想表述。**《吕氏春秋·诚廉》中有：“石可破也，而不可夺坚；丹可磨也，而不可夺赤。坚与赤，性之有也。”**石可碎，却不能改变其坚硬的本性；朱砂可磨，却不能改变其朱红的本色。所以，即使石破、丹磨，它们也仍不改其本，保持其原初的本性。道家对这种坚守本色的精神也推崇备至。《道德经》第六十四章写道：“慎终如始，则无败事。”在精神意涵上，“慎终如始”与现在流行的“不忘初心，方得始终”非常接近，二者所表达的都是将最初的信念坚守下来，始终保持最开始时那种纯粹认真、开拓进取的精神和初生的活力。

作为中国传统文化的重要代表，儒家思想也十分强调矢志不渝的精神。《论语·子罕》篇中，子曰："三军可夺帅也，匹夫不可夺志也。"何晏《论语集解》引孔安国曰：**"三军虽众，人心不一，则其将帅可夺而取之。匹夫虽微，苟守其志，不可得而夺也。"**《论语·卫灵公》中有："志士仁人，无求生以害仁，有杀身以成仁。"具有远大志向抱负和高尚情操的仁德之人，没有因贪生而损害自己内心"仁"的准则，反而会为了坚守"仁"的精神而牺牲自己的生命。《孟子》中也有对坚守本心、追求正义的倡议。《孟子·离娄下》中孟子曰："大人者，不失其赤子之心者也。"真正有道德节操的人，就是不丧失婴儿般天真质朴之心的人，就是保持自己原初的活力并努力追求这种赤子之心的人。《孟子·公孙丑上》中有："昔者曾子谓子襄曰：'子好勇乎？吾尝闻大勇于夫子矣。自反而不缩，虽褐宽博，吾不惴焉；自反而缩，虽千万人，吾往矣。'"具有大勇的智慧且真正勇敢的人，是反省自己后认为自己正确、正义，那么纵然面对千军万马，仍坚持自己的想法并勇往直前的人。

不论在古代诗词中对"不忘初心"的直接表述，还是在传统经典中对这种精神内涵的丰富展现，都充分显示了中华传统文化中"不忘初心"精神的意蕴。这种精神表现为始终不忘最初目标，将信念内化于心、坚守不渝，通过持之以恒的奋斗努力实现理想的决心。近代以来，党在中华优秀传统文化的浸染下诞生和成长，实现了对"不忘初心"精神的继承与弘扬。

党为中国人民谋幸福、为中华民族谋复兴这个初心，源于苦难、孕于文化、立于精神、成于奋斗。一代代共产党人的初心就是对理想信念的不懈追求，对实现伟大梦想的奋斗拼搏，对党的宗旨铭心牢记，对践行宗旨付出毕生努力。**我们悟初心，就是要从践行为人民谋幸福、为民族谋复兴中悟出一种精神、一股动力、一个目标，从而内化于心、外化**

于行，融于血脉奋力前行。习近平总书记指出，我们党是用马克思主义武装起来的政党，始终把为中国人民谋幸福、为中华民族谋复兴作为自己的初心和使命，并一以贯之体现到党的全部奋斗之中。细细品味，这句话至少包括两层含义：其一，初心和使命是一个起点；其二，不忘初心、牢记使命要一以贯之。到今天，党已经走过百年的风风雨雨，党的力量越发壮大，党员人数越发增多，但党的初心没有改变，初心和使命一以贯之。一个人只有不忘初心，才能不忘本；一个政党不忘初心，才能长期保持先进性。我们有理由相信，只要不忘初心、继续前进，只要勇于创新、善于进步，中华民族伟大复兴的中国梦就一定能实现。

◎ 共产党人的初心

有这样一位共产党员。他曾任武汉中央农民运动讲习所秘书、中共湖南省委委员兼组织部长、平（江）浏（阳）特委书记和中共湖北省委委员。1928 年 3 月 18 日夜在汉口被捕。在狱中，敌人用了种种手段，想让这位硬骨头说出党的地下组织，但是毫无所得。是年 3 月 20 日，被捕后的第三天，绝望的反动派把他押上了刑场。就义前，他赋诗一首：砍头不要紧，只要主义真；杀了夏明翰，还有后来人。他就是夏明翰。

有这样一位共产党员。他极具才华，时任红十军团军政委员会主席，奉命率红军北上抗日，途中遭国民党军重兵围追堵截，于 1935 年 1 月 29 日在江西怀玉山被俘。被俘后，敌人只在这位“共党大官”身上搜到一块表和一支自来水笔，国民党士兵根本不相信：“你骗谁，像你这样当大官的人会没有钱？”“清贫，不是贫穷，而是一种境界。”他的回答不仅当时的国民党士兵无法理解，就是现在许多人可能都无法理解。他叫方志敏。

有这样一位共产党员。他极具号召力，他率领的东北抗日联军，牵制了大量关东军不得入关。在战后的统计中发现，仅仅为了追击他和他的部队，日军就动用了大量人力物力。他牺牲后，日军将其头颅割去请功，并剖开其肚子查看他为何那么能打。发现他的胃里没有一粒粮食，全是草根、树皮、棉絮。日本警佐西谷竟当场呜呜哭了出来，凶残的日军头目岸谷隆一郎也“默默无语，一天之内，苍老了许多”。这位日军眼中神一样的对手，叫杨靖宇。

中国共产党能够从一粒星火最终成燎原之势，并成为今天这样一个大党，密码就在以上述三位为代表的共产党人身上。为了民族独立，他们舍生忘死；为了国家富强，他们甘于清贫；为了人民幸福，他们矢志奋斗、无怨无悔。

“打断骨头连着筋，扒了皮肉还有心，只要还有一口气，爬也要爬到延安城。”这些共产党人，心中始终燃烧着信仰的热焰，并为了心中的信仰而奋斗终身。**再苦，咀嚼着信仰的味道，也是甜的。再累，有信仰的支撑，就有不竭的动力。再委曲，为了信仰而奋斗，也不改初衷。**

中国共产党的最大“初心”是以人民为中心。中国共产党从成立之日起，就把为中国人民谋幸福、为中华民族谋复兴的重任扛在肩上。**从艰苦卓绝的革命斗争，到中国特色社会主义进入新时代；从毛泽东同志在七届二中全会论述“两个务必”，到习近平总书记在十九大报告中阐述“不忘初心、牢记使命”；从毛泽东同志的“进京赶考”，到习近平总书记的“时代是出卷人，我们是答卷人，人民是阅卷人”，贯穿始终的一条红线，就是不忘初心，为人民服务。**

以人民为中心是中国共产党最根本的政治立场。党的执政之基在人民，力量之源在人民。人民至上、以人民为中心，是习近平新时代中国特色社会主义思想的基本立场和核心理念，集中体现了新思想的显著特征和价值取向。

首先，以人民为中心，体现了马克思主义基本原理，它植根于人民之中，指明了依靠人民推动历史前进的人间正道。其次，坚持以人民为中心，就要始终把人民对美好生活的向往作为我们的奋斗目标，不断推进全体人民共同富裕。再次，以人民为中心，就要顺应民心、尊重民意、关注民情、致力民生。民心是最大的政治，共产党人要增强服务意识，坚持在发展中改善民生，在幼有所育、学有所教、劳有所得、病有所医、老有所养、住有所居、弱有所扶上不断取得新进展，促进社会公平正义，增进人民福祉。最后，以人民为中心，就要充分激发蕴藏在人民群众中的创造伟力，让人民群众有更多、更直接、更实在的获得感、幸福感、安全感。

唯有不忘初心，方可告慰历史、告慰先辈，方可赢得民心、赢得时代，方可善做善成、一往无前。共产党人要担复兴大任，做时代新人，就要把人民放在心上，把民族伟大复兴使命扛在肩上，在历史前进的逻辑中前进，在时代发展的潮流中发展。

◎初心和使命溯源

中华民族具有源远流长的忠诚于使命的传统，如矢志治水三过家门而不入的大禹；鞠躬尽瘁、死而后已的诸葛亮；历经千难万险，远涉万里取回真经的唐玄奘等。可以这样说，中国历史上几乎所有的优秀人物，都是“初心”和“使命”的坚守者和践行者。

中国共产党人的初心和使命来自哪里？不仅来自对马克思主义的崇高信仰和对共产主义的坚定信念，来自对中华优秀传统文化的继承和发展，还来自对中华民族前途命运的深入思考与强烈关切。对于我们党而言，初心是指党成立时最主要、最根本性的旗帜，不忘初心，说到底就是回归党的本源，回答我们党为何而成立的问题，这是对共产党立党之本的追问，更是对共产党存在意义的“天问”。

不忘初心，方得始终。习近平总书记指出，一切向前走，都不能忘记走过的路。

初心源自传承。中国人民历来自强不息、勤劳勇敢，不仅是五千年中华文明的主要创造者，而且是近代中国反帝反封建的主力军。中华优秀传统文化是中华民族的精神命脉，是涵养社会主义核心价值观的重要源泉，也是我们在世界文化激荡中站稳脚跟的坚实根基。**以儒家思想为代表的中国传统思想文化，体现着中华民族世世代代在生产生活中形成和传承的世界观、人生观、价值观、审美观等，其中最核心的内容已经成为中华民族最基本的文化基因，是中华民族在修齐治平、遵时守位、知常达变、开物成务、建功立业过程中逐渐形成的有别于其他民族的独特标识。**党自创建以来，在担负救亡图存政治使命的同时，也一直担负着传承文明、创新文化的文化使命，是中华民族优秀传统文化的集大成者。党的初心孕育于中华优秀传统文化，同时也汲取了世界文化的精髓。上个世纪初，周恩来、邓小平等老一辈革命家怀揣救国理想，留学欧洲，在革命斗争中逐步成长为坚定的马克思主义者。我们要将文明之花孕育出的初心之果，融入社会主义核心价值观，世世代代传承下去。

初心源自责任，向着实现人民对美好生活向往的奋斗目标奔去。这份责任，就是对民族的责任、对国家的责任、对人民的责任。鸦片战争后，中华民族处于内忧外患的苦难深渊，中国人民处在饥寒交迫的悲惨境地。面对漫漫长夜，面临磨难屈辱，中国共产党为挽救民族、国家、人民，义无反顾地登上了历史舞台。洗刷耻辱，实现民族复兴，使中华民族重新自立、自强于世界民族之林，是近代许多有识之士孜孜以求的梦想，也使诞生于民族危亡关头的中国共产党人，从一开始就把实现这一目标作为自己的初心使命和不懈追求，明确写在了党的纲领中。历史和实践充分证明，我们党的初心是在民族危难、国家危亡、民生凋敝的历史背景下孕育产生的。

初心源自信仰，向着实现共产主义远大理想的目标奔去。我们党从成立之日起，就把马克思主义作为自己的行动指南，并坚持在实践中不断丰富和发展。老一辈共产党人无论身在革命、建设和改革哪个阶段，都矢志追求、始终坚守马克思主义信仰，并为之奋斗一生。苦苦探求救国救民之道的毛泽东同志，在革命道路上热切搜寻马克思主义书籍，一生反复阅读马列著作。在法国勤工俭学的邓小平同志逐步认识到马克思主义的光芒，在88岁高龄仍坚信“世界上赞成马克思主义的人会多起来的，因为马克思主义是科学”。他们带着至诚报国为民信念，上下求索真理，最终确立了对马克思主义的科学理性信仰，坚定了共产主义远大理想。历史和实践充分证明，我们党的初心使命是在对马克思主义的坚定信仰中确立起来的。

初心源自梦想，向着实现中华民族伟大复兴中国梦的目标奔去。我们党把实现中华民族伟大复兴作为自己的梦想，肩负起历史使命，团结带领人民进行了艰苦卓绝的斗争，谱写了气吞山河的壮丽史诗。我们党的发展历程与中国革命、建设和改革历史进程紧密相连，与中国人民追求独立、富强、幸福的奋斗岁月紧紧相依。经过百年的不懈奋斗，尤其是改革开放 40 多年来，我们走过了西方发达资本主义国家用几百年走过的路，经济总量跃居世界第二，综合国力得到极大提升。历史和实践充分证明，我们党的初心使命是在救亡图存、奋发图强中升华出来的。

百载的岁月峥嵘，我们党始终坚定马克思主义信仰。党是具有崇高理想的政党。党从成立之日起，就把共产主义确立为自己的远大理想。共产党人一路苦难、一路赶考、一路拼搏，源于崇高理想的召唤。一次次挫折而又一次次奋起，归根结底是因为这一崇高理想从未动摇。

百年的英勇奋斗，我们党英勇豪迈，付出了极大的牺牲。领导新民主主义革命的 28 年，所付出的牺牲世所罕见，仅大革命失败后的一年时间里，全国就有 30 多万名共产党员和革命群众惨遭杀害。从抗日战争到解放战争，全国牺牲的有名可查的共产党员就有 370 万人，真是“为有牺牲多壮志，敢教日月换新天”。**中国共产党的初心和使命，体现了中国共产党矢志不渝的奋斗目标，彰显了党永远不变的性质和宗旨，凸显了党始终不变的理想和信念，昭示了党始终如一的英勇和豪迈。**

回望来时路，走好眼前路，远眺前行路。进入新时代，我们共产党人要一如既往地行马克思主义正道，走中国特色社会主义大道，不忘初心、牢记使命、永远奋斗。**我们的初心需要在岁月中继续锤炼充实，需要在奋斗中持续磨砺升华，需要在考验挑战中不断精进成熟。**让我们手携手、肩并肩，一起努力奋斗，一同前进，为完成新时代党的历史使命贡献智慧和力量。

◎ 初心是奋进的力量

初心的力量，古今均可鉴。精忠报国的岳飞、“留取丹心”的文天祥、以身试药的李时珍、志在四方的徐霞客、甘于奉献的雷锋、亲民爱民的焦裕禄……仔细思索，你会发现，支撑起这一个个响亮名字的精神内涵，无一不是“初心”二字。翻看中国共产党的历史，这不仅是一部可歌可泣、雄浑豪迈的人民斗争史，一部前赴后继、继往开来的民族复兴史，更是一部涤荡心灵、无惧无畏的信仰坚守史。**正因为共通共同的信仰，才铸就了“从群众中来、到群众中去”的中国共产党，才打造了致力于“为人民服务”的中国共产党。**这份信仰，恰是党的初心，亦是民族崛起的希望。

红军不怕远征难，万水千山只等闲。两万五千里长征路，创造了人类历史上的伟大奇迹，谱写了气势恢宏的壮丽史诗。血战湘江、强渡乌江、四渡赤水、巧渡金沙江、飞夺泸定桥、翻雪山过草地。面临艰难险阻，面临恶劣环境，面临敌我悬殊之差异，是什么一次次创造了生命的奇迹，是什么让他们一次次慨然赴死？又是什么让一个国家、一个民族改天换地？是一颗颗执着的赤子之心，是一颗颗为民族复兴不怕牺牲的初心。

初心和使命为共产党人注入先进纯洁的政治灵魂。作为一个马克思主义政党，先进性和纯洁性是党的本质特征。为中国人民谋幸福、为中华民族谋复兴是中国共产党人的初心和使命，也是党的先进性和纯洁性的重要源泉。

初心和使命赋予共产党人远大理想和崇高目标。中国共产党诞生于四分五裂、一盘散沙的旧中国，除了救民于水火，实现国家独立、民族复兴之外，党没有自己的特殊利益，从成立起就把为实现共产主义而奋斗确定为自己的纲领，为实现中华民族的独立和解放，为谋求中国人民的自由和幸福而努力。

初心和使命赋予共产党人对人民群众赤子之心。党是中国工人阶级的先锋队，是中国人民和中华民族的先锋队，它始终代表中国人民的根本利益。党带领中国人民完成新民主主义革命和社会主义革命，建设社会主义，实行改革开放，开启社会主义现代化强国新征程，目的就是为中国人民谋幸福，为中华民族谋复兴。党取得执政权之后，提出党的执政水平和执政成效由人民群众来评判，强调党是实现、维护和发展最广大人民根本利益的代表。邓小平同志指出："确认这个关于党的观念，就是确认党没有超乎人民群众之上的权力，就是确认党没有向人民群众实行恩赐、包办、强迫命令的权力，就是确认党没有在人民群众头上称王称霸的权力。"

初心和使命赋予共产党人改天换地的责任担当。旧中国属于半殖民地半封建社会，中华民族受尽凌辱，中国人民生活在水深火热之中。党团结带领全国各族人民英勇奋斗，不惜流血牺牲，经过艰苦卓绝的斗争，打败了日本帝国主义，推翻了国民党反动统治，打倒了官僚资本主义，结束了旧中国一盘散沙的局面，结束了旧中国半殖民地半封建社会的历史，废除了列强强加给中国的不平等条约和帝国主义在中国的一切特权。开展社会主义革命和建设，实行改革开放，深刻改变了近代以来中华民族发展的方向和进程，深刻改变了中国人民和中华民族的前途和命运。党彰显了改天换地的责任担当。

古人云："志之所趋，无远勿届，穷山距海，不能限也。志之所向，无坚不入，锐兵精甲，不能御也。"党之所以能够经受一次次挫折而又一次次奋起，最根本的原因就在于对理想信念的追求，并终身为此不懈奋斗。

心中有信仰，脚下有力量。将初心与使命铭刻于心，就有了继续前进的不竭动力。"不忘初心，方得始终。"**初心，纯洁、热烈、美好，**

是孔子“居之无倦，行之以忠”的为政之道，是毛泽东同志“埋骨何须桑梓地，人生无处不青山”的豪情壮志，是周恩来同志“为中华之崛起而读书”的宏大理想，是无数革命先烈“为有牺牲多壮志”的真挚表达，是我们人生起点的希冀与梦想、事业开端的承诺与信念。“千磨万击还坚劲，任尔东西南北风。”唯有不忘初心，牢记使命，细照笃行，才能汇聚起砥砺前进的力量。

◎ 初心和使命的鲜明特质

初心和使命是中国共产党人的血液和灵魂，是前进的动力和源泉，为人民谋幸福、为民族谋复兴是党成立以来全部理论和实践的逻辑起点。一部中国共产党的历史，就是中国共产党人为践行初心、履行使命而不懈奋斗的历史。党的初心和使命与党的性质宗旨、理想信念、奋斗目标一直是紧紧联系在一起的，其内涵随着时代的发展而不断丰富，逐渐形成了共产党人初心和使命的鲜明特质。

理想性。理想是人们对未来事物的美好想象和憧憬，共产党人的初心，是对共产主义理想的坚定信仰。理想信念是中国共产党人的政治灵魂，对马克思主义、共产主义的信仰，对社会主义的信念，是共产党人精神上的“钙”。毛泽东同志一生与马克思主义结伴前行，他曾说：“我一旦接受了马克思主义是对历史的正确解释以后，我对马克思主义的信仰就没有动摇过。”周恩来同志说过：“我认的主义一定是不变了，并且很坚决地要为它宣传奔走。”陈云同志说过，他坚信“马克思主义、共产主义的真理，一定会战胜资本主义腐朽思想和作风的侵蚀”。老一辈无产阶级革命家对马克思主义的信仰无比坚定，他们坚持共产主义真理，相信只有社会主义才能救中国，才能实现民族独立、国家富强、人民幸福，他们坚守初心和使命，终其一生为党和人民的事业而奋斗。

忠诚性。忠诚意味着对特定的对象尽心尽力，诚诚恳恳。共产党人的初心，是对党和人民事业的无限忠诚。忠诚是中国共产党人必备的政治品格，是每个党员入党宣誓时的政治承诺。“对党忠诚”不是一句口号，是党性的集中体现，也是自觉性的集中体现。这种自觉性，越是身处逆境，越表现突出。刘少奇同志曾说：“一个共产党员，在任何情况下，能够不能够把自己个人的利益绝对地无条件地服从党的利益，是考验这个党员是否忠于党、忠于革命和共产主义事业的标准。”他在党内多次受到“左”倾错误的排斥，却从不计较个人得失，以高度的政治自觉，维护党中央权威，坚守初心，自觉践行他的誓言：“为了千百万劳苦大众的共同长远的利益而奋斗到底。”

奉献性。革命战争年代，无数革命先烈为了民族独立、人民解放，抛头颅、洒热血，冲锋陷阵、赴汤蹈火在所不辞。在极其险恶的局势下，共产党人以自己的鲜血和生命践行初心和使命，面对严刑拷打、面对生死抉择，他们毫不怯懦、决不动摇。方志敏在《可爱的中国》中写道：“假如我还能生存，那我生存一天就要为中国呼喊一天；假如我不能生存——死了，我流血的地方，或者我瘗骨的地方，或许会长出一朵可爱的花，这朵花你们就看作是我的精诚的寄托吧！”中国共产党人面临生死考验，舍生取义，革命到底、奋斗到底。进入新时代，**我们要始终把人民对美好生活的向往作为奋斗目标，以“功成不必在我”的奉献精神和“功成必定有我”的历史担当，把自己彻底融入为中国人民谋幸福、为中华民族谋复兴之中，把满腔激情完全投入中国特色社会主义的伟大事业中去。**

人民性。中国共产党人“一切为了人民、为了人民的一切”的公仆情怀体现出践行初心和使命的崇高性。百年风雨兼程，百年奋斗不止，靠的是人民，为的也是人民。全心全意为人民服务是党的根本宗旨。1944年9月，毛泽东同志在《为人民服务》的演讲中第一次从理论上深刻阐述为人民服务的思想，党的七大把“全心全意为人民服务”写入党章。“全心全意为人民服务”思想是中国共产党人对马克思主义“为人民服务”思想的继承和发展，而“全心全意”四个字，彰显了共产党人大公无私的崇高品质。党章中指出：“党除了工人阶级和最广大人民群众的利益，没有自己特殊的利益。党在任何时候都把群众利益放在第一位。”中国共产党人是完全的利他主义者，个人利益完全服从党和人民利益，为了党和人民的利益甚至不惜牺牲个人利益。这就是习近平总书记所说的“我将无我，不负人民”的崇高精神境界。进入新时代，我们要接受人民的再检验，把人民满意作为检验一切工作得失的根本标准，用一颗“一切为了人民”的真心付诸“为了人民的一切”的行动，把崇高的理想信仰和无私的价值追求融入以人民为中心的发展中去，永远做人民公仆、时代先锋、民族脊梁。

一贯性。初心和使命是中国共产党一以贯之的奋斗准则和方向，一代人有一代人的使命，共产党人的初心不是割裂的，而是一脉相承的。近代中国，满目疮痍。党一经成立，就肩负起实现民族独立、人民解放的伟大历史使命，这种使命感激励着共产党人风雨无阻、砥砺前行。大革命时期，在严峻的白色恐怖之下，党坚守初心和使命，顽强抗争，掀起了翻天覆地的狂飙。土地革命时期，面对残酷的对敌斗争环境，党坚守初心和使命，在腥风血雨之中绝地重生，点燃了革命的星星之火。抗日战争时期，面对日军的疯狂侵略，共产党人坚守初心和使命，奋力抗击，成为抗战中坚力量。解放战争时期，在和平建国的梦想破灭之后，共产党人坚守初心和使命，以“将革命进行到底”的魄力为人民民主奋战到底，取得了新民主主义革命的全国性胜利。中华人民共和国成立后，在“一穷二白”的基础上，党坚守初心和使命，在实践中探索、在曲折中前行，确立了社会主义基本制度。改革开放以来，党坚守初心和使命，闯出一条中国特色社会主义道路，推动社会主义现代化建设取得了举世瞩目的成就。**党在百年奋斗历程中经历了无数艰难险阻，一次次碰壁、一次次觉醒，一次次实践、一次次突破，之所以每次都能找到正确的出路和方向，渡过难关，走向胜利，根本原因就在于党始终把为中国人民谋幸福、为中华民族谋复兴作为自己的初心和使命，一以贯之体现到全部奋斗之中。**进入新时代，我们要接受使命的再升华，将使命感转化为责任感，化为攻坚克难的勇气，以新担当承载新时代，以新作为开启新征程，一如既往地继续朝着实现中华民族伟大复兴的宏伟目标奋勇前进。

事业发展永无止境，共产党人的初心和使命永不改变。**初心凝聚力量，使命催人奋进，奋斗成就辉煌。**共产党人要坚定理想守初心，对党忠诚担使命，植根人民沃土，坚持不懈奋斗，为党分忧、为国干事、为民谋利，在神州大地上书写逐梦复兴的历史新篇。

◎初心：不可丢的党魂

岁月如梭，时光荏苒。中国共产党自 1921 年成立至今，已经走过了百年坎坷而光辉的历程。

为中国人民谋幸福，为中华民族谋复兴。这个初心和使命是由中华民族的苦难所孕育的，贯穿在党的全部理论和实践当中，它集中体现了中国共产党的宗旨和本色。在新时代，党要完成伟大的历史任务，必须依据它所处的历史方位以及党内的现实状况，继承党的红色基因和优良传统，坚守共产党人的初心和使命，始终把它作为共产党人任何时候都不能丢掉的党魂。

有了初心，还要有为初心奋斗的勇气和智慧；承担了使命，还要找到实现使命的正确道路——初心和使命就是我们的共产主义信仰，指引我们矢志不渝；初心和使命就是我们的最高目标，鼓舞我们排除万难；初心和使命就是激励我们不断前进的根本动力；初心和使命就是我们的唯一宗旨，人民是我们力量的源泉；初心和使命就是建设社会主义现代化强国的指导。

为了践行初心、完成使命，共产党人前赴后继努力奋斗，为中国人民做出了最大的贡献和牺牲。有这样一些数字鲜明地昭示了这一切：毛泽东同志一家为革命牺牲 6 位亲人，徐海东大将家族牺牲 70 多人，贺龙元帅宗亲牺牲 2050 人，全国牺牲 2000 万人，其中有 370 万共产党员。再如，被毛泽东同志赞誉创造了“第一等工作”的“模范县”江西兴国县，在 80% 的青壮年都已参加红军的情况下，一个月又“扩红”5000 余人。整个兴国县 23 万人中，有 8 万人参加了红军，拥有 54 位开国将军的兴国县既是著名的“将军县”，也是著名的烈士县，共有 23179 名烈士牺牲在革命的征途上。1935 年 12 月，毛泽东同志在《论反对日本帝国主义的策略》指出：“我们的政府不但是代表工农的，而且是代表民族的……中国百分之八十至九十的人口是工人和农民，所以人民共和国应当首先代表工人和农民的利益。但是人民共和国去掉帝国主义的压迫，使中国自由独立，去掉地主的压迫，使中国离开半封建制度，这些事情就不但使工农得了利益，也使其他人民得了利益。总括工农及其他人民的全部利益，就构成了中华民族的利益。”为人民利益奋斗，得到人民拥护，这是中国共产党胜利的决定性因素。中国共产党得到了数万万人民群众的拥护，为什么？因为人民群众对一个政党不仅听其言更观其行，人民从共产党前赴后继和英勇牺牲的实践中认识了党，选择了党，和党站在一起，团结在党的周围，形成铜墙铁壁。所以说，**初心和使命蕴藏着中国共产党成功的密码，更是任何时候都不能丢掉的党魂。**

为践行初心、完成使命，中国共产党人创造性地提出了实现初心和使命的正确道路。“路漫漫其修远兮，吾将上下而求索。”在践行初心、完成使命的漫漫征程中充满了荆棘与坎坷。**有了初心，还要有为初心奋斗的勇气和智慧；承担了使命，还要找到实现使命的正确道路。**

站在高处，才有远景。奋斗目标就像一盏明灯不断照亮共产党人前行的路，从最终目标看，中国共产党是担负远大历史任务的使命党，这个党具有远大的眼光和宽广的胸怀，不像西方政党那样轮流执政，而是要长期执政，最终实现共产主义，解放全人类，完成自己的崇高历史使命。艰巨的历史使命需要一代又一代共产党人持续不断地保持勇气、定力和努力奋斗才能完成。

现实的严峻考验要求共产党人“不忘初心，牢记使命”。我们党面临“四大考验”“四种危险”。考验与危险是个前所未有的“时空转换”，具有长期性、复杂性和严峻性。只有不忘初心、牢记使命，才能经受考验，加强党的先进性和纯洁性建设，提高党的执政能力和领导水平，提高拒腐防变和抵御风险能力。

从世界社会主义事业和执政共产党的教训看，“不忘初心，牢记使命”显得尤为重要。**初心易得，始终难守。**坚持初心和使命不仅是坚守一种理想信念，更要求一种实实在在的行动。马克思说过：“哲学家们只是用不同的方式解释世界，而问题在于改变世界。”毛泽东同志在新民主主义革命时期也曾说过，现在的努力是朝着将来的大目标的，失掉这个大目标，就不是共产党员。然而放松今日的努力，也不是真正的共产党员。这就告诉我们，共产党人一定要把远大理想同完成现阶段的任务统一起来。

坚持和践行初心、使命是党一路走来的宝贵经验，不忘初心，方得始终。列宁说过："忘记过去就意味着背叛。"如果我们忘记了当初为什么出发、为什么奋斗，就不能正确地对待现实，也就没有未来。一代人有一代人的使命，一代人有一代人的担当，当前，实现中华民族伟大复兴的中国梦，是我们这代人义不容辞的责任。**接过历史的接力棒，跑好自己这一程，关键看我们共产党人能否常怀为党牺牲、为国奉献的初心，时时保持头脑清醒，确保不迷航、不失向。**如此，才能始终以旺盛的斗志，战胜一切困难，在前进的道路上迎接一个又一个新的胜利。

◎最是初心见伟力

风雨兼程百年，是什么神奇的力量让中国共产党人如此顽强有力，虽历经曲折磨难，却始终屹立不倒，而且越发显示出生机勃勃的活力？是什么神奇的力量让中国共产党赢得了中国民众的拥护和支持，让中国能在社会主义道路上行稳致远？中国社会面貌何以发生翻天覆地的变化？中国人民的生活何以芝麻开花节节高？习近平总书记对此的回答无比坚定——"就因为我们党始终坚守为中国人民谋幸福、为中华民族谋复兴的初心和使命。"

这就是初心的伟力。共产党人的初心，是激励一代代中国共产党人前赴后继、英勇奋斗的根本动力。蕴含着勠力同心、砥砺奋进，实现中华民族伟大复兴中国梦的磅礴力量。

百年峥嵘岁月，正是一代代共产党人抱守着初心，党才能在风雨如磐的道路上一路前行，使当年嘉兴南湖上的一叶扁舟发展到如今的一艘“中国号”巨轮，令过去只有区区几十人的小党壮大成现今拥有九千八百多万名党员的世界第一大党，让任人宰割的旧中国蜕变为独立富强的新中国。

百年来，党秉持赤子之心，弘扬奋斗精神，彰显了一往无前、势不可当的初心力量。**在烽火连天的革命岁月、热火朝天的建设年代、波澜壮阔的改革时期，这种矢志不移的初心力量是团结凝聚中国共产党人接续奋斗的精神基因，也是我们党不断从胜利走向新的胜利的成功密钥。**

那么，共产党人抱守的这份初心，来自哪里？

这份初心来自“砍头不要紧，只要主义真”的信仰之心。1935 年 8 月 6 日，临刑的方志敏，坚守着只有共产主义能够救中国、只有中国共产党能够领导中国革命的信仰，慷慨陈词：“敌人只能砍下我们的头颅，决不能动摇我们的信仰！”“为着共产主义牺牲，为着苏维埃流血，那是我们十分情愿的啊！”“十分情愿”四个字读来令人为之动容。为此，革命先辈们甘愿赴汤蹈火，献出自己宝贵的生命，也不愿舍弃他们坚守的信仰。陈望道翻译《共产党宣言》的时候全神贯注、废寝忘食，误把墨水当红糖水喝了竟浑然不觉，还连说“可甜了可甜了”。当南昌起义后仅剩下一支队伍，朱德铿锵有力地告诉大家“中国革命终会成功”，挽留下了 800 人的队伍，为中国革命事业保留下珍贵的火种，支撑朱老总的正是对共产主义理想的必胜信念。当年一批批革命志士接受马克思主义真理后为之倾倒、信仰终生，哪怕赴汤蹈火、流血牺牲也在所不惜，显示出真理和信仰的无穷力量。

这份初心来自甘愿自己吃苦也不愿看到群众受苦的奉献之心。“老人说，什么是共产党？共产党就是自己有一条被子，也要剪下半条给老百姓的人。”习近平总书记深情地讲述了发生在长征路上“半床棉被”的故事。在长征路上，党领导下的工农红军，物质何其匮乏，但就是那样匮乏，也不愿忘记自己甘于奉献的初心。在随后的抗日战争、解放战争洪流中，我们共产党人始终秉持着“有一条被子，就要给百姓半条”的奉献之心，自始至终保持着同人民群众的鱼水、血肉之情。同人民风雨同舟、血脉相通、生死与共，是党带领人民取得革命胜利的根本保证，也是我们战胜一切困难和险阻的根本保证。古今中外，还没有一个政党像中国共产党这样与人民的命运如此紧密地联系在一起，“人民”二字在中国共产党人的心中永远力重千钧。毛泽东在《为人民服务》一文中指出：“我们这个队伍完全是为着解放人民的，是彻底地为人民的利益工作的。”“中国人民正在受难，我们有责任解救他们，我们要努力奋斗。要奋斗就会有牺牲，死人的事是经常发生的。但是我们想到人民的利益，想到大多数人民的痛苦，我们为人民而死，就是死得其所。”陈毅元帅曾形象地说，“淮海战役的胜利是人民群众用小车推出来的”。到今天，中国共产党人继续传承红色基因、发扬革命传统，秉持人民至上、以人民为中心的根本理念，始终与人民心心相印、与人民同甘共苦、与人民团结奋斗。

正因为无数共产党人有了这份初心，党才拥有了深厚的伟力，才能带领旧中国人民推翻了帝国主义、封建主义、官僚资本主义这三座大山，开创了人民翻身当家做主的新时代。告别毁家纾难、烽火连天的革命年代，和平建设年代同样需要共产党人的这份初心。

从喊出“祖国，我是您的儿子”的焦裕禄到“宁可少活 20 年，拼命

也要拿下大油田”的王进喜再到“干革命要干到脚直眼闭”的杨善洲，一批批共产党人用实际行动把共产党人独有的那份初心注入了时代的脉搏、写进了人民群众的心坎上。新时代新形势下，我们党正努力向全国人民兑现全面小康的庄严承诺，广大党员干部应共怀愚公志，“不管上面的石块如何重，石块与石块之间如何狭”，也要带领人民群众移山破土。

我们党的初心，何以会产生如此之伟力？就在于我们党的初心深深植根于人民群众的沃土，深受人民群众智慧和力量的涵养。党带领全国人民走上了中国特色社会主义道路，形成了中国特色社会主义理论，建立了中国特色社会主义制度，淬炼了中国特色社会主义文化。走进中国特色社会主义新时代，我们有充分的理由对自己的道路、理论、制度、文化充满自信。正因为如此，我们始终对改变中华民族的命运充满信心，始终具有强烈的担当精神，敢于把实现中华民族伟大复兴的中国梦定位为自身的历史使命。

然而，中华民族伟大复兴绝不是轻轻松松、敲锣打鼓就能实现的，全党必须准备付出更为艰巨、更为艰苦的努力。习近平总书记告诫全党同志，始终牢记初心乃中国共产党人的力量之源，在任何时候、任何情况下，都不要忘记从初心中获取力量。只要初心的力量永在，就没有共产党人克服不了的困难、解决不了的矛盾、取得不了的胜利。习近平总书记指出：“事业发展永无止境，共产党人的初心永远不能改变。唯有不忘初心，方可告慰历史、告慰先辈，方可赢得民心、赢得时代，方可善作善成、一往无前。”

初心蕴含动力，初心凝聚合力，初心绽放伟力。九万里风鹏正举，新征程砥砺初心。九千多万共产党人用不变的初心为奋勇前行注入不竭动力，托举起中华巨龙腾飞的翅膀，书写新时代民族伟大复兴的全新篇章。

◎永固初心赓续使命

初心，是一种理想，是担负天下兴亡追求国家富强、追求民族振兴、追求人民幸福的崇高理想。初心，是一种精神，是面对重重考验不畏硝烟炮火、不畏艰难困苦、不畏险滩激流的奋斗精神。初心，是一种情怀，是坚持以人为本留下焦桐成雨、留下万亩林场、留下此木生芳的为民情怀。坚持理想、矢志奋斗、勤政为民，这就是中国共产党人的“不忘初心”，这就是中国共产党人的政治本色。

坚守初心是一种态度，牢记使命是一种担当。回望历史，展望未来，中国共产党人不忘初心的表现形式有所变化，但是本质从来没有变过，一直在为人民谋幸福，在为实现中华民族伟大复兴的宏伟道路上砥砺前行。无论前进道路上出现多少坎坷风雨、风险挑战，抑或是辉煌成就，共产党人都要不忘初心，永远牢记中国共产党人的职责和使命，为决胜全面建成小康社会而努力奋斗，为实现中华民族伟大复兴的中国梦的宏伟目标而奋勇前进。

党成立之初，就义无反顾肩负起了实现中华民族伟大复兴的历史使命，把“人民的利益”鲜明地写在了旗帜上。无论是在战火纷飞的抗日战争时期，还是在筚路蓝缕的艰苦创业时期，我们党始终牢记铮铮誓言，以自己的实际行动为民谋福，为国奉献。如今，在新的历史起点上，我们每个共产党人更应牢记初心，让初心化为源源不断的奋斗之力。

永固初心赓续使命要永葆“革命理想高于天”的坚定信念。“理想信念之火一经点燃，就永远不会熄灭。”从南湖红船的星星之火到延安根据地的燎原之势，正是靠着这份“革命理想高于天”的坚定信念和坚强意志，中国共产党人爬雪山、过草地，在一场场浴血奋战、一次次绝境重生中，愈挫愈勇、愈险愈进，攻克了一个个“娄山关”“腊子口”。坚定的理想信念从不是束之高阁的“高深哲学”，也不是虚无缥缈的“坐而论道”，而是烙印于为民族谋复兴、为人民谋幸福的伟大实践中。**守好初心，就是要在真学真信中，把稳思想之舵，在系统学、跟进学、深入学中，补足精神之“钙”，在以知促行、知行合一中，筑牢信仰之基。始终以理论学习的深度、知行统一的维度、真抓实干的力度，不断提升信念的纯度和浓度。**

永固初心赓续使命要永葆“忠诚向来金石贯”的赤诚忠心。从屈原“虽九死其犹未悔”、心系国家、壮志未酬、投身汨罗，到霍去病“匈奴未灭，何以家为”、面对封赏、坚辞不就，再到岳飞“壮志饥餐胡虏肉，笑谈渴饮匈奴血”、励志报国、勇战沙场，无不向我们展示了仁人志士矢志不渝追求国家兴盛的高尚价值取向。革命战争年代，革命前辈们面对敌人的诱惑、酷刑和屠刀，宁死不屈捍卫党的信念就是对党绝对忠诚。在新时代，永葆锤炼忠诚品格的初心，就是要坚持把学习贯彻习近平新时代中国特色社会主义思想落实到坚决做到“两个维护”的实际行动中，在思想上充分信赖、组织上自觉服从、感情上深刻认同，增强对党的核心和人民领袖的敬爱崇敬之情，自觉在思想上政治上行动上同以习近平同志为核心的党中央保持高度一致，始终忠诚于党、忠诚于人民、忠诚于马克思主义，**不为噪音所扰、不为歪风所惑、不为暗流所动，忠心热爱党，铁心跟党走。**

永固初心赓续使命要永葆“斗罢艰险又出发”的斗争精神。“人才自古要养成，放使干霄战风雨。”敢于斗争、善于斗争，是共产党人鲜明的政治品格、坚韧的气节操守、过硬的风骨胆魄。从山河破碎、九原板荡到实现独立自主、自力更生，正是靠着这份“斗罢艰险又出发”的斗争精神和斗争意志，中国共产党人才带领中国人民，在一次次闯关夺隘中应对各种风险挑战，在一场场攻坚克难中挺起脊梁创造奇迹。“花繁柳茂处拨得开，风狂雨骤中立得定”，勇于斗争、善于斗争，从不是骛于虚声的“口号”，驰于空想的“高调”，而是磨砺于闯关夺隘、动真碰硬的担当作为中。**守好初心，就是要在攻坚克难、化险为夷中，练就不达目的不罢休的斗争意志，在逢山开路、遇水架桥中，练就能征善战的斗争本领，在锲而不舍、刚强不屈中，练就坚韧不拔的斗争品质。始终以永不懈怠的精神状态、一往无前的奋斗姿态，不断砥砺斗争品质、磨炼斗争意志。**

永固初心赓续使命要永葆“但愿苍生俱饱暖”的为民情怀。“政之所兴在顺民心，政之所废在逆民心。”一心爱民、始终为民，是我们党一切行动的出发点和落脚点，是我们党的力量源泉、根基所在。从民不聊生、生灵涂炭到国富民强、人民幸福，正是靠着这份“但愿苍生俱饱暖”的为民情怀，中国共产党带领中国人民，在经受一场场变革、破解一次次发展难题中，逐步实现民族复兴。“些小吾曹州县吏，一枝一叶总关情”，共产党人的爱民忧民情怀，从来不是讲话稿里的“高谈阔论”，也不是沉于琐碎的“迎来送往”，而是倾情在对群众冷暖安危的时刻牵挂中。**守好初心，就是要在扑下身子、沾沾泥土中，倾听民意民愿，在身体力行、竭尽全力中，为民谋福替民解忧，在一分一毫、一点一滴中，赢得信赖温润民心。始终以“利民之事，丝发必兴；厉民之事，毫末必去”的为民姿态，不断锤炼“我将无我，不负人民”的为民情怀。**

功崇唯志，业广唯勤。百年后的今天，面对“两个一百年”的奋斗目标，面对实现中华民族伟大复兴中国梦的宏伟愿景，当代中国共产党人更要常念入党初心，做好合格共产党人，积极干事创业，奋发开拓前行，在新征程上夺取新的更大胜利。

第二章

理想信念的精神力

理想指引人生方向，信念决定事业成败，理想信念是人们的精神支柱和力量源泉。理想信念也是共产党人的政治灵魂，是成事之基、动力之源、精神之“钙”。马克思主义信仰，共产主义理想，社会主义信念，是共产党人的力量之源、定力之基，也是保持党的团结统一的思想基础。

从“砍头不要紧，只要主义真”的夏明翰，到在狱中写下《清贫》《可爱的中国》的方志敏，再到县委书记的好榜样焦裕禄、新时期领导干部的楷模孔繁森……众多党员领导干部不仅为我们留下了关于共产主义理想信念的铮铮誓言和激扬文字，而且用行动甚至生命诠释了这一崇高理想信念的价值和力量。

◎何谓理想信念

理想信念，用通俗的话说，就是人生的价值观，就是人们所信仰、向往、追求的奋斗目标。它是人生目标的直接反映，是人生价值的客观表现和核心形态，是人类不断进步的强大动力。

由于个人的价值观不同，追求的目标不同，理想和信念的层次也就不同，有高尚、远大、美好和卑下、低微、龌龊之分，作为高级精神动物的人，也就有了人格的高低上下之分。在中国的历史文化传承中，“先天下之忧而忧，后天下之乐而乐”一直被奉为高尚的价值观，表达了高尚者胸怀天下、为民为国的理想、情操和追求。“人不为己，天诛地灭”的极端个人主义价值观始终是被唾弃和鄙视的。

共产党人的理想信念是什么？《共产党宣言》指明了实现的正确途径。共产主义社会是人类最壮丽、最合理、最进步的社会。**“共产主义并不剥夺任何人占有社会产品的权力，它只剥夺利用这种占有去奴役他人劳动的权力。”**它将是一个消除了阶级、生产力极大发展、物质财富和精神财富极大丰富的社会，各尽所能，按需分配，人们精神境界极大提高，实现每个人自由、全面发展。

党章总纲中规定：“党的最高理想和最终目标是实现共产主义。”“坚持马克思主义指导思想，树立中国特色社会主义共同理想……”党章第三十六条规定，党的各级领导干部必须“具有共产主义远大理想和中国特色社会主义坚定信念”。

习近平总书记指出：“坚持不忘初心、继续前进，就要牢记我们党从成立起就把为共产主义、社会主义而奋斗确定为自己的纲领，坚定共产主义远大理想和中国特色社会主义共同理想，不断把为崇高理想奋斗的伟大实践推向前进。”

令人担忧的是，近年来，在西方人文主义强调尊重人本身和个性解放的思潮影响下，个别人把追求物质利益作为实现人生“理想”的唯一目标。低层次的、以个人为中心的对“理想”的理解和追求，使他们变得目光短浅，精于算计，唯利是图；变得追逐名利，弄虚作假，道德沦丧。金钱、名车、豪宅、官位、权力成为衡量“理想”是否实现的标准，可以不择手段地去获取。少数共产党员受不良思潮的影响，忘记了自己的入党誓词和初衷，私心和贪欲膨胀，陷入贪污腐败的泥潭，成为党和人民的败类。教训沉重，令党和人民痛心。

面对封建思想残余和西方个人主义价值观的挑战，习近平总书记指出，理想信念是共产党人精神上的“钙”，没有理想信念，理想信念不坚定，精神上就会“缺钙”，就会得“软骨病”。这一比喻，形象深刻地解释了为什么瞿秋白等无数共产党人能够铁骨铮铮，以生命捍卫和追求心中的理想，为崇高理想奋斗终身；也指出了贪污腐败产生的主观根源——一旦丧失了崇高的理想信念，精神支柱倒塌，哪怕才高八斗，也会成为没有骨气、卑躬屈膝的“软骨病”患者，在物质利益的诱惑和腐蚀下，形同烂泥。

回顾百年的历史，我们党之所以能够取得革命和建设的成功，带领全中国人民从胜利走向胜利，走向幸福，走向更加美好的未来，就是因为我们党在马克思主义理论指导下，明确了实现共产主义的伟大目标，确立了使中华民族繁荣昌盛、人民共同富裕的伟大理想和信念。每一位共产党员在入党宣誓的时候，都神圣地举起右手庄严承诺：“为共产主义奋斗终身，随时准备为党和人民牺牲一切，永不叛党。”这个理想和信念，深深地扎根在共产党员的心中。

◎ 激荡理想信念的力量

理想信念是人们在一定的认识基础上，对某种思想、理论和事业所持的坚定不移的观念并身体力行的心理态度和精神状态，也是人们的世界观、人生观、价值观在奋斗目标上的集中体现。**共产党的理想信念就是为共产主义而奋斗，这是共产党人的立身之本、力量之源、正气之魂。**

理想信念是信仰的力量。我们党从诞生之初起就把马克思主义写在自己的旗帜上，把实现共产主义确立为最高理想。中国共产党之所以能够从胜利走向胜利，靠的就是信仰，为的就是理想。邓小平同志曾说：“为什么我们过去能在非常困难的情况下奋斗出来，战胜千难万险使革命胜利呢？就是因为我们有理想，有马克思主义信念，有共产主义信念。”革命战争年代，无数仁人志士和革命先辈，无私无畏、视死如归，就是因为他们对社会主义、共产主义的远大理想和奋斗目标坚贞不渝、矢志不移。杨超烈士就义时高声朗诵：满天风雪满天愁，革命何须怕断头。心中理念信念之火一经点燃，就永远不会熄灭。

理想信念是真理的力量。坚定的信念源于对真理的追求，对真理的坚信，对真理的运用。我们党是一个敢于坚持真理的党，更是一个善于发展真理的党。我们党从小变大、由弱变强的历史进程，就是不断从迷茫困惑走向坚定成熟、从自在自发转为自信自觉，从追寻真理、坚持真理到不断发展真理的过程。党坚持把马克思主义基本原理同中国革命、建设和改革的具体实际相结合，创造性地继承和发展马克思主义，形成毛泽东思想和中国特色社会主义理论体系，确立中国特色社会主义制度，坚持走中国特色社会主义道路这一发展中国之路、伟大复兴之路。**我们用 70 多年的努力，在积贫积弱、满目疮痍的条件下，完成了资本主义 300 多年的发展历程，**并且走的是与资本主义国家通过侵略扩张、掠夺财富完全不同的和平发展道路。正如习近平总书记所指出，社会主义显示出的生命力是强大的，这种力量，归根结底是真理的力量。

理想信念是精神的力量。中国共产党是富有强大精神力量的伟大政党。迎着困难前进，在战胜困难中实现和完成自己的精神成长，是我们党的显著特征和鲜明标志。党百年波澜壮阔、生机勃勃的奋斗历程，培育形成了井冈山精神、长征精神、大庆精神和抗震救灾精神等彰显政党性质、反映民族精神、体现时代要求、凝聚各方力量的伟大精神。以铁人王进喜等为代表的大庆石油人，“宁肯少活二十年，拼命也要拿下大油田”“有条件要上，没有条件创造条件也要上”，苦战三年摘掉了中国“贫油”的帽子。20 世纪 60 年代，勤劳勇敢的林县人民，仅仅靠着一锤、一铲、两只手，战天斗地，劈山凿石，历经十年在崇山峻岭之间建成世界第八大奇迹“人工天河”红旗渠。这种“敢教日月换新天”的革命豪情与奉献精神，是党的宝贵财富和巨大优势，具有超越时空的恒久价值和旺盛生命力。

理想信念是忠诚的力量。忠诚，意为尽心尽力、没有二心，既是一种境界，更是一种行动。忠诚是共产党人最为宝贵的品格。共产党人的忠诚，是基于马克思主义信仰和党性原则的政治忠诚，是对党和人民的伟大事业高度热爱的朴素情怀。中国共产党能够带领人民，最终取得革命和建设的胜利，成功开辟中国特色社会主义道路，就是因为有千千万万的共产党人忠诚于信仰，忠诚于理想，忠诚于国家，忠诚于人民。面对铡刀从容就义的刘胡兰，身陷囹圄坚贞不屈的何敬平，冒着炮火舍身炸碉堡的黄继光，在生命最后时刻依然默念工作的焦裕禄，扎根西藏、献身西藏的孔繁森……他们“为了免除下一代的苦难，我们愿——愿把这牢底坐穿！”“活着没有治好沙丘，死了也要看着我的同志们把沙丘治好”“我要用实际行动证明党的干部是真正为人民服务的”。他们无一不是一腔赤胆，无一不是忠贞不渝！

可以说，**我们党的历史，就是一部无数优秀共产党人谱写的忠诚史。**

回望百年的奋斗历程，我们党之所以能够经受一次次挫折而又一次次奋起，归根到底是因为我们党有远大理想和崇高追求。理想信念是思想行动的“总开关”，是共产党人精神上的“钙”，是引领共产党人不断前行的精神动力源，决定每个共产党员的政治方向、政治立场和政治态度。**理想信念既包括党的崇高理想和党的指导思想，也包括每一个共产党员对党和人民的忠诚以及对伟大事业的执着追求。**

在新时代，只有每一个共产党人发扬钉钉子精神，把理想信念落细落实，才能在平凡而伟大的行动中，汇聚成推进中国特色社会主义伟大事业、实现中华民族伟大复兴中国梦的磅礴力量！

◎胸怀理想力无穷

没有信仰，就没有灵魂；没有理想，就没有目标；没有信念，就没有动力。

中国共产党从1921年成立以来，走过了百年艰辛而辉煌的风雨历程。百年的历史告诉我们，中国共产党之所以能在极端困难的情况下不断发展壮大，从胜利走向胜利，就在于面对困难和挫折，对共产主义的信仰和马克思主义的信念从不动摇。坚定的理想是党的旗帜，是奋斗目标，是前进方向。

理想信念是共产党人永远的初心。1934 年 10 月，第五次反“围剿”失败后，中央主力红军为摆脱国民党军队的围追堵截，被迫实行战略性转移，退出中央根据地，进行了史诗般的伟大长征。**红军从长征开始到结束，军团长董振堂率领的红 5 军团一直担任后卫。1935 年 4 月，红军在贵州北部山区急行军时，政治保卫局局长邓发的妻子陈慧清临产了。陈慧清痛得满地打滚，敌人追上来了，与红军后卫激烈交火，但孩子怎么也生不下来。军团长董振堂拎着枪跑过来问：“还有多久能生出孩子？”谁也没法回答。董振堂连忙跑回阵地，大喊：“你们一定要打出一个生孩子的时间来！”战士们不顾牺牲，坚守阵地，整整两个小时，顶住了敌人一次次的冲锋，硬是等陈慧清把孩子生了下来。**

战斗结束后，一些战士经过产妇身边时怒目而视，因为这个孩子，很多兄弟都战死了。但此时，董振堂说了一句让大家哑口无言的话：“你们瞪什么眼？我们流血和牺牲不就是为了这些孩子吗！”

是啊，为了祖国的未，为了民族的未来，不计个人的生死，这不就是我们共产党人的初心吗？这不就是我们共产党人的理想信念吗？

理想信念是共产党人精神上的“钙”。胸怀革命理想，身有无限力量。红军长征后，根据党中央的安排，陈毅同志留在苏区，担负起领导江西革命根据地的工农红军进行游击战争的重任。当时形势上敌强我弱，赣南游击队在敌人重兵围攻中，斗争万分艰苦。陈毅同志和战友们转战在深山密林中几个年头。1936 年冬天，梅山游击队根据地遭敌围困，当时陈毅同志受伤又生病，在树丛草莽中隐伏了 20 多天，毅然写下了 3 首“绝命诗”留藏在衣底。这就是今天我们读到的荡气回肠的《梅岭三章》。“此去泉台招旧部，旌旗十万斩阎罗”“取义成仁今日事，人间遍种自由花”！个人生死事小，革命一定成功，这就是我们共产党员的革命信念，这就是共产党员的革命理想！这就是革命仁人志士经年累月穿丛林、战猛匪的精神动力！

写下这些“绝命诗”后不久，陈毅同志果然与敌人在梅岭的一个小山坡遭遇。他随身携带的小布包掉在了路边。国民党士兵发现陈毅同志这个“公文包”，满以为遇到了财神。结果翻遍了这个旧布包，里面除了一件旧衬衣，就只有一本翻破了的旧书。国民党士兵根本不理解，说：“共匪穷成这样了，还读什么书！”是的，不仅是这个士兵，整个国民党军队、整个国民党都不理解，也永远都不会理解，共产党自己穷成这样，为什么还有这么强大的战斗力？这是因为我们共产党员都有一个共同的革命目标，一个共同的革命理想，一个共同的革命信念。这个目标、这个理想、这个信念，就是我们共产党人的初心。有了革命的目标、理想、信念，我们再穷，也只是物质上的贫穷，在精神上却是特别富有的。理想信念是共产党人精神上的“钙”！有了这个精神上的“钙”，我们就能够甘于清贫、淡泊名利，始终保持高昂的革命斗志。

理想信念是共产党员终生的追求。95 岁的老兵张富清深藏功与名，他珍视“人民功臣”的荣誉，却从未把自己当“功臣”。从部队到地方，从人民子弟兵到人民公仆，“人民”二字，永远写在前面、刻在心上。作为一名老兵，这是他的初心、他的坚守、他的理想，也是他一生奋斗的动力源泉。从 1954 年起，一个搪瓷缸就是张富清生活的一部分。如今，这个旧茶缸补了又补，不能再用，张富清就把它认真珍藏起来。20 世纪 80 年代初，张富清一家搬到现在仍居住的建行宿舍。30 多年过去，楼上楼下、左邻右舍都已翻修一新，老两口的家还是老样子。有记者问，这么英勇的事迹为什么从来不讲？张富清老人说："这些往事，组织上已经给了我证书和勋章，我没必要再拿出来到处显摆。"而面对组织的关心，张富清老英雄动情地说：**"当年和我并肩战斗的那些战友，好多都牺牲了，还有一些整连整排牺牲的战友，他们根本没有机会提任何要求。比起他们，我今天吃的、住的已经好很多倍了。我有什么资格居功自傲，给组织找麻烦提要求呢？"**

习近平总书记特别称赞他——老英雄张富清60多年深藏功名，一辈子坚守初心、不改本色，事迹感人。在部队，他保家卫国；到地方，他为民造福。他用自己的朴实纯粹、淡泊名利书写了精彩人生！

◎坚如磐石的理想信念

理想信念，是一个民族奋力前行的向导。一个国家和民族的崛起，需要坚定的理想信念。人类文明史告诉我们，世界上所有先进、文明的民族都有自己的核心价值观，并以不同的形式，在不同程度地追求着自己的精神信仰。中华民族也不例外，是一个充满智慧的民族，更是一个追求信仰的民族。**我们的民族精神，形成于炎黄，展现于大汉，绽放于盛唐，坚守于康乾，重塑于新中国，全新阐释于新世纪。**中华民族之所以历经几千年而文明不倒，生生不息，其重要而根本的原因就是我们共同坚守的理想信念。共同的信仰，让我们拥有根基深厚的民族自豪感和自信心，即使饱经磨难却仍能岿然屹立，理想信念是民之魂、国之本。

中国共产党人的崇高理想信念包括：对马克思主义科学理论及其立场、观点、方法的坚定信仰；对共产主义远大理想和中国特色社会主义共同理想的坚定信念；对中国共产党领导及中国特色社会主义制度的坚

定信心。这样的理想信念，是共产党人的政治灵魂，是共产党人能够经受住任何考验的精神支柱。

百年前中国共产党成立时，只有50多名党员，谁也没有想到28年后竟然能够“一唱雄鸡天下白”，夺取全国政权。90多年前南昌起义失败后，只剩下大约800人的队伍，谁也没有想到22年后竟然能够“百万雄师过大江”，打下红色江山。

行程万里，不忘初心。回首我们党和军队的光辉历程，能够得到的启迪很多，“信念”二字无疑是个关键词。正如邓小平同志所说：“我们过去几十年艰苦奋斗，就是靠用坚定的信念把人民团结起来，为人民自己的利益而奋斗。没有这样的信念，就没有凝聚力。没有这样的信念，就没有一切。”坚定的理想信念是共产党人战胜一切艰难险阻、克服一切苦难的精神源泉。在长期的革命、建设和改革事业中，共产党人发扬革命和拼搏精神，严守纪律，不怕牺牲，敢于压倒一切敌人、压倒一切困难，始终坚持乐观主义、排除万难去争取胜利的精神，取得了一系列伟大的胜利。历史和现实都告诉我们，坚定的理想信念是鼓舞中国共产党人不忘初心、不懈斗争，克服千难万险、战胜最凶恶敌人，不断胜利前行的精神源泉。

有坚如磐石的理想信念，一个政党就能够凝神聚魂，一支军队就能够上下同欲。**巴尔扎克说过，以利益为主的阵营总是会动摇的，但以信仰为主的分化不了。**我们党和军队为什么能够始终做到公而忘私、舍生忘死？为什么能够始终做到干在实处、走在前列？为什么能够始终保持蓬勃生机和活力？就在于坚持思想建党、政治建军的原则，将“进步的政治精神”贯注于党和军队之中；就在于拥有一代代不为官、不为钱，不怕苦、不怕死，胸中有主义、心中有信念的不懈奋斗者。在党的正确领导下，党和人民军队以全新的面貌登上历史舞台。

理想信念是一往无前的力量。**爱因斯坦曾说：“有百折不挠的信念所支持的人的意志，比那些似乎是无敌的物质力量具有更强大的威力。”** 理想信念是共产党人精神上的“钙”，也是革命军人意志上的“钢”。在白色恐怖年代，在血与火的战场上，正是凭着坚如磐石的信念，无数共产党员赴汤蹈火而不辞、刀锯鼎镬而不惧、历经磨难不改初衷。“长征胜利靠的是什么？”张闻天这样回答，原因就在于有坚定不移、百折不挠的革命理想信念，“没有理想，不用说万里长征，红军连一千里都走不了”。革命烈士、老一辈革命家之所以练就风雨不侵的钢筋铁骨，是因为他们的理想信念之“钙”无比充盈，对于自己认定的马克思主义、共产主义信仰和社会主义信念笃信终身、坚如磐石。习近平总书记反复论述理想信念的重要性，多次指出毛泽东、刘少奇、周恩来、朱德、陈云等老一辈无产阶级革命家都有着坚定的信仰，而且终其一生为他们的信仰而奋斗。共产党人正因为有着崇高的理想信念，才能始终坚持坚定正确的政治方向，做到“风雨不动安如山”。反过来，“理想信念动摇是最危险的动摇，理想信念滑坡是最危险的滑坡。一个政党的衰落，往往从理想信念的丧失或缺失开始”。习近平总书记的重要论述，对于新时代共产党人如何克服精神上的“软骨病”，练就“金刚不坏之身”，筑牢共产党人精神家园，矢志不渝为信仰而奋斗，具有重大指导意义。

理想信念是真理在握的自信。毛泽东同志在井冈山搞工农武装斗争时，大胆预言：“星星之火，可以燎原。”靠的不是得天独厚的物质条件和社会条件，而是深信找到了解决中国问题的大道和钥匙。当年，性格刚烈的李立三回乡探亲时，父亲问他准备干什么，他答道：“我要干共产！”父亲说：“你们纯属胡来，是自己找死。人家督军有那么多兵，那么多枪，凭你们几个娃娃，一千年也搞不成！”李立三说：“军阀有枪，我们有真理，有人民。”

理想信念是民族精神的高地。近代以来，中国积贫积弱，成为任人宰割的鱼肉。大浪淘沙，谁主沉浮？沧海横流，谁堪砥柱？唯有中国共产党带领广大人民努力奋斗，用一个又一个胜利，让中华民族重新挺直了脊梁。共产党人在国家和民族需要的时刻，挺身而出，力挽狂澜。

“土能浊河，而不能浊海；风能拔木，而不能拔山。”我们远离了枪林弹雨的生死考验，走进杏花春雨的和平年代。有的党员干部淡忘了曾经在党旗下举起右拳的郑重宣誓，把理想等同于“利想”，把原则等同于“圆则”，多了酒色财气，少了一身正气；有的不信马列信鬼神，“对党说假话、对鬼说真话”；还有的把对党忠诚曲解为对个人效忠，热衷于搞小圈子、小山头、小团伙那一套。

理想因其远大而为理想，信念因其执着而为信念。信念是生发于鲜明的家国大义和强烈的使命担当；是基于对党的理论主张的深刻理解与由衷认同；是经过锻打淬炼真正成为灵魂深处的精神支柱。我们党历经挫折而辉煌迭出，百折不挠而凯歌高旋，都能从信念中找到根源。

今天，我们只有以理想信念为旗，以实干打底，才能经得起形形色色的诱惑和考验，如愿实现由大向强的“关键一跃”，领略“无限风光在险峰”的壮美。

◎忠诚的基石是理想信念

忠诚，乃诚实守信、尽心竭力之意，是做人不可或缺的优良品德。忠诚对共产党人而言，是对国家、对党的真心诚意和毫无二心。忠诚源于理想信念，没有理想信念的忠诚是不存在的；而只讲信仰，不讲忠诚，则是对信仰的丧失和背叛。信仰是一个人内心深处的追求和坚持。

忠诚的基石是理想信念。习近平总书记强调：“共产党人坚持的初心，就是对共产主义理想的坚定信仰，就是对党和人民事业的永远忠诚。”党的伟大事业“绝不是轻轻松松、敲锣打鼓就能实现的”，需要党员干部保持对党的事业的绝对忠诚，“衡量干部是否有理想信念，关键看是否对党忠诚”。坚定了理想信念，坚定了这份忠诚，共产党人“才会有强大的免疫力和抵抗力”。“断肠将军”陈树湘、共和国“第一号烈士”段德昌等革命先烈展现的正是这种对革命理想和党的事业无比忠诚的精神。这些重要论述，明确要求新时代的党员干部必须坚定理想信念，做到对党绝对忠诚。

忠诚是中华民族五千多年历史奔流壮阔旋律的主音符，也是中华民族历经劫难而生生不息、发展壮大的重要原因，忠诚早已成为中国人的文化基因。张骞出使西域、诸葛亮鞠躬尽瘁死而后已、岳飞精忠报国等，其人其事忠昭日月，因而名垂青史、万古流芳。古人云：**“人之忠也，犹鱼之有渊。鱼失水则死，人失忠则凶。”**汪精卫、周佛海等人背叛民族、背叛人民，被历史永远钉在耻辱柱上，遗臭万年。历史从正反两个方面说明，忠诚是中国人精神家园中永远燃烧的熊熊火炬，照亮和温暖着无数中华儿女的心灵，给人们勇敢前行的巨大信心，鼓舞人们不断迈向美好未来。

每一个共产党员在面向党旗庄严宣誓时，都发出过对党忠诚的铮铮誓言，此乃人生大事。认真对待、忠实践行入党誓言，既是对党的忠诚和敬重，也是对自己的忠诚和自重。**忠不忠，看行动；诚不诚，看过程。**要严格履行党章规定的对党忠诚老实的义务，以实际行动诠释对党忠诚。

今天，虽然我们党已远离血雨腥风，但对党忠诚是永远不变的“魂”，必须内化于心、外化于行。焦裕禄、孔繁森、杨善洲等优秀共产党员，以实际行动生动诠释了对党忠诚，成为时代先锋、民族脊梁，永远被人民所铭记、所颂扬。

心中有信仰，满怀无限忠诚，就能产生无穷的力量，面对任何艰难困苦，就会毫不退缩，就会从不迷失，就会永不背叛。**忠诚既是团结一致的“聚合剂”，也是党的力量的“倍增器”。**之所以说它是“聚合剂”，是因为对于我们这样一个有着9000多万名党员的大党而言，唯有忠诚才能真正统一思想，产生强大凝聚力、向心力，使全体党员心往一处想、劲往一处使、精诚团结如一人。之所以说它是“倍增器”，是因为忠诚能够激发出共产党人的强大精神力量，使之握指成拳、众志成城，形成无坚不摧的强大合力。向内收敛愈紧实，打出的力道就愈强劲。我们党始终保持蓬勃朝气、不断从胜利走向胜利的秘诀之一，就是广大党员始终对党忠诚，从而保证我们党思想上高度统一，进而上下一心、左右一体，团结一致、共同奋斗。

中国共产党的历史是一部由小到大、由弱到强的发展史，也是一部用生命和壮举书写忠诚的历史。正是因为千千万万的共产党人**忠诚于信仰，我们的信仰才永葆其光、永灼其焰；忠诚于组织，我们的组织才不断壮大、坚如磐石；忠诚于事业，我们的事业才生生不息、兴旺发达。**在和平年代和改革开放新时期，对党忠诚就是要忠诚于党和人民的事业，忠诚于党中央和全党的核心，始终做到热爱党、拥护党，永远跟党走。

“本根不摇，则枝叶茂荣。”有坚定的理想信念，才有对党的忠诚。邓小平同志年轻时钻研马克思主义理论，立志“更坚决地把我的身子交给我们的党”；在退休之际仍深情地说：“我的生命是属于党、属于国家的。退下来以后，我将继续忠于党和国家的事业。”今天的共产党人，更要坚定对马克思主义的信仰，对中国特色社会主义的信念，对实现中华民族伟大复兴中国梦的信心。只有深入领会习近平新时代中国特色社会主义思想，掌握认识世界、改造世界的科学方法，这样的忠诚才是由内而外、发自内心的，任何时候任何情况下都能站得稳、靠得住，用忠诚和汗水在祖国大地上铸就一座座新丰碑。

◎挺起理想信念的精神脊梁

人无精神不立，国无精神不强，党无精神不兴。我们党之所以历经挫折而不断奋起，历尽苦难而淬火成钢，靠的就是信念，为的就是理想。历史和现实反复证明：对马克思主义的信仰，对社会主义和共产主义的信念，是共产党人的政治灵魂，对党和人民的忠诚，就是中国共产党的立身之本，是共产党人的精神脊梁，是共产党人经受住任何考验的精神支柱。理想信念不是一句空话，回顾党的历程，特别是深刻领悟入党誓词，就会认识到理想信念是具体的、实在的。

理想信念是一种家国情怀。共产党人坚持把个人理想融入国家和民族事业中，贡献自身力量。体现在三个方面：一是以国家富强为己任。坚持为国家命运担当尽责，领导人民实现民族独立和国家解放，让中国日益走向繁荣富强。面向未来，我们党还肩负领导事业发展的重任，努力把中国建成社会主义现代化强国。二是以民族振兴为目标。坚持把振兴民族作为职责使命，甘愿做英勇斗士，为民族兴旺砥砺奋斗。党的十八大以来，中央提出实现中国梦的目标，体现了复兴中华民族的坚定决心。三是以人民幸福为追求。共产党人闹革命、搞建设、抓改革，使人民翻身做主人、共享发展成果，归根结底是为了人民幸福。家国情怀体现了共产党人的报国志向、民族意识和爱民真情。共产党人要坚定理想信念，涵养家国情怀，凝聚追梦圆梦的中国力量。

理想信念是一种执着追求。共产党人坚持把共产主义理想作为终身奋斗目标，矢志不渝地践行。体现在三个方面：一是认定目标不偏向。保持认准之后就坚韧不拔的政治定力，始终认准共产主义理想，从不彷徨犹豫，永不偏向。二是艰难险阻不放弃。面对重重艰难险阻、蜿蜒曲折，始终以坚定不移的意志，披荆斩棘、坚毅前行，永不言弃。三是始终如一不背叛。无论考验多么严峻，始终对党忠贞不渝，一辈子做党的坚定战士，永不叛党。执着追求体现了共产党人勇往直前、矢志不移的精神力量。党员干部要把理想信念作为一生追求，为党的事业奋斗终身。

理想信念是一种牺牲精神。共产党人坚信理想信念不会自动实现，必须不懈努力，不怕牺牲。体现在三个方面：一是勇于舍弃。无论任何时刻，始终坚持国家和人民利益高于一切，舍“小我”为“大我”，舍“小家”为“大家”。二是全心全意。对待工作、对待人民，始终任劳任怨、鞠躬尽瘁，全身心投入党和人民的事业。三是不计回报。在事业和利益面前，始终不计得失、无怨无悔，从不索取，甘当无名英雄。牺牲精神体现了共产党人大公无私、公而忘私的人格力量。党员干部要把涵养牺牲精神作为更高要求，随时准备为理想信念牺牲一切。

从嘉兴南湖的一叶扁舟出发，党成立百年，执政 70 多年，从不到 60 人的新生政党，到 9000 多万人的世界第一大党，中国共产党用“小米加步枪”战胜“飞机加大炮”，跨越一个个“雪山”“草地”，征服了一个个“娄山关”“腊子口”，带领中国人民站起来、富起来、强起来，迈入中国特色社会主义新时代。在这一过程中，**最坚实的力量就是理想**

信念的精神力量，最有力的支撑就是共产党人的精神脊梁。它是共产党人在不同历史时期表现出来的忠贞不渝、不畏牺牲的战士气质，舍身忘我、一心为民的公仆气质，扎实苦干、无私奉献的先锋气质。归根到底，就是为了党和人民的事业，不怕牺牲、英勇奋斗、有担当、敢作为的责任特质，就是铁一般的信仰、铁一般的信念、铁一般的纪律、铁一般的担当。

理想信念决定成败。理想信念动摇是最危险的动摇，理想信念滑坡是最危险的滑坡。**敌对势力骨子里是不希望中国发展壮大的，一个分裂动乱、软弱涣散的中国才符合其利益。他们以意识形态领域为突破口，进行政治信仰上的颠覆、价值观念上的渗透、生活方式上的侵蚀，手段不断翻新、形式更加隐蔽。**锋镝所向，就是动摇我们的理想信念，策划“颜色革命”，颠覆中国共产党领导和我国社会主义制度。从不遗余力搞“和平演变”，到大肆鼓吹历史虚无主义、“宪政民主”“普世价值”等错误思潮，再到卖力推销新自由主义、质疑改革开放，敌对势力对我国实施西化、分化战略，何曾停止过片刻！苏共拥有 20 万党员时夺取了政权，拥有 200 万党员时打败了德国法西斯，而拥有近 2000 万党员时却失去了政权。什么原因？就是理想信念没有了。

脊梁是支撑身体的中坚力量，精神脊梁的本质是崇高的信仰、信念和追求。中国共产党人的精神脊梁就是党章所要求的，追求共产主义最高理想，全心全意为人民服务，不惜牺牲个人的一切，为实现共产主义奋斗终生。回望建党百年历史，可以看到中国共产党人的精神脊梁一向是直挺坚硬的。当年，**正是坚定不移的精神追求，使得“小米加步枪”生发出战胜“飞机加大炮”的巨大威力，让我们党从南湖走向全国、从瑞金抵达北京。**如果没有直挺坚硬的脊梁，就不会历经千难万险、腥风血雨，夺取中国革命的胜利，就不会在一穷二白、百废待兴的情况下取得社会主义建设的巨大成就，就不会从经济走向崩溃的边缘奋起，开创中国特色社会主义道路，取得改革开放、经济建设、科学技术、文化建设、强军兴军等举世瞩目的成就。

一个人如果没有脊梁，就站立不起来；如果没有信仰信念，精神世界就会坍塌。对马克思主义的信仰，对共产主义和社会主义的信念，对党和人民的忠诚，是我们共产党人的立身之本。理想信念坚定，骨头就硬；理想信念丧失，就会得“软骨病”。纵观那些犯错误的党员干部，无论政治上的跑偏，还是生活上的走邪，归根到底都是“总开关”上出了问题。党员干部只有在立根固本上下足了功夫，坚定信仰、信念和忠诚，才会有强大的免疫力和抵抗力。

挺起精神脊梁，就要坚定理想信念。马克思主义是中国共产党人理想信念的灵魂。要学好用好《共产党宣言》等马克思主义经典著作，把读马克思主义经典、悟马克思主义原理当作一种生活习惯、一种精神追求，用经典涵养正气、淬炼思想、升华境界、指导实践。同时，要认真学习当代中国马克思主义、21 世纪马克思主义，自觉用习近平新时代中国特色社会主义思想武装头脑。同时，要努力学习、感悟、传承、弘扬中华文化，善于运用中华优秀传统文化中凝结的哲学思想、人文精神、道德理念来明是非、辨善恶、知廉耻，融会贯通、知行合一，以文化自信支撑政治定力。

“世界上有两样东西是亘古不变的，一个是高悬在我们头顶上的日月星辰，一个是深藏在每个人心底的高贵信仰！”心中有信仰，脚下才有力量。越是价值多元、思想多变，越应坚定理想信念，挺起共产党人的精神脊梁，唯有这样，才能让我们的生命在实现中华民族伟大复兴的大业中绽放出灿烂的光芒。

◎ 朝着理想的彼岸前进

中国共产党把马克思主义作为自己的指导思想，使党一成立就得以用先进的理论武装起来，以唯物辩证的科学精神、无私无畏的博大胸怀，领导和推动中国的革命、建设和改革。我们党之所以能够从小到大、由弱到强，一路走到今天，有很多原因，其中理想信念坚定是一个最主要的原因，奠定了革命、建设和改革胜利之基。百年来，朝着理想的彼岸前进，共产主义远大理想激励了一代又一代共产党人英勇奋斗，成千上万的烈士为了这个理想献出了宝贵生命。理想之光不灭，信念之光不灭。

靠理想信念，成功夺取了新民主主义革命的伟大胜利，建立了中华人民共和国。中国共产党因对马克思主义信仰而成立，也因对马克思主义信仰而发展壮大。其光辉文献——马克思和恩格斯起草的《共产党宣言》指出："无产阶级的运动是绝大多数人的、为绝大多数人谋利益的独立的运动。"这是马克思主义的根本宗旨。对这一根本宗旨，毛泽东同志提出了一系列关于群众工作、密切联系群众的新论述，而"全心全意为人民服务"是其核心。邓小平同志强调，中国共产党员的含义或任务，如果用概括的语言来说，只有两句话：全心全意为人民服务，一切以人民利益作为每个党员的最高准绳。习近平总书记指出，中国共产党之所以叫共产党，就是因为从成立之初，我们党就把共产主义确立为远大理想。我们党之所以能够经受一次次挫折而又一次次奋起，归根到底是因为我们党有远大理想和崇高追求。中国共产党从诞生之日起，就把马克思主义写在自己的旗帜上，把实现共产主义确立为最高理想。**正是这种由信仰而生的凝聚力，吸引了一批又一批中国工人阶级和中国人民、中华民族的先进分子加入中国共产党的队伍，造就了一批又一批不爱财、**

不为官、不怕死，就为这个事业，为心中的主义的“真人”。第一个革命根据地井冈山建立后，毛泽东同志写下《星星之火，可以燎原》等著作，指明了中国革命的发展方向，坚定了共产党和人民军队的理想信念。正是共产党人坚定的理想信念，才夺取了新民主主义革命的胜利，实现了中国从几千年封建专制政治向人民民主的伟大飞跃。

靠理想信念，成功“完成社会主义改造和确立社会主义基本制度”，为当代中国奠定了根本政治前提和制度基础。新中国成立至党的十一届三中全会召开的 29 年里，党始终带领全国各族人民进行社会主义革命和建设。29 年中，我们党坚持有远大理想和崇高追求，面对中华人民共和国成立之初经济凋敝、满目疮痍的烂摊子，面对西方国家对我国的长期敌视、封锁包围、经济制裁、军事威胁、政治孤立、外交压迫等压力，坚定理想信念，积极探索中国自己的社会主义建设道路，基本实现国家的工业化，对农业、手工业、资本主义工商业进行社会主义改造；坚持独立自主、自力更生地开展科技创新，重视科学体系的建设，努力赶超世界先进水平。毛泽东同志说，我们对人类的贡献不大，那就要从地球上开除你的球籍。**事非经过不知难。**正是共产党人坚定的理想信念，不畏艰难曲折，为当代中国一切发展进步奠定了根本政治前提和制度基础，为中国发展富强、中国人民生活富裕奠定了坚实基础，实现了中华民族由积贫积弱到根本扭转命运、持续走向繁荣富强的伟大飞跃。

依靠理想信念，“进行改革开放新的伟大革命”，成功探索中国特色社会主义道路。党的十一届三中全会，从根本上冲破了长期“左”的错误严重束缚，端正了党的指导思想，重新确立了马克思主义的思想、政治和组织路线，实现了中华人民共和国成立以来党的历史上具有深远意义的伟大转折。邓小平同志从共产党的理想、信念与建设中国特色社会主义的关系，改革开放与维护和执行党的纪律的关系，深刻阐述了中国共产党按照马克思主义揭示的人类社会发展规律，树立正确的社会主义信念和共产主义理想的重要性和必要性。

改革开放以来，我们党一直致力于建设中国特色社会主义，所赖以成功的也是中国特色社会主义，取得的成就归根到底是中国特色社会主义的胜利。今日之中国是全球第二大经济体、第一大工业产品制造国、第一大货物贸易国、第一大外汇储备国。权威部门的统计数据显示，2018 年，中国国内生产总值突破 90 多万亿元，稳居世界第二。中国对世界经济增长的贡献率为 30% 左右，日益成为世界经济增长的动力之源、稳定之锚。改革开放以来，中国经济年均增长 9.3%，GDP 规模实现平均每 8 年翻一番，远高于同期世界经济不到 3% 的年均增速。2018 年，我国财政收入超过 18 万亿元，为促进经济发展、保障改善民生、调整经济结构、有效防范风险提供了坚实的资金保障。中国经常项目盈余快速积累，吸引外资不断增加，已成为深度融入世界经济的全球第一货物贸易大国、主要的引进外资大国及对外投资大国。只有中国特色社会主义，才能发展中国。

朝着理想的彼岸前进，开辟了中国特色社会主义道路，形成了中国特色社会主义理论体系，确立了中国特色社会主义制度，使中国赶上了时代，实现了中国人民从站起来、富起来到强起来的伟大飞跃。

坚定理想信念，为实现中华民族伟大复兴中国梦继续前行。**中国共产党从建党的“开天辟地”，到新中国成立“改天换地”，从改革开放的“翻天覆地”，到今天带领全国人民创造举世瞩目的“中国奇迹”，这些伟业都是在共产主义、社会主义理想和纲领的引领下取得的。**如今，时代变化和中国发展的广度和深度，迫切需要实践上的大胆探索和理论上的不断突破。这就要求我们：必须进一步解放思想，以更加宽阔的眼界审视马克思主义在当代发展的现实和实践基础，坚持问题导向，坚持以正在做的事情为中心，深入推动马克思主义同当代中国发展的具体实际相结合，不断把马克思主义中国化推向前进。习近平总书记指出，一个政党的衰落，往往从理想信念的丧失或缺失开始。现在，社会深刻变革、思想激烈交锋，给共产党人的理想信念带来了前所未有的冲击。社会环境越是错综复杂，共产党人越要加强党性修养，坚定心中的信仰，挺起信念的脊梁，永远不能失去共产党人安身立命的根本。

“石可破也，而不可夺坚；丹可磨也，而不可夺赤。”“不要忘记我们是共产党人，不要忘记我们是革命者，任何时候都不要丧失理想信念。”**补精神之“钙”、固政治之“魂”，**做共产主义远大理想和中国特色社会主义共同理想的坚定信仰者、忠实实践者，为实现“两个一百年”的奋斗目标、实现中华民族伟大复兴的中国梦而英勇奋斗。

第三章

人民至上的感召力

我们党诞生于人民，来自于人民，植根于人民，服务于人民，胸怀的是“人民梦想”，致力的是“人民生活”，坚守的是“人民立场”，关注的是“人民忧乐甘苦”，依靠的是“人民群众”，拥有的是“人民军队”，建立的是“人民政权”，追求的是“人民幸福”，践行的是“以人民为中心的发展理念”，求解的是“人民对美好生活的向往”，奋斗的是“解放全人类”，真正把“以人民心为心”的精神书写在旗帜上，真正求得全体人民的“最大公约数”、画出中华民族“最大的同心圆”。

正是因为坚持人民至上，我们党才赢得了人民群众的拥护支持，筑成“真正的铜墙铁壁”，汇成磅礴的洪流大潮，推动“中国号”巨轮劈波斩浪、胜利前行；才成为时代合格的“答卷人”，凝聚起最震撼人心的前进力量，谱写了最大气磅礴的壮歌，绘就了改天换地的画卷，完成了开天辟地的壮举，绽放出耀眼的时代芳华。

◎真正的英雄

习近平总书记指出："人民是历史的创造者，人民是真正的英雄。波澜壮阔的中华民族发展史是中国人民书写的！博大精深的中华文明是中国人民创造的！历久弥新的中华民族精神是中国人民培育的！中华民族迎来了从站起来、富起来到强起来的伟大飞跃是中国人民奋斗出来的！"这道出了人民创造历史和坚持人民立场的重要性。

回顾近代历史，中华民族饱受了前所未有的苦难与煎熬。面对苦难，中国人民没有屈服，而是挺起脊梁、奋起抗争，从洋务运动、戊戌变法到孙中山领导的辛亥革命，一代又一代仁人志士为中华民族伟大复兴抛头颅、洒热血。

从"时代是出卷人，我们是答卷人，人民是阅卷人"到"人民是历史的创造者，人民是真正的英雄"，中国共产党从创立之时就把"全心全意为人民服务"作为自己的根本宗旨，作为全部事业的出发点和归宿。

"我们政权的阶级性是这样：无产阶级领导的，以工农联盟为基础，但不是仅仅工农，还有资产阶级民主分子参加的人民民主专政。"1948年9月，在西柏坡召开的中共中央政治局扩大会议上，毛泽东对新中国的国体有了明确的擘画。他还特别强调：**我们是人民民主专政，各级政府都要加上"人民"二字，各种政权机关都要加上"人民"二字。**

人民是真正的英雄折射出党的本色初衷和使命担当。从历史来看，任何一项伟大事业要成功，都必须从人民中找到根基，从人民中积聚力量，由人民共同来完成。中国共产党的建党宗旨就是要全心全意为人民服务，新中国第一代领导人毛泽东同志所提出的“只有人民，才是创造历史的动力”，深刻体现出共产党人以民为本的人民思想。一切依靠人民，一切为了人民，全心全意为人民服务，赢得人民真诚的支持，获取无尽的力量源泉。党团结带领广大人民群众，进行了一场场气壮山河的斗争，建立了中华人民共和国，走上了社会主义道路，掀起了改革开放浪潮，迎来了中国人民从站起来、富起来到强起来的伟大飞跃。民本思想是中国共产党人的一贯思维，是共产党人的初心，也是一以贯之的本色初衷和使命担当，是共产党人取得成功的宝贵精神财富。

人民是真正的英雄体现了党与人民群众的关系。“水能载舟，亦能覆舟”，彰显了党群“鱼水情深”，体现了党对每一名人民群众的关心关爱，散发出党性关怀。“老百姓才是真正的英雄”不仅是战争年代的群众画像，也是各个时期党的任何事业中的群众画像。

人民是真正的英雄体现了人民的利益高于一切。**“为政之道，以厚民为本。”**老百姓关心什么、期盼什么，就抓住什么、推进什么，多谋民生之利、多解民生之忧，最大限度地实现好、维护好、发展好最广大人民的根本利益，让发展的成果惠及全体人民，让人民群众从改革中受益，让人民群众有实实在在的获得感，充分彰显了中国共产党人把人民群众放在最高位置的治国理政的核心理念。

人民是真正的英雄体现了人民是历史的创造者和缔造者。“民可近，不可下；民惟邦本，本固邦宁。”从历史发展看，人民群众不仅创造社会物质财富，为社会得以存在和发展提供了物质保障；而且还创造社会精神财富，为人们从事精神文化活动发挥了重要作用。中国特色社会主义进入新时代，我国社会主要矛盾已经转化为人民日益增长的美好生活需要和不平衡不充分的发展之间的矛盾，这就要求千千万万个党员干部必须心系群众、为民造福，紧密联系群众、带领群众，前赴后继投身革命、建设和改革，最终众志成城走向辉煌。

人民是真正的英雄彰显了党的治国谋略和理政智慧。回顾党的历史，党始终认为人民是真正的英雄。陈毅元帅曾说：“淮海战役是人民群众用小车推出来的。”人民群众的力量是无穷的，只有紧紧依靠广大人民群众的力量，才能夺取同步小康的全面胜利。

“谁把人民扛在肩上，人民就把谁装进心里。”我们要深刻领会习近平总书记“人民至上”的治国理政的核心理念，共产党人要把人民对美好生活的向往作为奋斗目标，做到与人民心心相印、和人民同甘共苦、同人民团结奋斗，努力奋斗在新时代的中国特色社会主义道路上，向历史、向人民交出一份合格的答卷。

◎力量之源和胜利之本

人民群众是我们党的力量源泉，是我们党最稳固的依靠。人民是决定党和国家前途命运的根本力量，要依靠人民创造历史伟业。人民立场是中国共产党的根本政治立场。

“大鹏之动，非一羽之轻也；骐骥之速，非一足之力也。”大鹏冲天飞翔，不是靠一根羽毛的轻盈；骏马急速奔跑，不是靠一只脚的力量。中国要飞得高、跑得快，依靠的是14亿人民的力量。

人民立场是中国共产党的根本政治立场，是马克思主义政党区别于其他政党的显著标志。总结我们党发展壮大的经验，很重要的一条，就是始终把人民群众作为智慧和力量的源泉，始终把政治智慧的增长、执政本领的增强深深扎根于人民的创造性实践之中。与人民风雨同舟、生死与共，始终保持血肉联系，是党战胜一切困难和风险的根本保证。党的根基在人民、血脉在人民、力量在人民。人民群众作为中华民族的主体，是实现中国梦的根本力量。

以史为鉴可以知兴替。实践表明，一个始终牢记宗旨使命的政党，才会在前行中不忘从哪里来、到哪里去；一个善于不断自我净化的政党，才能保持生机与活力。纵观古今中外的历史，人心向背不仅决定着国家政权的命运，也形成了历史的基本走向。回顾党的历史，就是一部共产党和人民群众鱼水情深的历史。无论是革命战争年代的群众“十送红军”，还是宝塔山下同吃同住同劳动的感人场景，或是在脱贫攻坚的第一线，我们党员不计私利、不问得失的奉献筑起了执政的“铜墙铁壁”。我们党把发展为了人民作为工作的根本归宿，把人民对美好生活的向往作为工作目标，这既体现了党“依靠群众、为了群众”的执政理念，也反映了我们党在新的历史条件下继续夯实群众基础的决心。

众人同心，其利断金。行进在中国特色社会主义的道路上，我们收获了辉煌与荣耀，也同样经历过困难与挑战，正是依靠万众一心、迎难而上的中国力量，才一次次涉过急流险滩。在抗震救灾斗争中，党心军心民心拧成一股绳，**“地动山摇摇不散中华魂魄，山崩地裂裂不开万众一心”**，灾区大地上最醒目的标语，就是中国力量的最好注脚。扎根人民，依靠人民，风雨无阻，奋勇向前。人民，当代中国传奇的书写者，人民，民族伟大复兴的力量之源。

有一首歌曲《江山》这样唱道：“老百姓是地老百姓是天，老百姓是共产党永远的挂念，老百姓是山老百姓是海，老百姓是共产党生命的源泉。”歌曲震撼了无数听众的心灵，也深刻诠释了党和人民水乳交融的深情厚谊。

人民是真正的英雄，是党的力量之源、胜利之本、执政之基。1937年3月，当谈到执政党与人民的关系时，斯大林曾经用一则希腊神话来比喻。在希腊神话中，有一位无敌的英雄安泰。**安泰是大地女神盖亚和海神波塞冬的儿子。安泰力大无穷，而且只要他保持与大地的接触，他就是不可战胜的，因为这样他就可以从他的母亲那里持续获取无限的力量。后来，敌人获知了这一秘密，便想方设法使他脱离和大地母亲的联系。在一次战斗中，敌人的阴谋终于得逞，把安泰举到空中，架空了他，在空中把他扼死了。**斯大林讲："布尔什维克也同安泰一样，其所以强大，就是因为他们同自己的母亲，即同那生育、抚养和教导他们成人的群众保持联系。只要他们同自己的母亲、同人民保持联系，他们就有一切把握，始终是不可战胜的。"

人民是立党之根。我们党自诞生之时起就把生存与发展之根深深地扎于人民群众之中，与人民群众血脉相连、生死与共。历史不能忘记，**面对如磐的风雨、如晦的岁月，人民群众把我们党员紧紧地拥于温暖的怀抱之中，让我们知道了什么叫生死相依、患难与共，什么叫水乳交融、鱼水情深。**

人民是胜利之本。1938年5月，毛泽东同志在《论持久战》中鲜明提出，兵民是胜利之本，战争的伟力之最深厚的根源，存在于民众之中。中国革命胜利的伟大历程证明，坚持人民立场，充分发动群众，始终保持同人民群众血肉联系，这是我们由小到大、由弱变强、战无不胜、永立不败的基因和法宝。

人民是执政之基。立国之本，在于为民；执政之基，在于为公。没有比人民更强大的力量，没有比民心更稳固的基石。苏共亡党的教训很多，民心背离是其中决定性因素之一。历史一再证明，**民生不可误、民心不**

可欺、民情不可违、民权不可侵。“忘记了人民，脱离了人民，我们就会成为无源之水、无本之木，就会一事无成。”

人民是改革之源。人民群众是推动改革的主体，人民群众的首创精神是推动改革的原动力。我国农村改革从安徽凤阳的大包干开始，企业改革从福建企业要求松绑开始，市场调节从集贸市场开始，多种经济成分从个体私营经济开始，对外开放从三来一补开始。习近平总书记指出：“改革开放在认识和实践上的每一次突破和发展，改革开放中每一个新生事物的产生和发展，改革开放每一个方面经验的创造和积累，无不来自亿万人民的实践和智慧。”改革为了人民，改革必须依靠人民。坚持人民立场，激发人民力量，这不仅是历史的启迪，更是再创辉煌的遵循。

◎ 人民是党的最大底气

“人民是共和国的坚实根基，人民是我们执政的最大底气。”习近平总书记深情赞颂中国人民，热情讴歌人民力量。光荣属于人民、感情系于人民、力量源于人民，掷地有声的话语，饱含自信与豪情，激荡光荣与梦想，体现着大国领袖的人民情怀，贯穿着一如既往的人民立场，彰显了一个百年大党最大的政治优势。

人民是我们执政的最大底气。古今中外，任何政治力量、任何政权产生、存在、发展的依据，胜败兴衰的关键，都集中于和人民群众的关系。“人民，只有人民，才是创造世界历史的动力。”在我们党的历史上，党与人民群众的关系有许多形象的比喻，如鱼水关系、血肉关系、主人和公仆的关系、种子和土地的关系等等。这些比喻形象生动、贴切自然、通俗易懂，不仅揭示了“水可载舟，亦可覆舟”的深刻内涵，更昭示了“人民是我们执政的最大底气”的基本道理。

回首来时路，我们党从成立时的50多名党员发展到现在的9000多万名党员，成为一个在14亿人口的大国长期执政的党，最根本的一条，就是因为我们党始终是中国工人阶级的先锋队，同时是中国人民、中华民族的先锋队。中国共产党来自人民、植根人民、服务人民，党除了国家、民族、人民的利益，没有任何自己的特殊利益。从根本上说，我们党的理论就是为了人民的理论，我们党的路线就是为了人民的路线，我们党的实践就是为了人民的实践。邓小平同志深刻指出：“党离不开人民，人民也离不开党，这不是任何力量所能够改变的。”说的就是这个根本道理。无论多苦多难，人民群众始终坚定地跟党走，原因就在于我们党自诞生之日起，就始终牢记“为了谁、依靠谁、我是谁”，把初心和使命定位于“为中国人民谋幸福，为中华民族谋复兴”。这是我们党立于不败之地的力量源泉，是我们党和国家事业发展最具有决定性的因素。

正是源于这样的初心和使命，革命岁月，我们党带领劳苦大众“打土豪分田地”，唤起工农千百万，推翻了“三座大山”。中华人民共和国成立后，我们党一直把“人民对美好生活的向往”当作“头等大事”。当年开展的粮食、棉纱、银圆“三大战役”，稳定物价，保障群众生活。改革开放后，开启了全面建设小康社会这个中国历史上最伟大的民生工程，人民的衣食住行得到极大改善。走进新时代，防范化解重大风险、精准脱贫、污染防治三大攻坚战全面打响，让全体人民过上更加美好生活，贯穿着党创业、守业、兴业的全过程。

事实表明，中国共产党为什么“能”？为什么“行”？就在于我们党“执政”与“为民”从不分离，始终没有忘记为什么而出发这个原点，没有忘记为什么而奋斗这个目标。执政必须为民，这是党的宗旨和性质所决定的。只有“为民”执政，群众才会真心接受、真挚拥护、真正支持。没有人民群众的拥护、支持，我们党就难以成就当今的伟业。斗转星移，沧海桑田，“人民是我们执政的最大底气”，是用鲜血和生命换来的宝贵经验，是凝固的历史音符，也是共产党人的必然选择。过去如此，现在如此，永远如此。

◎ 中国人民真“棒”

人民是历史的创造者，人民是真正的英雄。在中华民族几千年绵延发展的历史长河中，中国人民胼手胝足，薪火相传，书写了波澜壮阔的中华民族发展史，创造了博大精深的中华文明，培育了历久弥新的中华民族精神。千百年来，一个个彪炳史册的人间奇迹在中华大地上不断涌现。中国人民创造的灿烂文化和伟大成就深刻影响人类文明进程，更推动新时代的中国日新月异向前发展，大踏步走在世界前列。中国人民为什么如此“棒”？

人民有勤劳勇敢的品格。几千年的繁衍生息和不辍劳作，孕育了中华民族勤劳勇敢的优秀品格。毛泽东同志就指出，中国人民从来就是一个伟大的勇敢的勤劳的民族。邓小平同志说，我们的人民勤劳勇敢，坚韧不拔。习近平总书记以磅礴之豪情发出时代强音：“伟大的中国人民万岁！”中国人民以勤劳勇敢，创造了巨大的物质财富和精神财富，成为推动国家和民族发展进步的根本力量，奠定了中华民族安身立命的根基。**从上古神话盘古开天、愚公移山对劳作的坚毅执着，到远古人民日出而作、日落而息对农耕的恬然自得，再到新时代中国人民创造奇迹的中国速度、中国节奏，无不反映出中国人民吃苦耐劳、勇敢付出的优良品格。**

人民有自强不息的意志。习近平总书记指出，自力更生是中华民族奋斗的基点，**幸福不会从天而降，没有人会恩赐给我们一个光明的中国。**几千年来，自强不息始终是中华民族生生不息、长盛不衰的力量源泉，涵养着中国人民刚健有为、奋发进取的精气神，为中国人民筑起坚固的精神长城。中华民族历经磨难而不衰，饱尝艰辛而不屈，千锤百炼更坚强，正是因为有这种伟大民族精神的支撑。从“天行健，君子以自强不息”的古代先贤，到“为有牺牲多壮志，敢教日月换新天”的革命先驱，再到“撸起袖子加油干”的新时代奋斗者，中国人民接续奋斗的足迹，始终标示着民族前进的方向。

人民有敢为人先的气度。创新是中华民族最深沉的民族禀赋。从先人的变法变革图强运动，到当今的改革开放，中国人民总是以求新求变的创新精神，不断推动中国社会的变革与发展。历史上，中华民族曾经创造了世界最先进的生产力和最辉煌的科技成就，长时期走在世界前列。但近代以后，中国逐渐落后于时代，遭遇“三千年未有之大变局”。在国家和民族危亡之际，中国共产党人秉持开天辟地、敢为人先的首创精神，创立了中国共产党，开辟了中国革命、建设和改革的新道路。中国人民在中国共产党的领导下，用几十年时间走完了发达国家几百年走过的工业化历程，创造了震撼世界的中国奇迹，迎来了中华民族伟大复兴的光明前景。

人民有逐梦理想的毅力。几千年来，中国人民始终心怀梦想，并且不懈追梦、执着圆梦，形成了中华民族的伟大梦想精神。中华优秀传统文化倡导的“达则兼济天下”“为天地立心，为生民立命，为往圣继绝学，为万世开太平”“天下为公”“世界大同”等思想，革命文化和社会主义先进文化蕴含的“革命理想高于天”、社会主义核心价值观等，无不反映中国人民逐梦理想的情怀、境界和担当。对理想社会、对美好生活的向往和追求，始终激励着中国人民奋勇向前。鸦片战争以来，为了实现中华民族复兴这个伟大梦想，中国人民付出了巨大努力和牺牲，终于在中国共产党的领导下实现了民族的涅槃重生，迎来了中华民族从站起来、富起来到强起来的伟大飞跃。

人民有家国情怀的抱负。家国情怀激扬着爱国主义的主旋律，体现爱国爱家的统一，是中华民族共同的价值观念，深深烙在中国人民的心灵深处。**无论是“先天下之忧而忧，后天下之乐而乐”的政治抱负，还是“苟利国家生死以，岂因祸福避趋之”的报国情怀；无论是“砍头不要紧，只要主义真”的坚贞执着，还是“我将无我，不负人民”的豪迈誓言，家国情怀早已沉淀为中国人民的内在品格，根植于中华民族的文化血脉，成为激励中国人民砥砺前行的强大动力。**千百年来，无数中国人民坚持国家和民族利益至上，将个人理想追求汇入国家和民族事业的洪流，与国家和民族同呼吸、共命运，为家国情怀写下最生动的注脚。

人民有协和万邦的胸襟。中华民族崇尚和谐，和谐文化孕育于中华民族五千多年的悠久文明传承，植根于特色鲜明的民族精神土壤，构成了中华民族最具人文情怀、富有生命力和感召力的文化基因。几千年来，中国人民始终向往和追求和谐共生的人与自然关系，始终向往和追求和谐友爱的人际关系，始终向往和追求和谐和睦的中华民族大家庭，始终向往和追求与世界其他民族和谐共处的友好合作关系，为人类文明发展做出了巨大贡献。从古丝绸之路到“一带一路”，从“协和万邦”到构建人类命运共同体，和谐文化所蕴含的深刻经世哲理跨越时空、超越国界，崛起中的中华民族为世界贡献全新“中国方案”。

◎以百姓之心为心

1945年，民主人士黄炎培访问延安，对共产党人的作风感受深刻。他在《延安归来》中写道：和他们天天见面谈笑，真是古人所说“如坐春风中”。让人如沐春风的，不只是共产党人平易近人、和蔼可亲的表情，更是毛泽东同志对延安老人的殷殷问候，周恩来同志与边区群众一起纺线的朗朗笑声，朱德同志与战士一起打球的矫健身影。这些场面、细节，生动诠释了什么是血肉联系、鱼水关系。

中国共产党曾濒临绝境，之所以能扭转乾坤，一个重要原因就是解决了“为了谁、依靠谁、我是谁”的根本问题。在延安，美国将军马歇尔听到最多的一个词就是“人民”。正是因为共产党人始终把“来自人民、植根人民、服务人民”作为价值追求，坚持与群众“一块苦、一块干、一块过”，才赢得党外朋友的真诚称赞“得天下者，共产党也”，才赢得人民群众的衷心拥护，从而凝聚起坚不可摧的磅礴力量。“江山就是人民，人民就是江山。”“人民”二字，永远镌刻在共产党人的灵魂深处，也是我们党永葆活力的源泉所在。

以百姓心为心，是共产党人的初心。中国共产党自诞生之日起，就以救民于水火、解放劳苦大众为己任，把马克思主义写在自己的旗帜上，将实现社会主义、共产主义作为自己的奋斗目标，自觉肩负起争取民族独立和人民解放、实现国家繁荣富强和人民共同富裕的历史使命。中国共产党人将马克思主义的基本原理同中国革命的具体实践结合起来，取得了新民主主义革命的胜利，建立了中华人民共和国，创造了社会主义革命和建设的辉煌事业。在这一伟大的历史进程中，中国共产党人始终以百姓心为心，关心记挂百姓疾苦，与人民同甘苦共命运。他们没有自己的私利，追求的是共产主义远大理想和中国特色社会主义共同理想，追求的是中华民族伟大复兴。

以百姓心为心，是共产党人的恒心。得民心者得天下。中国几千年的发展历史和马克思主义唯物史观无可辩驳地向世人昭示：人民是历史的创造者，是推动历史发展的决定性力量。中国共产党人始终以百姓心为心，把人民放在心中最高位置。钱学森曾说："我作为一名中国的科技工作者，活着的目的就是为人民服务。如果人民最后对我的一生所做的工作表示满意的话，那才是最高的奖赏。"无论在战争年代，还是在和平时期，人民始终是中国共产党最坚固、最牢靠的"后台"，是执政的最大底气。深深扎根人民、紧紧依靠人民、发展为了人民，这些都是以百姓心为心的体现，也是共产党人为人民谋幸福、为民族谋复兴的恒心。

老子《道德经》中有一句经典名言：**"圣人无常心，以百姓心为心。"**习近平总书记指出："我们要坚持'以百姓之心为心'。""一个政党，一个政权，其前途命运取决于人心向背。人民群众反对什么、痛恨什么，我们就要坚决防范和纠正什么。"而"想群众之所想，急群众之所急""一切从群众立场出发""把让人民群众满意作为我们工作的标准"等都是中国共产党从成长、发展到壮大的历程及其所取得伟大成就中总结出的宝贵经验。

"皇天无亲，惟德是辅；民心无常，惟惠之怀。"以百姓心为心，以人民福为福，既是一种责任，也是一种担当。面对世界百年未有之大变局，面对中华民族伟大复兴的光明前景，共产党人只要牢记初心，不忘使命，始终以百姓之心为心，永葆奋斗精神，永怀赤子之心，矢志不渝造福人民，我们就会始终立于不败之地，我们的伟大事业必将无往而不胜。

"民心是最大的政治。"这是中国共产党所指出的人间正道，更是中国共产党久久为功的事业抓手。1940 年 5 月，著名爱国华侨领袖陈嘉庚率领南洋华侨慰劳团以及募集到的大量抗战物资回到祖国。在重庆，蒋介石为了取得陈嘉庚在物资上的支持，大摆宴席，极尽奢华，一顿饭就花去了 800 大洋。陈嘉庚饭后陷入了沉思，国难当头，一位国民党的领导人竟然如此奢侈，中国的希望何在？带着疑问，他不顾蒋介石的阻挠，去了延安。

毛泽东同志在延安窑洞门外的露天场地上设宴款待陈嘉庚，十多人围坐一桌。饭菜上桌，只有在延安比较稀有的白米饭和洋芋（土豆）、豆腐等陕北农家菜，唯一的美味佳肴就是一只从邻居大娘家借来的老母鸡。当陈嘉庚得知这顿饭一共花了 8 毛钱后，他感慨良多，意味深长地说，得天下者，共产党也！他在回去以后的演讲中断言：国民党必败，共产党必胜。

这 8 毛钱与 800 个大洋的奢与俭中有民心。淮海战役 60 万胜 80 万，被斯大林称为奇迹，这一胜一败中有民心。出行轻车简从，就餐自己排队；对百姓动辄任性，好讲派耍横，这一谦一骄中也有民心。宋代陆游有诗云：**“但得官清吏不横，即是村中歌舞时。”**谁以百姓之心为心，把百姓的利益举过头顶，谁就能赢得民心，赢得未来。

纵览中国共产党百年的前行足迹，几个关键的时间节点，尤其凸显出民心之所向——1921 年，从上海兴业路辗转到嘉兴红船上，中国共产党人开天辟地，用马克思主义革命火种启蒙了民心；1931 年，尚处在“攘外必先安内”危机形势下的中国共产党扛起拯救同胞于水火的大旗，主动抛却了党与党的手足之争，再次聚拢了近乎支离破碎的民心；1949 年，天安门城楼上的一句“中国人民站起来了！”让屈辱了半个世纪的民心感受到前所未有的振奋；再接着，从激情燃烧的大建设时期，到具有伟大转折意义的改革开放，再到成为世界上第二大经济体，“一步一履总关情”，正是民心使然，正是民心期盼，让中国共产党动力澎湃，目光如炬，得以驾驶着中国这艘巨舰稳步前行。

“上下同欲者胜，风雨同舟者兴。”从群众中汲取智慧和力量，始终与人民想在一起、干在一起、凝聚在一起，就能够得到群众最大程度的理解、认同、拥护，就能使我们党强基固本、永葆长盛不衰的青春活力。

◎ 高举为人民服务的大旗

为人民服务是中国共产党的根本宗旨，也是每个共产党人的基本行动准则。作为无产阶级政党的一个基本要求，为人民服务这一思想尽管在马克思主义创始人那里早已有之，但是，在中国共产党发展历程中，正式把为人民服务作为一个科学命题提出来并将其确立为党的根本宗旨的是毛泽东同志。毛泽东同志一再指出：“我们所做的一切，都是为人民服务。”他还说：“全心全意地为人民服务，一刻也不脱离群众；一切从人民的利益出发，而不是从个人或小集团的利益出发；向人民负责和向党的领导机关负责的一致性；这些就是我们的出发点。”

首都北京。中南海新华门，门内影壁上，毛泽东同志手书的“为人民服务”五个大字同门前飘扬的国旗、高悬的国徽相互辉映。**据考证，除了在会议报告或讲话中多次阐述“为人民服务”的思想外，毛泽东还经常用“为人民服务”作题词，这是他一生中题词最多的一句话。**

中国共产党自成立以来始终高擎为人民服务的旗帜，团结带领人民求解放、谋幸福、图发展，奋力开创幸福美好的生活，赢得亿万群众的衷心拥护……

回望中国共产党百年历史，始终围绕着一个中心——人民，始终坚持着一种行动——为人民服务。只有理解了党与人民的关系，看到了中国共产党人的坚守，才能破译中国共产党的“成功密码”：为什么能够从各种政治力量中脱颖而出，为什么历经挫折还能得到人民的信任支持，为什么能不断创造一个又一个奇迹……

从这个意义上讲，**人民就像一块永恒的试金石，时刻考验着每一位共产党人的政治本色；为人民服务是永远的“生命工程”，关系到中国共产党的根基、血脉和力量。**

正如一位学者所言，任何政党都必须行动着，如果没有行动，政党必然从政治中出局。百年来，正是因为将革命、建设、改革的宏伟蓝图转化为波澜壮阔的伟大实践，将为人民服务的纲领、路线和政策转化为人民群众的共同奋斗，党才不断从胜利走向胜利。新时代，重申“人民”的重要性，继续实践“为人民服务”的理念，依然呼唤这种“行动的政治”。

全心全意为人民服务，是我们党的根本宗旨，是共产党区别于其他任何政党的一个显著标志，我们党的根基在人民、血脉在人民、力量在人民，脱离了人民群众，党的生命也就停止了。只有把维护好、实现好、发展好人民群众的根本利益作为一切工作的出发点和落脚点，才能够得到广大人民群众的真心拥护和支持，我们的事业才能一往无前，从胜利走向胜利。**无论时代如何变迁，无论形势任务发生怎样的变化，全心全意为人民服务的根本宗旨不能忘，与人民群众同呼吸共命运的立场不能变，坚信群众是创造历史真正英雄的唯物主义史观不能丢。**

从“为人民服务”到“为人民造福”再到“永远把人民对美好生活的向往作为奋斗目标”，共产党人始终高举为人民服务的大旗。1944 年，毛泽东同志在张思德烈士追悼会上发表讲话，精辟概括了我们党全心全意为人民服务的根本宗旨。70 多年后，习近平总书记重申了我们党这一根本宗旨，号召全党把为人民造福事业推向前进。

百年来，与时代同步的中国共产党，根本宗旨没有变也不会变，但党为人民服务的内涵在发展。如果说，在革命年代，党为人民服务的宗旨集中体现为拯救人民于水深火热之中，那么，在执政年代，党为人民服务的宗旨则更多地彰显在造福人民的社会主义伟大实践中。正如习近平总书记所强调的："中国共产党在中国执政就是要为民造福，而只有做到为民造福，我们党的执政基础才能坚如磐石。"

大道至简，人民至上。既然人民养育和支持了中国共产党，既然历史和人民选择我们党领导中华民族伟大复兴事业，既然我们党是中国特色社会主义事业不可替代的领导核心，为人民造福就是党义不容辞的责任使命。从"为人民服务"到"为人民造福"，一脉相承又与时俱进，本质上是我们党在更大视野、更大格局、更大力度、更高层次上为人民更好地服务。

何谓"为人民造福"？就是要牢固确立人民主体地位，尊重人民首创精神，始终坚持以人民为中心的发展思想，不断增进人民福祉，促进人的全面发展，不断满足人民日益增长的美好生活需要，使全体人民朝着共同目标稳步前进。在当今中国，就是要让"人民对美好生活的向往"成为有温度，有幸福感、获得感的现实；就是要让老百姓喝上更干净的水、有更稳定的工作、生活在更优美的环境中，人民生活像芝麻开花节节高。

"非知之艰，行之惟艰。"中国共产党人历来是积极的行动主义者。"生也沙丘，死也沙丘"的焦裕禄、"人生一粒种，漫山木麻黄"的谷文昌、"太行山新愚公"李保国、"奔驰火车头"的左亭……一批又一批共产党人，知难而进、迎难而上，接力奋斗在造福人民的伟大实践中。我们要做的，就是不忘初心，把为人民造福事业继续推向前进。

为人民造福，前提是始终为人民执好政、掌好权，重点是着力践行以人民为中心的发展思想，关键在于全心全意。在服务人民、造福人民的问题上，一切“何必当真”的观念，一切“得过且过”的态度，都是万万要不得的。

70 多年前，毛泽东同志指出：“中国人民正在受难，我们有责任解救他们，我们要努力奋斗。”今天，迎接站起来、富起来、强起来的中国人民对生活有更美好的向往，共产党人的责任依然是全心全意为人民服好务，全心全意为人民造福。

得民心者得天下，失民心者失天下，这是一条千古铁律。**“为人民服务”五个大字，凝聚着革命先辈毕生的追求，是永恒灿烂的碑文，字字珠玑，掷地有声；是风雨后的彩虹，格外绚丽多彩；是春日里的朝霞，释放着妩媚鲜丽，历经百年魅力不减，活力依然。**这既是我们党的丰厚遗产，也是我们党的神圣责任。必须付出全部的努力，做到永远把人民对美好生活的向往作为奋斗目标，进行严格的修炼才能无愧于先贤。

春蚕到死丝方尽，俯首甘为孺子牛。人民的好公仆焦裕禄、孔繁森、黄文秀，是高高飘扬的为人民服务的一面面旗帜，赤胆忠诚，鞠躬尽瘁，为时代竖起一道道丰碑。一个人无论职位高低，只要为人民利益着想，只要为百姓办好事，把根扎在人民心中，把心捧给人民，就能天下归心，团结带领人民创造更加幸福美好的生活，唯如此，人民才会记住他。

◎人民群众大于天

人民是天，民心为秤。共产党人要有“人民群众大于天”的情怀，把人民群众当作我们的“父母”“主人”和“老师”，把人民利益举过头顶，守好本分，感恩图报，愿当“好儿子”，争当“好公仆”，甘当“小学生”，不辜负他们的养育之恩、赋予之恩、教育之恩。

视人民群众为“父母”，愿当“好儿子”。父母是生我、养我的亲人，是我们生活所依赖的恩人。人民群众养育了我们，给了我们干事创业的舞台、施展才华的天地、实现理想梦想的机会，就如衣食父母一样精心哺育着我们成长。人民群众成就了党的伟大事业，离开了人民群众，党就没有了依托、没有了支撑、没有了根基，就成了无源之水、无本之木，就会一无所有、一事无成。我们共产党人，应善待群众有如善待亲人，服务群众如同孝敬父母。要愿当“父母”的“好儿子”。常怀赤诚心，把“父母”放在心中，敬重他们，理解他们，善待他们，帮助他们。常怀关爱心，爱戴“父母”，多“回家”看看，与他们拉拉家常，聊聊愿望，嘘寒问暖，沟通感情，使自己始终成为“家庭”的一员，做到“父母在哪里，家就在哪里”。常怀孝心，时常反躬自省，问问“父母”，“他们最需要什么”“我对他们还有哪些亏欠”“我能为他们再做些什么”，尽量满足“父母”的合理需求，让“父母”有所牵挂、有所依靠、有所寄托。

视人民群众为“主人”，争当“好公仆”。主人就是财物或权力的拥有者、支配者。人民群众是物质和精神财富的创造者，是国家的主人，也是我们共产党人的基石。人民群众赋予了我们职务、权力、荣誉，以及我们拥有的一切。人民群众是我们党执政地位、执政权力的赋予者，政之所兴，在顺民心，党始终与人民群众同呼吸、共命运、心连心，汇集了取之不竭的力量源泉。历史上，朝廷官员习惯把希望寄托于圣君贤相，忽视了老百姓中蕴藏的巨大能量。毛泽东同志预见到，在国共的角逐中，谁赢得人民，谁就将赢得未来的中国。1944 年 9 月 8 日，毛泽东同志在中央警备团战士张思德追悼大会上发表著名演说，深刻论述为人民服务的重要意义，强调“为人民利益而死，就比泰山还重；替法西斯卖力，替剥削人民和压迫人民的人去死，就比鸿毛还轻”。号召全党要坚持全心全意为人民服务。共产党人，要争当“人民群众”的“好公仆”，要做到温良恭俭让，时时忠于“人民群众”，自觉克服身份麻痹症、感情缺乏症，事事敬畏“人民群众”，要感恩“人民群众”的赋予，谨防被“人民群众”“炒鱿鱼”，**存拼搏之志，举务实之策，守使命之责。**处处服务“人民群众”，想“人民群众”之所想，急“人民群众”之所急，办“人民群众”之所盼，多履“马前炮”之职，多做雪中送炭之事。

视人民群众为“老师”，甘当“小学生”。广大人民群众身居基层，长接地气，久观社会，广集经验，积累了丰富的知识，蕴藏着无穷的智慧，是名副其实的老师。到了“老师”中间，我们就能找到打开问题之锁的钥匙、破解疑难之症的良方。共产党人始终坚持群众首创精神，从群众来，到群众中去，解决了革命建设、改革发展中的诸多大事难事，与人民群众建立了鱼水般的深情，为党长期执政奠定了深厚的群众基础。共产党人，要甘当“老师”的“小学生”。**放下“官本位”的臭架子，尊重群众，谦虚谨慎，自知无知，从小事学起，从“老师”那里获取新知识。克服高高在上的坏毛病，不耻下问，虚心求教，问政于民，问需于民，问计于民，从“老师”那里学到硬本领。摈弃“死要面子”的瞎讲究，调整心态，放宽心胸，放低头颅，忍受“老师”的“苛求”“鞭策”，真诚对话，交心谈心，谦卑学“艺”，从“老师”那里学到真功夫。**

甘当人民的勤务员。毛泽东同志始终坚持全心全意为人民服务的根本宗旨，他指出：“我们一切工作干部，不论职位高低，都是人民的勤务员，我们所做的一切，都是为人民服务，我们有些什么不好的东西舍不得丢掉呢？”毛泽东同志认为，要当好人民的勤务员，就要树立全心全意为人民服务的宗旨意识。他指出：“共产党员无论何时何地都不应以个人利益放在第一位，而应以个人利益服从于民族的和人民群众的利益。”当好人民的勤务员，就要关心群众生产生活，解决群众的穿衣问题、吃饭问题、住房问题、柴米油盐问题、疾病卫生问题、婚姻问题等一切群众的实际生活问题。新时代，当好人民的勤务员，要增强宗旨意识，始终与人民群众心连心、同呼吸、共命运；要问政于民、问需于民、问计于民，多干让人民满意的好事、实事；要把服务人民体现在党的纲领、路线、方针和政策上，落实在具体行动中，确保党始终成为中国特色社会主义事业的坚强领导核心。

2018 年 12 月 12 日，习近平总书记前往汶川县映秀镇考察。一位老人握着总书记的手，激动地说：“您是我们的好领袖，中国人民的福星。”总书记答道：“谢谢，我是人民的勤务员，是为人民服务的。”“我是人民的勤务员”这句话，许多老一辈无产阶级革命家，一代又一代的党和国家领导人都曾讲过。**毛泽东同志曾说过：“群众是从实践中来选择他们的领导工具、他们的领导者。被选的人，如果自以为了不得，不是自觉地作工具，而以为‘我是何等人物’！那就错了。”**

人民群众大于天，民生利益重如山。人民群众的利益高于一切，我们只有真心诚意对待人民群众，全心全意服务人民群众，才能获得人民群众的持续拥护，才能获得取之不竭、用之不尽的力量源泉。上善若水，厚德载物。只有与人民群众同呼吸、共命运、齐奋斗，才能让明德至善之“水”承载中国共产党这艘历史巨轮扬帆远航，勇往直前。

第四章

民主集中的组织力

民主集中制是中国共产党的根本组织制度和领导制度，党的各级组织在民主集中制基础上形成了科学的严密整体，倍增了党的力量。100年来，中国共产党之所以能披荆斩棘、破浪前行，民主集中制指导下组织力量的强化增效，确实发挥了无可替代的保证作用。通过强化组织力量，我们党在实践中成功锻造了强有力的党的领导核心，使之成为全党团结统一的力量中心，为全党行动明确了方向、统一了步调；通过强化组织力量，我们党在实践中持之以恒地着力提升各级党组织凝聚力、战斗力，尤其抓住基层党组织这个党全部工作和战斗力的基础，将其打造成坚强的战斗堡垒，使之成为基层党员和群众的主心骨。

◎组织力是什么

组织力，就是设计组织结构和配置组织资源的能力。**党的十九大报告指出，“要以提升组织力为重点，突出政治功能”，**把基层党组织建设成为“宣传党的主张、贯彻党的决定、领导基层治理、团结动员群众、推动改革发展的坚强战斗堡垒”。**“组织力”首次被写进党代会的报告，**充分体现了党中央毫不动摇狠抓基层的坚强意志和坚定决心，也为基层党建工作指引了思路方向，提供了根本遵循。

百年来，党组织风风雨雨，从胜利走向胜利，组织严密是重要保证。党之所以能成为中国特色社会主义事业的领导核心，就在于有严密的组织体系和强大的组织能力，而这些又必须以严明的组织纪律和组织规矩作保障。没有严明的组织纪律和组织规矩，同没有严明的政治纪律和政治规矩一样，党就会变成一盘散沙，成为群龙无首、各行其是的乌合之众，失去凝聚力和战斗力，失去领导地位和领导作用。

组织力是一种具有方向作用的引领力。方向是一个政党的根本，党组织能否将把方向、谋大局、定政策、促改革的能力和定力发挥好，关系到我们党是否能够处理好各种复杂矛盾，迈过各种艰难险阻，抓住工作的主动权。各级党组织作为党的肌体，只有一以贯之坚持和发展中国特色社会主义、推进党的建设新的伟大工程、增强忧患意识、防范风险挑战，才能在大是大非、大风大浪面前，始终坚持中国特色社会主义的正确方向，引领改革发展。

组织力是一种具有向心作用的凝聚力。正所谓**“万山磅礴必有主峰”**，全党 460 多万个党组织是否具有行动一致的凝聚力，领导核心至关重要，这也是马克思主义建党学说一以贯之的基本观点。马克思曾说："一个单独的提琴手是自己指挥自己，一个乐队就需要一个乐队指挥。"如果说全党是一个乐队的话，没有领队的"指挥"，就不可能有一致的"和鸣"。要发挥党组织的组织力，就要坚持**"船重千钧，掌舵一人"**的组织原则，坚决维护以习近平同志为核心的党中央权威和集中统一领导，坚决维护习近平总书记党中央的核心、全党的核心地位。这关系到是否能够将我们这么庞大的党组织体系牢固凝聚在一起，也是我们党和国家、全国各族人民的根本利益所在。

组织力是一种具有引擎作用的战斗力。科学技术是生产力，党建抓实了，也是生产力。如果说科学技术释放的是物质力量，那么党建释放的则是人的力量——人的智慧、人的积极性、人的创造力等等。习近平总书记指出："我们党之所以坚强有力，党管干部原则是很重要的原因。"各级党组织必须坚持新时代的组织路线，以组织体系建设为重点，着力培养忠诚干净担当的高素质干部，着力集聚爱国奉献的各方面优秀人才，坚持德才兼备、以德为先、任人唯贤，才能调动广大干部的积极性、主动性、创造性，为坚持和加强党的全面领导、坚持和发展中国特色社会主义提供坚强组织保障。

◎ 组织力来自哪里

中华民族自古重视"组织"的力量，战国末期的思想家荀子说过："力不若牛，走不若马，而牛马为用，何也？曰：人能群，彼不能群也。"习近平总书记指出，"党的力量来自组织"这一源于中华优秀文化传统的重要思想和科学论断，为我们在新时代不断加强和改善党的全面领导、增强自身组织优势、提高党的建设质量，提供了理论指导和根本遵循。

党的根基和血脉在人民，灵魂和力量也在人民，这是我们党最大的政治优势，也是从胜利走向新的胜利的根本原因。早在1929年4月，毛泽东同志在《红军第四军前委给中央的信》中，首次提出党的组织力概念。1943年11月在陕甘宁边区大会上又精辟论述，“把群众组织起来，把一切老百姓的力量，只要是可能的，毫无例外地动员起来，就可以克服困难，把日本帝国主义打垮”。把一切可以动员的都组织起来，就能产生无穷力量，在战争年代是这样，和平建设年代依然如此。我们党之所以能成为中国特色社会主义事业的领导核心，并取得举世瞩目的巨大成绩，就在于有严密的组织体系和强大的组织能力。

严密的组织体系和强大的组织力量，是我党不断从胜利走向胜利的重要法宝。我们党是按照马克思主义建党原则建立起来的政党，历来高度重视组织的力量。党以民主集中制为根本组织制度和领导制度，建立了由党的中央组织、地方组织和基层组织构成的科学严密的组织体系，使全党形成一个统一整体，为党赢得了强大的组织优势，确保了党始终成为时代先锋、民族脊梁，为我们党不断从胜利走向胜利奠定了坚实基础。

建党伊始，中国共产党就积极发展、建立党的基层组织。中共二大通过的第一部党章明确，农村、工厂、铁路、矿山、兵营、学校等机关及附近，“凡有党员三人至五人均得成立一组，每组公推一人为组长，隶属地方支部”。至中共五大时，党认识到必须通过自身组织建设，以强有力的组织工作保障领导权的取得和实现，因而通过了确立支部为党的基本组织的《对于组织问题议决案》，明确支部的基本职责即教育、管理和发展党员，对工人群众进行政治上的引导和教育。随着中央对基层组织工作的逐步探索和实践，1926 年 7 月，中央执行委员会扩大会议正式确定了“实行‘一切工作归支部’的口号”，意味着支部不论其所属的地域或行业都需要在基层社会单位中真正发挥其领导核心作用。1927 年大革命失败后，“一切工作归支部”的理论被毛泽东同志创造性地运用到红军建党建军的实践中，创设了“支部建在连上”的根本原则和组织制度，在军队建立起严整的党组织体系。

“支部建在连上”使我们党的组织体系第一次得以上下贯通、完整和严密，成为党重要的组织制度基础，使党的组织工作第一次与党的中心工作紧密结合，保证了党指挥枪落到实处，使全党的意志第一次通过制度实现统一。抗日战争时期、解放战争时期乃至中华人民共和国成立以后党的自身建设的实践充分证明，党组织的战斗堡垒作用是党的领导最为根本的组织保证，党组织建设得好，各级党组织特别是党支部作用发挥到位，党的领导就能够坚强有力，就能够在党的统一领导下克服千难万险、不断从胜利走向胜利。

组织严密是我们党的光荣传统和独特优势。党自诞生以来，始终根据形势任务变化，不断优化组织结构，建立起了结构严密、功能清晰、分工明确的组织体系，在实践中锻造了卓越高效的组织运行机制，使得党拥有了其他任何政党无可比拟的独特优势。从党的一大到十九大，党始终高度重视健全完善组织体系，每一次党章修改都对从中央到地方的各级组织设置给予了明确规定。在历次党的组织体系调整变化中，民主集中制犹如一条红线贯穿始终，确保了党的组织体系始终行进在科学的轨道上，使党的各级组织各司其职、各正其位、各负其责，实现了 1+1 > 2 的效应。纵观党的发展历程，组织严密既是光荣传统，也是不可磨灭的鲜明特质，与其他政党相比，无论是在组织建构的精细化程度上，还是在组织运行的协同化水平上，我们党都更胜一筹。

组织力量是我们党战胜艰难险阻的坚实支撑。组织力量，是一种众志成城、无坚不摧的巨大合力。**在风雨如晦的黑暗时代，初创的中国共产党势单力薄，面对国内外强大的反动势力，党高度重视用崇高理想和铁的纪律凝聚组织力量、发展组织体系、释放组织效能，使我们党成为一个牢不可破的信仰共同体和坚不可摧的战斗集体。一个个胸怀远大理想、严守组织纪律的党员被科学地置于组织体系中，他们思想上认同组织、政治上依靠组织、工作上服从组织、感情上信赖组织，各自履行着组织赋予的神圣职责。**百年来，无论是血雨腥风的武装斗争还是不见硝烟的比较竞争，无论是筚路蓝缕的艰苦创业还是攻坚克难的改革发展，党始终依靠强大的组织力量，紧紧拧成一股绳，为战胜一切艰难险阻提供坚实支撑。

组织建设是党自身始终过硬的关键所在。党所从事事业的长期性、艰巨性、复杂性，要求我们必须始终纯洁巩固，永葆党的革命性和纪律性。**列宁指出，没有铁一般的在斗争中锻炼出来的党，没有为本阶级一切正直的人们所信赖的党，没有善于考察群众情绪和影响群众情绪的党，要顺利地进行这种斗争是不可能的。**我们党是由千千万万个党员组成的，实现对广大党员的有效管理及合理使用，一刻也离不开组织。党发展壮大的全部实践表明，只有依靠组织抓思想教育、抓党员管理、抓党的纪律、抓制度落实，才能不断增强党的创造力、凝聚力、战斗力。

中国共产党是一个拥有强大力量的马克思主义政党。百年来，我们党带领中国人民创造了站起来、富起来的革命和建设奇迹，正向着强起来的目标砥砺奋进。那么，党的强大力量来自何处？应当说，来自高质量的党组织。**“组织力”来源于严肃认真的政治生活。**开展严肃认真的党内政治生活，是我们党区别于其他政党的重要特征，也是我们党的光荣传统。党内政治生活的核心在“讲政治”，要突出基层党组织的政治功能和政治属性，把政治建设摆在首位，严格贯彻落实民主集中制各项制度等制度。**“组织力”来源于健全完善的组织体系。**建立健全的组织体系是基层党组织“组织力”提升的组织保障。**“组织力”来源于全面过硬的干部队伍。**党务工作者队伍特别是基层党组织带头人队伍是基层党组织“组织力”提升的根本所在和决定性因素。**“组织力”来源于系统完备的基础保障。**基层基础保障是基层党组织“组织力”提升的重要支撑。

强化党组织的“组织力”，就是提升“火车头”的驱动力和牵引力。各级党组织毫不动摇地把党组织建设得更加坚强有力，使各级党组织成为战斗堡垒，始终做到“战无不胜、攻无不克”，确保党的执政根基永远牢固、稳定、可靠。

◎ 党是坚强的领导核心

1921 年诞生的中国共产党，已经走过了百年的辉煌历程。

百年来，为了在一个占人类总数四分之一的贫穷而落后的国家里，建设一个崭新的社会，实现民族的伟大复兴，中国共产党人浴血奋斗、英勇牺牲，埋头苦干、砥砺前行，付出了感天动地的牺牲，经受了难以想象的困难，创造了举世震惊的奇迹，在人类历史上写下了光辉的篇章，成为引领中华民族伟大复兴的坚强领导核心。

党深刻改变了中华民族的历史命运。1840 年，当西方列强用坚船利炮击碎“天朝上国”的幻梦之后，中华民族开始了旷古未有的悲惨沉沦。

谭嗣同的那句“四万万人齐下泪，天涯何处是神州”的悲鸣，正是那个时代人们心境的真实写照。坚船利炮的横行，任人宰割的命运，丧权辱国的痛苦，中华民族被逼到将要“灭种亡国”的地步！无数仁人志士为此不懈奋斗，血荐轩辕，壮怀激烈，却没能改变国家和人民的悲惨命运。直到有了中国共产党，中华民族的命运才出现了转机，全民族先进分子开始聚集，革命的面貌为之焕然一新，中华民族伟大复兴的梦想一步步变为现实。今天，一个朝气蓬勃、具有远大前程的社会主义中国屹立在世界东方。

党深刻改变了中国积贫积弱的落后面貌。1949 年，中国是世界上最贫穷落后的国家之一。当时亚洲是世界上落后地区，人均国民收入为 44 美元，而中国只有 27 美元。就生产力发展水平而言，中国非常落后，毛泽东同志感慨地说：“现在我们能造什么？能造桌子椅子，能造茶碗茶壶……但是，一辆汽车、一架飞机、一辆坦克、一辆拖拉机都不能制造。”全国粮食平均亩产只有 68.5 公斤。西方预言家宣称，中国无法靠自己的力量养活自己。斗转星移，如今的中国，已经有了世界上最完整的工业体系和国民经济体系，工业生产总值超过美国为世界第一，经济总量超过 10 万亿美元，是世界第二大经济体；在世界 500 多种主要工业品中，中国有 200 多种产品产量世界第一；中国对外贸易总量世界第一，对外直接投资世界第二。“两弹一星”、神舟飞船、“嫦娥”奔月、“蛟龙”入海、“和谐号”高速列车、“天河”“神威”超级计算机……无数“中国奇迹”让世人惊叹。**在中国共产党的领导下，中国成为世界经济强国，是全球公认的“经济增长的发动机”。**

党深刻改变了广大劳动人民的社会地位。中国共产党领导的民族复兴事业，有一个鲜明的特点，就是它的目标不仅是要建立一个独立富强的国家，而且要建立一个人民当家作主的国家。中国共产党执政以后，劳动人民成为国家和社会的主人。新生的人民政权坚持代表占人口绝大多数的劳动人民的利益，紧密团结一切愿意为建设新中国贡献力量的各阶层人士。工人、农民和其他劳动阶层的代表第一次走进国家议政大堂，同其他各界人士一起共商国家大事。**1955 年费孝通先生记录了他参加北京市第一次各届人民代表会议时的感受：那么多穿着工装、短衫和各式服装，来自不同阶级阶层，不同职业，有着不同经历的人们聚在一起，共同商讨国家大事，给人以一种从来没有的感觉，真正体会到了“人民代表”几个字的分量。**千百年来处于社会底层的工农大众，真正开始成为国家的主人。正像歌中唱的那样：“我们唱着东方红，当家作主站起来。我们讲着春天的故事，改革开放富起来。”这是亿万中国人民发自内心的欢歌。

党深刻改变了中国社会的发展方向。建立一个先进的政治制度，是近代以来志士仁人梦寐以求的目标，五四时期“科学”与“民主”成为那个时代的最强音。孙中山先生领导的辛亥革命，成功地推翻了几千年的君主专制制度，开启了资产阶级民主共和政治制度的大门。但是，辛亥革命以后，从袁世凯到各个军阀无不是封建专制制度的维护者。国民党取得全国政权后，并没有实现它所标榜的资产阶级民主，而是大搞独裁统治和特务政治。中国共产党从创立起就把实现社会主义、建立人民民主的政治制度作为目标。1949 年 9 月中国共产党同各民主党派通过的《共同纲领》和 1954 年制定的中华人民共和国第一部《宪法》，明确规定中华人民共和国的国家政权属于人民，人民行使国家政权的机关为各级人民代表大会和各级人民政府，确定了人民民主专政的国体和人民代表大会制的政体，确立了民族区域自治制度、中国共产党领导的多党合作和政治协商制度等基本政治制度，奠定了中华人民共和国政治制度的基础，规定了中国社会的发展方向。

党深刻改变了中国人民的精神面貌。19 世纪末 20 世纪初外国人对中国人的基本印象，一是“一盘散沙”，二是“麻木不仁”。1896 年 10 月 17 日，上海《字西林报》（英国人主办的报纸）曾刊载文这样说：“夫中国——东方病夫也，其麻木不仁久矣。”李鸿章的一位幕僚也描述：“倭人常谓中国人如死猪卧地，任人宰割，实在是现在景象。”中国人精神由被动转为主动，起自中国有了马克思主义和共产党。党领导的革命，不仅使中国人民获得了人身的自由和解放，而且获得了精神上的自由和解放。在中国历史上，从来未有像共产党领导的革命那样，出现过那么多惊天地泣鬼神的英雄故事，有那么多的舍生忘死一往无前的慷慨悲歌。中华人民共和国成立后，中国人民坚持独立自主、自力更生、艰苦奋斗，表现出无比的英雄气概和高尚的精神境界，涌现出雷锋、王进喜、焦裕禄等大批英雄模范人物，集中反映了中国社会的精神风貌。特别是改革开放 40 多年，中国人民的创造热情烈火般迸发，无数创业成功的动人故事，生动诠释了中国梦是每个中国人的梦，每个人都有人生出彩的机会。这是推动中华民族伟大复兴的不竭动力。

党深刻影响了人类历史发展的进程。中国共产党有着宽广的世界眼光，始终关心着人类共同的命运。毛泽东同志曾经说：“中国应当对于人类有较大贡献。”早在民主革命时期，中国共产党领导的革命，开辟了农村包围城市的独特道路，创造性地发展了马克思主义。中华人民共和国的成立，加强了世界和平民主的力量，极大改变了世界的政治格局，对人类进步事业产生了深远的影响。改革开放以来，中国从世界舞台边缘走向世界舞台的中心，成为举足轻重的力量，为世界和平稳定和发展作出重要贡献，毛泽东同志的夙愿已经变为现实。邓小平同志曾说，中国的改革“如果成功了，可以对世界上的社会主义事业和不发达国家的发展提供某些经验”。如今，这些经验正在世界上许多地方被复制。党的十八大以来，以习近平同志为核心的党中央，提出的和平发展、合作共赢、建设人类命运共同体理念、“一带一路”倡议等正在深刻影响着世界经济与政治，并将对人类发展进程产生深远影响。

◎党是领导一切的

习近平总书记指出：“党政军民学，东西南北中，党是领导一切的。”在我们党的历史上，强调党对一切工作的领导，由来已久。中国共产党成立百年来的历史表明，没有共产党就没有新中国，就不能实现民族独立和人民解放，就不能建成社会主义基本制度，就没有今天改革开放，就没有中国特色社会主义新时代，就难以实现中华民族伟大复兴。坚持党对一切工作的领导是中国近现代历史发展的必然结果，是中国人民郑重作出的历史选择，更是近一个世纪中国社会发展进步反复证明的历史结论。

党是领导一切的是历史和人民的选择。近代以来的中国历史，风雨如磐，山河破碎，民不聊生。在这个背景下，各种政治力量纷纷登上历史舞台。1921 年中国共产党成立前后，中国曾有二三百个政党，但后来绝大多数烟消云散，为历史所淘汰，为人民所抛弃。只有中国共产党，真正地为人民谋幸福，为民族谋复兴，坚定地捍卫国家民族利益，解决民生问题特别是农民的土地问题，努力实现人民的民主权利，党、政府和军队高度廉洁，赢得了中国人民的拥护和支持，也赢得了各民主党派的支持。**斯诺当年预言：中国共产党及其领导的事业犹如一颗闪亮的红星，不仅照耀着中国的西北，而且必将照耀全中国。**诚哉斯言！

党是领导一切的是现实实践的必然要求。习近平总书记指出，我们比以往任何时候更加接近、更有能力实现中华民族伟大复兴的宏伟目标。但是，行百里者半九十。中华民族的伟大复兴，绝不是轻轻松松、敲锣打鼓就能实现的。当今时代，我国发展的广度和深度前所未有，各种利益关系的复杂程度前所未有，国际上大国角力的激烈程度前所未有。我们正在进行具有许多新的历史特点的伟大斗争。在实现中华民族伟大复兴的征途中，我们必须充分认识到这场斗争的长期性、复杂性、艰巨性。**中国太大了，人类历史上很多的治理经验在面对中国时都失效了；实现中国梦太复杂了，历史上所有发达国家的发展经验都不能照搬到中国。**没有党站在全局的高度把握发展方向、制定发展战略、统筹各方面工作、协调各种利益、理顺重大关系，经济社会发展必将陷入混乱、举步维艰。正如邓小平同志所说："在中国这样的大国，要把几亿人口的思想和力量统一起来建设社会主义，没有一个由具有高度觉悟性、纪律性和自我牺牲精神的党员组成的能够真正代表和团结人民群众的党，没有这样一个党的统一领导，是不可能设想的，那就只会四分五裂，一事无成。"

党是领导一切的取决于党自身特质。习近平总书记指出："当今世界，要说哪个政党、哪个国家、哪个民族能够自信的话，那中国共产党、中华人民共和国、中华民族是最有理由自信的。"这个自信就是中国特色社会主义道路自信、理论自信、制度自信、文化自信。道路自信源于我们党百年来团结带领人民不懈奋斗取得的伟大胜利。理论自信源于我们党百年来不断推进马克思主义中国化、时代化、大众化的成功探索，先后创立了毛泽东思想和中国特色社会主义理论体系。制度自信源于我们党百年来为推动社会发展进步提供根本保障的独特优势。文化自信源于我们党百年来在伟大斗争中积淀的精神追求。**党自身的优势是自信的支点。**在思想信仰上，党坚定不移地信仰马克思主义；在理想信念上，将实现共产主义确立为最高理想和最终目标；在作风上，形成了理论联系实际、密切联系群众、批评和自我批评、艰苦奋斗、谦虚谨慎的优良传统作风；在组织上，是一个拥有9000多万名党员的全球第一大政党；在自我能力提升上，把加强党的建设作为坚持党的领导的保障，着力解决党自身存在的突出问题。特别是党的十八大以来，以习近平同志为核心的党中央，全面推进党的建设新的伟大工程，全面推进从严治党，坚持思想建党和制度治党紧密结合，集中整饬党风，严厉惩治腐败，净化党内政治生态，为党对一切工作的领导提供了坚强保证。

坚持党对一切工作的领导必须坚持政治担当。办好中国的事情，关键在党。坚持党的领导，首先要维护党中央权威和集中统一领导，这是党的领导的最高原则。党中央在新时代中国特色社会主义发展的新征程上制定的理论和路线方针政策，是全党全国各族人民统一思想、统一意志、统一行动的准绳和基础，必须坚定不移地加以贯彻落实。在坚持党的领导上，必须进一步增强政治意识、大局意识、核心意识、看齐意识，坚决服从党中央集中统一领导，推动广大党员干部把拥护核心、服从核心、维护核心的要求，转化为思想自觉、党性观念、纪律要求和实际行动。坚持党的领导，必须把党建设得更加坚强有力，要把党的政治建设摆在首位，坚定不移推进全面从严治党向纵深发展，不断提高党自我净化、自我完善、自我革新、自我提高的能力，使我们党始终走在时代前列，成为领导全国人民沿着中国特色社会主义道路不断前进的坚强核心。

坚持党对一切工作的领导是保证党的事业取得胜利的重要法宝。我们党成立百年来，始终坚持加强思想建设、组织建设、作风建设、制度建设和反腐倡廉建设，党的十八大以来，党的群众路线教育实践活动、“不忘初心，牢记使命”主题教育等一系列党内政治思想教育环环相扣，深入推进，**从“关键少数”向全体党员扩展，再塑全党本色初心，使信仰之根扎得更深更牢；“中央八项规定改变中国，再塑优良作风”，党员干部知敬畏、存戒惧、守底线，已成习惯。**不忘初心、继续前行，中国共产党再一次以自身的纯粹性和先进性向世人昭示：中国共产党是伟大、光荣、正确的党，这也是人民群众发自内心的评判。“去痼疾”“强体魄”取得压倒性胜利的反腐败斗争，换来了海晏河清、朗朗乾坤，党以超强的自我净化能力，增强了党的领导力、凝聚力、战斗力、感召力，更增强了公信力。风清则气正、气正则心齐、心齐则事成，“坚持党对一切工作的领导”是民心所向。

不忘初心，牢记使命，砥砺前行。在习近平新时代中国特色社会主义思想指引下，一个历经百年苦难与辉煌的伟大政党正以前所未有的自信和胆略，承载着把中国建设成为富强民主文明和谐美丽的社会主义现代化强国和为实现人民对美好生活的向往而努力奋斗的历史使命和担当，带领14亿中国人民走好新的长征路，迈向中华民族伟大复兴的光辉未来！

◎维护党的核心和集中统一领导

中国共产党是伟大的马克思主义政党，马克思主义党建理论的一个基本原则和重要传统，就是一以贯之地坚持和维护党中央权威，一以贯之地坚持和加强党的集中统一领导。

中国共产党走过了革命、建设、改革的百年历程，取得了辉煌成就，实现了历史跨越，也有过重大曲折，遭受过惨痛失败。正反两方面的经验教训告诉当代中国共产党人：能否维护党中央权威和集中统一领导，直接关系到党的事业的兴衰成败。长征途中，张国焘分裂党的行为给党和革命事业造成了巨大损失，通过对张国焘分裂主义错误的坚决斗争，以毛泽东同志为核心的党中央的权威和集中统一领导得到了维护，党的团结统一不断巩固，中国共产党领导的抗日民族统一战线发展起来。抗战初期，王明严重违反党的纪律，公开挑战中央权威，公开发表同党中央不一致的言论，甚至在组织上同党中央闹独立，造成了很坏影响，以毛泽东同志为核心的党中央对此进行了坚决斗争，维护了中央权威和集中统一领导，捍卫了党在抗日民族统一战线中的独立自主和领导权，成为领导全民族抗战的中流砥柱，为抗日战争取得最终胜利奠定了坚实基础。正是基于这些历史教训，在革命、建设和改革的不同历史时期，中国共产党都高度重视加强党的团结统一，维护党中央权威和集中统一领导。

维护党中央权威和集中统一领导是马克思主义政党的红色基因，是对中国共产党历史经验的总结。要维护党中央权威，重在维护党的领袖的权威、确立党的领导核心，这是总结中国共产党百年历史经验而得出的深刻结论。领导核心，就是一个组织或集体的中心。**毛泽东同志曾经形象地说：“一个桃子剖开来有几个核心吗？不，只有一个核心。”邓小平同志说过：“任何一个领导集体都要有一个核心，没有核心的领导是靠不住的。”**我们国家已经成为一个有着14亿人口、进入全面建成小康社会决胜阶段的世界第一大发展中国家，我们党已经成为一个有着9000多万党员、460多万个党组织的世界第一大执政党。面对新的形势任务和风险挑战，我们要实现管党治党、民族复兴、世纪腾越，一刻也离不开领导核心把舵领航，一刻也离不开领导核心凝心聚力，一刻也离不开领导核心强力推进。

从国际共产主义运动史、社会主义发展史来看，确立党的领导核心，维护领导核心的权威，始终是马克思主义政党一条基本原则。马克思、恩格斯在总结巴黎公社失败教训时指出："公社遭到灭亡，就是由于缺乏集中和权威。"在批判巴枯宁的"支部自治""自由联合"等观点时，深刻论述了党的集中领导的意义，认为无产阶级必须把自己的所有力量拧成一股绳，在集中领导下使这些力量集中到同一个攻击点上。列宁也说过："培养一批有经验、有极高威望的党的领袖是一件长期的艰苦的事情。但是做不到这一点，无产阶级专政，无产阶级的意志统一，就只能是一句空话。"回望俄国十月革命的磅礴气势及后来令世界生畏的强大苏联，感叹其后来的轰然倒塌，成为 20 世纪最大的政治灾难。其根本原因在于：苏共的理想信念丢失了，民主集中制被抛弃了，政治纪律涣散了，党中央的权威丧失了。正如习近平总书记所说的"谁都可以言所欲言、为所欲为，结果就是哗啦啦轰然倒塌，顷刻瓦解，亡党亡国"，教训极其深刻。

维护核心是最大的政治，核心强则政党强，政党强则国家强。从我们党所处的历史方位、肩负的历史使命和党的自身状况看，我们党领导人民进行伟大斗争、建设伟大工程、推进伟大事业、实现伟大梦想，必须有坚强可靠的领导核心和党中央权威作为根本保证。维护党的领导核心关键要维护核心权威、落实核心决策。**维护核心思想上要紧跟"核心"，维护核心学习上要聚焦"核心"，维护核心政治上要拥护"核心"，维护核心实践上要彰显"核心"，维护核心境界要上对表"核心"。**维护核心要坚决反对个人主义、分散主义、自由主义、本位主义。众所周知，延安时期，毛泽东同志就用一个电台指挥千军万马，"嘀嗒、嘀嗒"的电报声，就是毛主席和党中央的声音，全党全军同志都坚决执行。为什么仅凭“嘀嗒、嘀嗒”，就能让全党行动如一人？这是因为，延安时期开展的严肃的党内政治生活，克服和战胜了主观主义、宗派主义、官僚主义等不正之风，全党“如同一个和睦的家庭一样，如同一块坚固的钢铁一样”，维护了党中央权威，保证了全党令行禁止。无论是革命战争年代，还是和平建设时期，我们党反对个人主义、分散主义、自由主义、本位主义的态度一直旗帜鲜明。

党的十八大以来，以习近平同志为核心的党中央全面加强党的领导和党的建设，形成习近平新时代中国特色社会主义思想，开辟了马克思主义新境界、中国特色社会主义新境界、治国理政新境界和管党治党新境界，取得全方位、开创性的成就和深层次、根本性的变革，党的创造力、凝聚力、战斗力显著增强。党和国家事业之所以能够发生历史性变革，最重要的是以习近平同志为核心的党中央的坚强领导，最关键的是有习近平总书记作为全党拥护、人民爱戴、当之无愧的党的领袖的领航掌舵。

坚持党中央的集中统一领导，是当代共产党人承当历史使命的保证。坚持党中央的集中统一领导直接影响党和国家政治生活的全局，是实现“两个一百年”目标和中华民族伟大复兴坚强的政治保证，也是全面从严治党的重中之重。

历史和现实启示我们，坚持党中央的集中统一领导是社会主义政党制度的优越性。**中国人民在党中央的集中统一领导下，面对一穷二白，战天斗地，从无到有；面对发展大浪，群体带动，走向前列；面对重大灾难，万众一心，同舟共济；面对金融危机，积极应对，转危为机。**中国共产党作为执政党，党中央在党和国家政治、经济、文化、社会生活中起决定作用，集中全党和全国人民的智慧，全国一盘棋，集中力量办大事，战胜艰难险阻，完成预定目标，这是中国社会主义政党制度的优越性，是其他任何社会政党制度都无法比拟的。在新的历史条件下，当代共产党人坚持党中央的集中统一领导才能把党的各级组织和全体党员组成坚强的统一整体，成为领导社会主义事业的核心力量；才能走中国道路、弘扬中国精神、凝聚中国力量，实现“两个一百年”宏伟目标、实现中华民族的伟大复兴，以新的姿态屹立于世界东方。

历史和现实启示我们，坚持党中央的集中统一领导具有关系全局的紧迫性。中国共产党已经是一个拥有 9000 多万名党员的世界第一大执政党，在一个幅员辽阔、人口众多的发展中国家长期执政，坚持党中央的集中统一领导问题必须放眼世情、国情、党情的大格局。当今世界和平与发展是时代的主流，但是威胁和平与发展的因素多元化，西方势力经济上的贸易保护，技术上的阻挠封锁，军事上的穷兵黩武，外交上的邻边挑拨，意识形态上的竭力渗透，全球性金融危机和恐怖主义问题愈演愈烈。我国发展正处在改革开放的攻坚期和各种矛盾的凸显期，改革所引发的社会结构、利益格局、思想观念多样化复杂化特征日益明显，改革的复杂程度、敏感程度和艰巨程度前所未有。当代共产党人应对重大挑战、抵御重大风险、克服重大阻力、解决重大矛盾，更加需要维护党的集中统一。

历史和现实启示我们，坚持党中央的集中统一领导必须加强全面从严治党的系统性。中国特色社会主义事业领导核心力量的建设是一个伟大的工程。加强思想建设，正确认识和处理党性和人民性的关系。坚持党中央的集中统一领导必须从思想上固本培元，树立无产阶级的世界观、人生观、价值观。中国共产党是全心全意为人民服务的政党，从本质上说党和人民的立场是一致的。坚持党中央的集中统一领导必须知行合一、身体力行，言行一致、表里如一，闻令即行，行必有力。党中央提倡的坚决响应，党中央决定的坚决执行，党中央禁止的坚决不做。四个服从是党的政治纪律的核心内容，全党服从中央是四个服从的核心内容所在。在党的纪律中政治纪律是最重要、最根本、最关键的纪律，要把严明党的政治纪律和政治规矩排在首要位置。

重温历史是为了启迪当下，创造未来。党的十八大以来，我们党的事业之所以能取得全方位、开创性的历史成就，发生深层次、根本性历史变革，就是因为有习近平总书记作为党中央的核心、全党的核心的坚强领导，有党中央的权威和集中统一领导。全党同志特别是各级领导干部一定要在**思想上高度认同，政治上坚决维护，组织上自觉服从，行动上紧紧跟随，**在政治立场、政治方向、政治原则、政治道路上同以习近平同志为核心的党中央保持高度一致。这是根本的政治纪律和政治规矩，是推动党和人民事业顺利发展的根本前提，也是党的历史的重要启示。

在维护党中央权威和集中统一领导这个原则问题上，我们一定要头脑清醒，立场坚定，决不能有任何含糊和动摇。决不能自行其是、各自为政，决不能擅作主张、我行我素。面对新时代新征程，只有坚决维护党中央权威和集中统一领导，我们才能统筹推进“四个伟大”，肩负起新时代赋予中国共产党人的神圣使命。

◎ 事业发达兴旺的法宝

中国共产党是按照民主集中制原则建立起来的马克思主义政党。1927 年 6 月，《中国共产党第三次修正章程决案》首次规定“党部的指导原则为民主集中制”，正式确认了党的民主集中制原则。此后，在每次党的代表大会制定或修改的党章中，都对民主集中制有所阐述，并不断丰富和完善。民主集中制是党的根本组织制度和领导制度，党的百年历史证明：什么时候比较好地坚持了民主集中制，党的事业就发达兴旺；民主集中制受到破坏，党的事业就会出现曲折和挫折。

民主集中制是由列宁最早提出，在我们党发展的历史进程中起重要作用的一条根本党建制度。1921 年中国共产党诞生后，就直面新民主主义革命时期的三座大山：帝国主义、封建主义、官僚资本主义。党的诞生如黑暗长空中的一道亮光。1922 年，党的二大通过的文件《中国共产党加入第三国际决议案》首次提到“民主集中制”。新民主主义革命第一次大革命时期，在国民党右派的破坏和中共内部右倾错误思想的影响下，1927 年，蒋介石和汪精卫分别发动“四一二”反革命政变和“七一五”反革命政变。这年党的五大党章首次明确规定“党部的指导原则为民主集中制”。抗战胜利的 1945 年，党的七大指出：“党的组织机构，是按照民主的集中制建设起来的。”1956 年，社会主义三大改造的基本完成，标志着中国新民主主义社会阶段的结束和社会主义初级阶段的开始。这年党的八大党章明确：“民主集中制，就是在民主基础上的集中和在集中指导下的民主。”至此基本完善“民主集中制”的科学界定。

关于民主集中制，我们党有完备的理论。早在 1938 年 10 月，毛泽东同志就指出：“鉴于张国焘严重地破坏纪律的行为，必须重申党的纪律：（一）个人服从组织；（二）少数服从多数；（三）下级服从上级；（四）全党服从中央。谁破坏了这些纪律，谁就破坏了党的统一。”毛泽东同志还从理论上深刻阐述了民主集中制的科学内涵。他指出：“在人民内部，民主是对集中而言，自由是对纪律而言。这些都是一个统一体的两个矛盾着的侧面，它们是矛盾的，又是统一的，我们不应当片面地强调某一个侧面而否定另一个侧面。在人民内部，不可以没有自由，也不可以没有纪律；不可以没有民主，也不可以没有集中。这种民主和集中的统一，自由和纪律的统一，就是我们的民主集中制。”毛泽东同志还提出：“我们的目标，是想造成一个又有集中又有民主，又有纪律又有自由，又有统一意志、又有个人心情舒畅、生动活泼，那样一种政治局面。”经过民主革命，到中华人民共和国成立，到建国初期，我们党的民主集中制已经基本建立起来。

“文化大革命”以后，针对民主集中制受到严重破坏的情况，邓小平同志深刻指出：“我们过去发生的各种错误，固然与某些领导人的思想、作风有关，但是组织制度、工作制度方面的问题更重要。这些方面的制度好可以使坏人无法任意横行，制度不好可以使好人无法充分做好事，甚至会走向反面。即使像毛泽东同志这样伟大的人物，也受到一些不好的制度的严重影响，以致对党对国家对他个人都造成了很大的不幸。我们今天再不健全社会主义制度，人们就会说，为什么资本主义制度所能解决的一些问题，社会主义制度反而不能解决呢？这种比较方法虽然不全面，但是我们不能因此而不加以重视。斯大林严重破坏社会主义法制，毛泽东同志就说过，这样的事件在英、法、美这样的西方国家不可能发生。他虽然认识到这一点，但是由于没有在实际上解决领导制度问题以及其他一些原因，仍然导致了‘文化大革命’的十年浩劫。这个教训是极其深刻的。不是说个人没有责任，而是说领导制度、组织制度问题更带有根本性、全局性、稳定性和长期性。这种制度问题，关系到党和国家是否改变颜色，必须引起全党的高度重视。”

党的十一届三中全会以来，我们党关于民主集中制的理论和实践，有了重大发展。党的代表大会制度和党的领导制度，以及人民代表大会制度、中国共产党领导的多党合作和政治协商制度、基层群众自治制度，在实践中进一步完善。党章规定的民主集中制的六项原则，根据党和国家政治生活的需要，科学地规范了中央与地方、整体与局部、上级与下级、个人与组织、领导与群众的关系，科学地确定了党内生活的运行秩序。

党的十八大以来，以习近平同志为核心的党中央非常重视坚持民主集中制。习近平总书记指出：“党的十八大以来，党中央各项决策都严格执行民主集中制，都注重充分发扬党内民主，都是经过深入调查研究、广泛听取各方面意见、进行反复讨论而形成的。”讲话高度体现了民主集中制的科学内涵和执行目标：“把民主和集中有机统一起来”，同时着实“把民主集中制的优势变成我们党的政治优势、组织优势、制度优势、工作优势。”民主集中制是中国智慧、中国道路，是中国特色社会主义党建基本制度。

在绘制和带领中国人民追寻中国梦的伟大实践中，着实展现了习近平总书记“战略判断高瞻远瞩，政治领导娴熟高超，人民立场鲜明坚定，历史担当强烈坚定”的大国领袖智慧和风范。进入新时代，面对新任务、新困难、新挑战，我们的党要巩固基业，开创伟业，最终达成目标并实现各项事业的全面胜利，就要紧密团结在以习近平同志为核心的党中央周围，始终坚持“民主集中制”这一根本遵循，娴熟运用好这一治党治国的基本制度。

在党的伟大事业百尺竿头更进一步的今天，只有充分贯彻民主集中制，才能形成心齐、气顺、风正、劲足的局面，才能推动我们党的事业健康发展，这就要求每个共产党人，都要加强自身的党性修养和锻炼，做到眼界宽阔、胸襟坦荡、光明磊落、严己宽人，摆正自己在党内生活中的位置，正确认识自己，正确对待同志，正确对待组织，正确对待群众，这样才会带出好的风气、创造出好的氛围。

◎民主集中制蕴藏着大智慧

揆诸历史，民主集中制经过了血与火的淬炼，才绽放了它的光芒。1927年党的五大修订的党章第一次明确“党部的指导原则为民主集中制”。然而，陈独秀的“家长”作风、王明的“左”倾错误、张国焘的分裂行为，深刻表明不能正确践行民主集中制，必然给党的事业造成严重伤害。1935年，在中国革命生死攸关的危急关头，我们党召开遵义会议，正是因为坚持了民主集中制，在充分发扬民主的基础上，作出了一系列具有历史意义的决定，才挽救了党、挽救了红军、挽救了中国革命。遵义会议也因此成为党史上坚持民主集中制的典范。党的苦难辉煌史告诉我们，在生死存亡的历史关头，在何去何从的抉择时刻，是民主集中制推动我们走向胜利之路，在艰难困苦中开创未来。

历史是最好的老师，就在于它明白无误地揭示了经验与教训，就待我们去正确理解、准确把握。正如1945年毛泽东同志在党的七大上第一次对民主集中制所概括的，“在民主基础上的集中，在集中指导下的民主”，民主集中制包括民主和集中这两个方面，互为条件、相辅相成、缺一不可。习近平总书记曾在《之江新语》一书中把民主集中制比作交响乐：“领导班子的‘一把手’，就应该成为这样的指挥，善于把‘多种声音’协调为‘一首乐曲’，从而使领导集体的决策尽可能反映客观实际，符合人民利益。”有学者研究发现，不少发展中国家有现代化的治理体系而无现代化治理能力，关键在于缺失有效的实现机制。在某种意义上说，**民主集中制是把治理体系转化为治理能力的桥梁，**它把充分发扬党内民主和正确实行集中有机结合起来，既可以最大限度激发全党创造活力，又可以统一全党思想和行动，有效防止和克服议而不决、决而不行的分散主义，是科学合理而又有效率的制度。

党的十八大以来，以习近平同志为核心的党中央坚持民主集中制这一党的根本组织原则和领导制度，有力发挥了这一制度的优势。十九届四中全会通过的《中共中央关于坚持和完善中国特色社会主义制度推进国家治理体系和治理能力现代化若干重大问题的决定》文件起草组对收到的所有意见和建议进行了认真整理。经汇总，各方面共提出修改意见1948条，扣除重复意见后为1755条，其中原则性意见380条，具体修改意见1375条。文件起草组逐条分析各方面所提意见和建议，力求做到能吸收的尽量吸收。经反复研究推敲，对决定稿作出增写、改写、文字精简283处，覆盖各方面意见和建议436条。党中央各项决策都严格执行民主集中制，都注重充分发扬党内民主，都是经过深入调查研究、广泛听取各方面意见、进行反复讨论而形成的。正因为全党上下团结一心、步调一致，我们解决了许多长期想解决而没有解决的难题，办成了许多过去想办而没有办成的大事，消除了党和国家内部存在的严重隐患，推动党和国家事业取得历史性成就、发生历史性变革。

那么，民主集中制的智慧和奥妙何在呢？集中以民主为基础。俗话说，三个臭皮匠赛过一个诸葛亮。一个人再有水平、再有才干，也有一定的局限性，需要群策群力，凝聚各方面的智慧。民主集中制强调，没有广泛的民主就没有正确的集中。只有充分发扬民主，才能积聚集体才智，形成正确决策，最终实现真正的集中统一。

民主的结果要通过集中才能实现。**再美的珍珠也需要用线穿起来，才能成为璀璨夺目的项链。**民主提供了多种路径和方法，也需要形成集中统一的意见。民主集中制强调，没有正确的集中就不可能实现真正的民主。**一切发展民主的措施，都不是为了削弱必需的集中，而是为了实现正确的集中。**

民主集中制，不是民主和集中的简单相加，而是两者的有机融合。民主是正确集中的前提和基础，集中是民主的必然要求和归宿。离开了民主谈集中，就必然导致独断专行，“老子天下第一”，一切都要自己说了算，听不进不同意见；离开了集中谈民主，就必然导致一盘散沙，莫衷一是，各自为政，破坏团结和谐的政治生态。民主和集中互为条件、不可分离，是一个相辅相成、相得益彰的有机统一体。

没有完美的个人，只有协作的团队。只要每个共产党人严守党的政治纪律和政治规矩，把民主集中制的基本原则、具体要求和操作规程不折不扣地贯彻执行到位，民主集中制的制度优势就一定能得到更大发挥，我们党就能不断从胜利走向胜利，创造出新的辉煌。

◎让民主集中制发力生威

民主集中制是共产党特有的政治优势、组织优势、制度优势、工作优势。列宁将民主集中制确立为共产党的组织原则后，这一原则在世界各国共产党的建设中发挥了重要作用。俄国社会民主工党（布）之所以在只有几十万党员的情况下，能够领导俄国人民取得十月社会主义革命的胜利，并成功抵御帝国主义势力的武装干涉；全联盟共产党（布）之所以在只有几百万党员的情况下，能够领导苏联人民取得第二次世界大战反法西斯战争的胜利，并成功捍卫社会主义，都与其实行的民主集中制分不开。民主集中制使共产党产生了强大力量。共产党坚强统一，成为各个国家人民团结奋斗的领导核心，这种力量无坚不摧，无往而不胜。中国共产党之所以能够由小到大、由弱到强不断发展壮大，从胜利走向胜利，其中一个重要原因也在于坚持和实行了民主集中制。

我们党要建好党、管好党，要为人民掌好权、执好政，必须始终不渝、一以贯之地坚持这一根本组织原则，保持和发挥好这一最大制度优势。一旦放弃了民主集中制，无产阶级政党的先进性和先锋队性质就会受损，党就可能失去广大群众的支持，就会面临四分五裂的危险。

要让民主集中制发力生威，**就要把贯彻民主集中制作为各级党员干部必修的“基础课”、必备的“基本功”、必守的“硬规矩”。**严肃党内政治生活，用好民主集中制是大本事、大智慧。

让民主集中制发力生威要强化信仰自觉，防止将根本原则“枝节化”。党的十八大以来，习近平总书记对健全民主集中制作出一系列重要论述，并带领全党不断取得具有许多新的历史特点的伟大斗争的新胜利，充分证明民主集中制始终是我们党实现决策科学民主高效、保证团结统一和战胜重大困难风险的强大武器。民主集中制是新形势下全党强化“四个意识”、提升“四自能力”、应对“四大考验”、化解“四种危险”的重要法宝，不是一般化的理论方法、枝节性的措施要求。全党同志要从历史起源、发展脉络、当下实践和形势变化多个维度，全面理解贯彻执行民主集中制的重大意义和本质要求，强化法纪意识，保持敬畏之心，不断增强贯彻执行的政治自觉、思想自觉和行动自觉。

让民主集中制发力生威要注重凝心聚力，防止将集体领导“分散化”。坚持集体领导制度，实行集体领导和个人分工负责相结合，是民主集中制的重要内容。领导干部要观大势、抓大事、管全局、勇担责，自觉服从集体领导，共同维护党性原则基础上的团结，勠力同心推动党委决议决策落实。一是分工不分家。既重视分管工作领域，更要着眼建设全局性、工作阶段性、矛盾主次性思考问题，建言以全局统局部、执行以局部促全局，有力推动建设全面发展整体进步。二是同心更同向。严格遵从集体决议，心无旁骛、同向发力、步调一致贯彻落实，以忠诚和担当维护集体领导；出现矛盾多协商不扯皮，发生问题多担责不推诿，不发表无原则的议论，不做损害集体领导的事情，以坚强党性保证言行与集体意见相一致。三是指头硬更要拳头硬。个人能力素质不同，决定工作成效不尽相同。班子成员要创造性地抓好分管工作和领域，带领人民群众干出一流成绩，以最大的贡献率支持集体领导、维护班子权威。正副书记要善于用人所长、固强补弱、以强带弱，打造重拳发挥整体威力。

让民主集中制发力生威要坚持党内民主，防止将平等关系“等级化”。党内民主是党的生命，是实现又有民主又有集中的重要保证。首先，坚持正副书记、委员之间地位平等。班子集体是“分母”，书记、副书记和委员都是其中分量相等的一个“分子”，研究讨论问题没有资历深浅、职位高低的不同权重。书记、副书记要强化组织有上下级、党员没有高中低的观念，自觉讲原则树正气摆好位，防止“班长”变成“首长”，“一票权”成为“决定权”。其次，坚持发表意见机会平等。党委会议是民主议事决策的重要舞台。要创造尊重民主、畅所欲言的氛围，倡导讲真话说实话、力戒假大虚空，让每名班子成员有充分发言的时间空间，乐于建言献策。再次，对待不同意见平等。邓小平同志指出：“一个革命政党，就怕听不到人民的声音，最可怕的是鸦雀无声。”研究问题出现不同声音是民主的表现，体现班子团结有战斗力、书记民主有凝聚力。正副书记要善待不同意见，不歧视不排斥，该采纳的采纳、该解释的解释，尊重班子成员的发言权。

第五章

道德高尚的品格力

正人先正己，心正则身修；德高则望重，德高以率众。我国传统文化特别强调“修身正心”“德行天下”。以道德高尚的力量赢得人心和事业成就是共产党人的独特优势。无产阶级政党是没有自己特殊利益、为最广大人民群众谋利益的最大公无私的政党，天然具有独特而强大的道德优势。共产党人作为这个组织的成员，理应具备全心全意为人民服务的宗旨意识，具有无私奉献的道德境界，具有比一般社会成员高得多的道德素质。我们党充分利用和发挥自己的道德优势，最大限度激发自身道德力量，时时处处为人民着想，全心全意为人民谋利益，赢得了人民群众最大的信任、拥护和支持，从而团结带领人民群众战胜风险挑战、推进事业发展。

◎道德及道德的力量

道德是一种社会意识形态，它是人们共同生活及其行为的准则和规范。不同的时代、不同的阶级有不同的道德观念。道德很多时候跟“良心”一起谈及，良心是指自觉遵从主流道德规范的心理意识。道德不是天生的，人类的道德观念是受到后天的宣传教育及社会舆论的长期影响而逐渐形成的。

马克思主义之所以在中国具有气势磅礴、锐不可当的力量，并取得辉煌胜利，除了它的真理性、科学性以外，也是和成千上万个像李大钊、方志敏、叶挺那样真学、真信，为真理而献身的共产党人的人格形象、道德形象分不开的。可以说，以身作则、率先垂范、身教重于言教，是共产党人一脉相承的优良传统和政治优势，集中体现了道德的力量和道德的说服力。

果戈理说过：“一个人整个的道德力量前进的时候，他的智慧也会跟着前进。”道德，是一个人的行为准则，它决定着人生的方向，方向一错，全盘皆误。说起道德的重要，陈毅同志曾经讲过这样一段话：一个空军飞行员，如果开不好飞机，那总不好吧；然而，假如飞行员开得很好，却开到敌人那边去了，反过来打自己的国家，那就更糟了。此番论述，极为精辟。在经济高速发展的当今社会，越来越多人呼唤“道德回归”“道德重建”，将共产党人思想道德建设摆到了更加重要的地位；**“道德常常能填补智慧的缺陷，而智慧却永远填补不了道德的缺陷”**“修身先修德，做事先做人”这些处世准则已成为人生成功学的重要部分，被人们所呼唤和推崇。可见，让道德成为一种力量、成为一种软实力更具有特殊重要的意义。

◎品格与品格力

品格是指个人的人品和做事风格。品格是一个人真正的本质。英国《泰晤士报》曾这样高度评价品格的力量："品格，使一个人的魄力得以展现，使一个人的道德影响得以产生；是一个人征服他人的武器，是一个人崇高地位的基础。"品格力是指明德、亲民、止于至善的行为力。

中华文化绵延五千年，虽屡经困顿，但总能革故鼎新，勇立潮头，成为推动人类文明发展、进步的中坚力量。是什么力量让中华文化有如此强大的生命力？是中华民族最深沉的精神追求，是中国文化特有的情感、态度和价值观。真诚、善良、勤奋、勇敢、豁达、坚毅……对世界充满爱心，有敏锐的洞察能力与大胆的创新精神，有把个人命运同社会、国家命运结合起来的人生追求，有对世界无限的热爱和喜欢。我们把这一推动中国文化生生不息、不断壮大的精神力量称为"中国品格"。让中华民族生生不息、发展壮大的，是中华民族特有的精神追求。**这个追求沿着历史的长河奔腾五千年，经山川磨砺，经时光陶冶，在峥嵘之处显筋骨，在存亡之际显担当，在平缓之处显谦和，它浩浩荡荡、生生不息。**

历史的长河有如大浪淘沙，昭示出历史缔造者的动人风采和高尚品格。共和国早年领导人的优良品德和崇高精神，既具有共同之处，又有风格各异的个人特点。例如：毛泽东的"为有牺牲多壮志，敢教日月换新天"；周恩来的"大贤秉高鉴，公烛无私光"；刘少奇的"真理寻求得，平生能坚持"；朱德的"肚量大似海，意志坚如钢"；任弼时的"抱病筹谋蜡炬红，路遥负重骆驼行”；邓小平的“走不出一条新路，就干不出新的事业”；陈云的“个人名利淡如水，党的事业重如山”；叶剑英的“矢志共产宏图业，为花欣作落泥红”；李先念的“大义当头亮高风，马上将军公仆心”。看看老一辈革命家们的崇高革命风范，就能进一步了解，中国革命所以能取得成功，社会主义事业所以能在中国打下坚实的基础，并不断取得新的胜利，离不开中国这样一批杰出的革命领袖，他们向世人展现出坚守信仰、一心为民，思想卓越、宏图大略，严于律己、率先垂范的品格力。

品格力对共产党人来说就是政治品格，习近平总书记指出：“要树立和发扬好的作风，既严以修身、严以用权、严以律己，又谋事要实、创业要实、做人要实。”“三严三实”包含了对共产党人世界观、人生观、价值观取向的要求，是共产党人政治纪律和政治规矩的重要表述，彰显着共产党人政治品格的力量。在不同的时期，不同的阶段，对共产党人政治品格的要求会有不同特点和重点，但始终不渝的是对党忠诚，个人干净，敢于担当。

中国共产党不同于西方的政党，不是一个竞选党，而是一个执政党。如果没有优良坚定的政治品格，严密的政治纪律和政治规矩，既不可能闯过血雨腥风、“糖衣炮弹”，也不可能成为中国革命和建设的中流砥柱。党成立百年，执政 70 多年，能坚强地挺过来，走过来，就因为党有着“严”与“实”的品格力量。电影《黄克功案件》是一部描写抗战时期发生在延安的典型案例片。**红军将领黄克功因感情纠葛在延河边开枪杀死了女青年刘茜，最后被处以极刑。由这个案例会让人联想到在这之前同样发生在陕西西安的张灵甫案，张灵甫为国民党将领，因同僚的一句玩笑，怀疑妻子有外遇，将其杀死。后被判入狱 10 年，但实际只坐了**

1 年多牢，就被放出“戴罪立功”。最后共产党胜了，国民党败了，胜与败的缘由都可以从历史中寻觅出蛛丝马迹。政权的兴衰更替，打天下与坐天下，我们从中同样能品味到成功的真谛：什么时候党保持了“严”与“实”的政治品格，就能保持先进性，发挥先锋队作用，形成凝聚力，成就大事业。

◎党的道德力量

党的道德是革命者之根、力量之源，中国共产党向来重视道德建设和道德修养，是传统道德和时代道德相统一，具有强大的凝聚力、感召力、战斗力、影响力，赢得了国家的领导地位，成为执政党。

强烈的凝聚力。在中国共产党历史上，虽然也出现过路线斗争和意见分歧，但是，总体上从未形成分裂格局，始终保持了团结统一的态势。从中国近现代政党发展史来看，没有其他任何一个政党能够像中国共产党这样长期保持高度团结统一。从同盟会到国民党，尽管存续了国民党之名，但早已不是本来意义上的统一的国民党了，不仅党的宗旨发生了变化，而且党的组织结构也发生了变化，党中有派、派中有党，实际上分裂为多个党派。从国际共产主义运动历史来看，也没有其他任何一个国家的革命党或执政党能够像中国共产党这样长期保持高度团结统一。苏共在只有 20 万党员的时候，取得了十月革命的胜利；在有 200 万党员的时候，打败了德国法西斯的侵犯；在拥有近 2000 万党员的时候，却丧失了执政地位。中国共产党从成立之初的 50 多名党员，发展到现今拥有 9000 多万名党员，成为世界上独立国家党员人数最多的执政党，之所以能够长期保持团结统一，不仅因为我们党能够坚持正确的政治路线和民主集中制的组织原则，还因为我们党能够注重党员的道德修养，从而形成了特有的政党伦理规范，产生了习惯性的聚合力；党之所以能够成为中国人民的引路人，不仅因为我们党指明了中华民族前进的方向，还因为我们党代表了中国最广大人民群众的根本利益，共产党人要严于律己，高风亮节赢得了中国最广大人民群众的紧密追随。

巨大的感召力。中国人民所以接受中国共产党的领导，归根到底是由中国共产党的先进性所决定的。中国共产党人的高尚道德品质，产生了极大的社会感召力，获得了广大人民的衷心拥护和大力支持。一是因为党代表中国最广大人民的根本利益，体现了最广泛的道德要求。中国共产党放弃“私利”，代表“公利”，将中华民族的前途和利益置于最高位置，反映了本质上的“普利性”和“利他性”，代表和协调了各方面的利益关系，彰显了中国共产党的德性本质和德行壮举。中国共产党将“内在德性”与“外在德行”统一起来，内外如一，言行一致，诚信于天下，行走于大道，感动人民、号召人民，形成了巨大的感召力。二是因为共产党人的先锋模范作用，赢得了最广大人民的由衷敬佩和衷心爱戴。**《孟子·公孙丑下》言：“得道者多助，失道者寡助。寡助之至，亲戚畔之；多助之至，天下顺之。”**抗日战争时期，毛泽东同志引用了这句名言，阐明了坚持正义与道德的重要性和必要性。众多的共产党人所表现出来的为实现远大理想而不懈奋斗的战斗精神，不谋私利、立党为公的忘我精神，求真务实、不务虚名的实干精神，以及蓬勃朝气、昂扬锐气、浩然正气，深深赢得了民心，吸引广大人民紧密地团结在党的周围，为国家独立、民族解放、人民幸福而前赴后继，英勇奋斗。“跟着共产党走”这句朴实话语，彰显中国共产党人的人格力量，意味着党的道德境界感动着人民，唤起了人民对善的向往，形成了“党与人民心连心”的共振、和谐局面。

顽强的战斗力。党自从成立以来，紧紧依靠和紧密团结全国各族人民，推翻了帝国主义、封建主义、官僚资本主义的反动统治，实现了民族独立和人民解放，建立了人民当家作主的新中国；确立了社会主义基本制度，在一穷二白的基础上建立了独立的比较完整的工业体系和国民经济体系，使古老的中国以崭新的姿态屹立在世界东方；开创了中国特色社会主义道路，从根本上改变了中华民族的前途命运，决定了中国历史的发展方向，在世界上产生了深刻而广泛的影响。党无论是对内领导革命、建设和改革，还是对外维护国家主权、争取世界和平，都取得了伟大胜利。一个先进基层党组织就是一个坚强战斗堡垒，一名优秀共产党人就是一面鲜艳旗帜。党的战斗力源自人民群众，最关键的环节则在于党的有效组织，在于党占据着道德高地，人民群众“听其言更要观其行”因而拥戴之，形成了一呼百应的壮观局面，因而有着攻无不克、战无不胜的力量。

深远的影响力。星星之火，可以燎原。中国共产党在革命、建设、改革的征程中，通过组织的政治影响和党员的模范影响，引领了社会道德风尚的改进和发展。**党的“党德”规范源自公民道德规范，又远远高于公民道德规范。**社会成员既从党员在工作和生活中的一言一行来认识和评价党，又以优秀共产党人的品质为行为楷模和效仿标准，党员的先锋模范作用引领社会成员讲道德、重修养、尚品行，进而推动社会道德水平的提高。在中国共产党的领导下，中国社会加速了由传统社会向现代社会的转化，改变了中华民族命运，改变了世界政治格局，也改进了中国人的道德价值取向和道德表现形式，在民族历史转化为世界历史的背景下，毫无疑问地也影响了全世界的道德理念和道德行为。党在现代中国时空中重视和坚持自身道德建设，树立了自己的形象，在国内与国外、在过去与现在都产生了广泛而又深远的影响。

党之所以当之无愧地成为中华民族伟大复兴事业的坚强领导核心，就在于它真正代表了中国最广大人民群众的根本利益，归根结底在于它能够讲党性、重品行、做表率，把道德的先进性与广泛性结合起来，与人民心连心。党的伟大力量，不仅源自政治路线的正确和组织机构的团结，而且源自高扬道德的旗帜，鼓足道德的风帆，因而成就了自身的伟大和光荣。

◎党性是最大的德

党性是共产党人立身、立业、立德的基石，是共产党人道德品行、思想境界的全面升华，是最大的德。党性，顾名思义是指共产党人所特殊具有的本质属性。这种本质属性，就是共产党人所代表的工人阶级阶级性的最高表现。

种树者必养其根，种德者必养其心。党性、党心体现党之德性、德心。共产党人之“德”是人之道德与共产党人之共产主义大道大德的合一。从这个意义上讲，是人心之德与党心之德的有机统一。共产党人的党性，来自千百万共产党员英勇奋斗、忘我牺牲、开拓进取的实践，是高尚品德的高度浓缩、优良品质的升华结晶。加强党性修养的过程，就是崇德向善、修德正心的过程。共产党人讲党性、强党性，必定立身正、正气盈。“常修为政之德”，就要常修党性这个“最大的德”。

党性的道德性是历史的、具体的。共产党人的党性实践，科学地开创马克思主义政党建设的道德现实性，从而使其德性闪耀着时代的光辉，使其道德获得与时俱进的理论内涵和实践特质。党性的道德品格彰显艰苦朴素、情系于民、无私奉献、忠诚担当……党的事业的发展和实践中心的转移，不断给予党性的道德要求以新的时代内容，并且凝聚成党性的时代伦理品质。

党性的道德性体现共产党人绝对忠诚。1929 年初，朱德爱妻伍若兰为了掩护朱德被俘暴露了身份。面对敌人的严刑逼供，她大义凛然，宁死不屈，痛斥敌人说："共产党人从不怕死，为人民解放而死最光荣。若要我低头，除非太阳从西边出，赣江水倒流。"她用 26 岁的生命诠释了对党的绝对忠诚。回顾党的历史，无数革命先辈面对生与死的考验，无惧严刑与屠刀，置个人生死于度外，以感天动地的牺牲精神，塑造了烛照千秋的英雄群像，用宝贵生命诠释了对党的绝对忠诚。

党性的道德性体现共产党人的为民初心。在抗日战争极端困难的岁月，为了党和人民的伟大事业，王震率 359 旅在南泥湾屯田开荒，经过两年多的努力，开荒种田种地 30 余万亩，年产粮 900 余万斤，把南泥湾建成了塞北的江南。那场轰轰烈烈的南泥湾大生产运动，淋漓尽致地彰显了共产党人的为民情怀和为民初心。不忘初心，方得始终。事业发展永无止境，共产党人的初心永远不能改变。

党性的道德性体现共产党人的艰苦奋斗。在井冈山斗争时期，敌人对井冈山根据地实行严酷的经济封锁。红军没有薪饷，每人每天只有 5 分钱的伙食费，只能吃南瓜。令人感怀至深的是当年任红四军军长的朱德同志与伙夫一样，着装普通，衣衫褴褛，没有任何苦言。在极度困难的环境中，红军官兵仍然保持着革命的乐观主义，满怀革命热情。正是这种艰苦，"朱德的扁担"名扬天下；正是这种艰苦，毛泽东同志的一根灯芯，两篇巨著孕育而生。

党性的道德性体现共产党人的守纪如铁。革命队伍上井冈山的时候，战士们长途行军得不到粮食补给，饿了就在老百姓的田地里挖了几个红薯吃。毛泽东同志看在眼里急在心里，他非常清楚革命军队要在井冈山站稳脚跟，要得到老百姓的拥护，必须要有纪律，而且要守纪如铁。战士挖了老百姓的红薯，为了补救，他就在红薯地插上竹牌写上："因我军肚子饿了，为了充饥，把你的红薯吃了，违反了纪律。现在把两块钱埋地里，请收下。"正是因为守纪如铁，我们党的革命队伍才赢得了群众的拥护爱戴，才会有父送子妻送郎、兄弟齐参军的动人场景，最终赢得了中国革命的伟大胜利。

纵观古今中外，没有任何一个政党的理想追求比"实现共产主义"更加崇高，没有任何一条道路比中国特色社会主义更加适合我国国情。强基固本、正本清源，每名共产党人都要坚定理想信念，坚守共产党人精神追求，常修党性之德，把牢思想和行动的"总开关"，以坚实的步伐走在中国特色社会主义的道路上，为实现共产主义而奋斗终身。

◎共产党人的人格魅力

人格，是一个人的性格、气质、能力等特征的总和。人格魅力，是一种重要软实力。所谓人格魅力，是指由人的信仰、气质、品德、才智等汇聚而成的感召力。对于共产党人而言，它就是感人、服人、率人的实力。人格魅力是上级封不出来的，权力压不出来的，宣传吹不出来的，而是以坚定的信念、渊博的学识、干练的素质、严谨的作风、高尚的品德等为基础，靠自身综合素质建立培养起来的。**一个充满人格魅力的共产党人，言之足以服人、召之足以率人、行之足以示人、教之足以化人。**"以力服人者，非心服也，力不赡也；以德服人者，心悦而诚服也。"

古人的这段话，讲的就是人格的力量。

邓小平同志说，共产党人干事业，一靠真理的力量，二靠人格的力量。习近平总书记在《之江新语》中谈道："人格魅力是领导干部人品、气质、能力的综合反映，也是党的干部所应具备的公正无私、以身作则、言行一致优良品质的外在表现。"纵观古今中外，能成大事业高境界者，无不具有特别的人格魅力。中华人民共和国的缔造者毛泽东同志，思想深邃、高瞻远瞩、处乱不惊、才华横溢，使人们无论在其生前身后，抑或异域之中，无不对之倾倒折服，正是这种非凡的人格魅力，成就了彪炳千秋的丰功伟绩。

不论是革命战争年代的李大钊、方志敏、叶挺、白求恩、刘胡兰、张太雷、杨开慧、杨靖宇、张思德，还是中华人民共和国成立以来的雷锋、王进喜、时传祥、焦裕禄、孔繁森、沈浩、黄文秀等，尽管岗位不同，但在这些英雄模范人物身上体现出共同的道德人格——在平凡的岗位上克勤克俭，向社会奉献财富，向祖国奉献忠诚。榜样的力量是无穷的。在他们的精神鼓舞和感召下，出现了千百万个处处以大局为重，为了共产主义理想的实现不惜牺牲自己一切的英雄模范人物。这种高尚的道德人格精神不仅在一定程度上弥补了战争年代武器技术的落后、计划经济时期制度供给的不足，而且激励着一代代中国人奋发向上、无私奉献、开拓进取。

共产党人人格力量的突出表现核心是"公、正、严"，即克己奉公、一身正气、严于律己。具体来说就是**有视国家和民族利益高于一切，坚定共产主义远大理想的崇高境界；全心全意为人民服务，"先天下之忧而忧，后天下之乐而乐"、甘当公仆的博大胸怀；克己奉公、两袖清风、一尘不染的高贵品格；坚持真理、匡扶正义、光明磊落、公道正派的浩**

然正气；艰苦奋斗、知难而进、锲而不舍的顽强意志；求真务实、开拓进取、与时俱进的拼搏精神；“富贵不能淫、威武不能屈、贫困不能移”的高风亮节；崇尚科学、勤奋学习、勇于实践、言行一致的务实作风；为党的事业保守秘密、大义凛然、视死如归的英雄气概……

共产党人的人格力量源于对理想信念的忠贞不渝。共产党领导的工农红军万里长征拖不垮、摧不倒，就在于广大指战员“胸中理想大于天”。

共产党人的人格力量源于对共产主义真理的忠贞不渝。革命先烈在敌人严刑拷打前坚贞不屈，在高官厚禄引诱之下永不变节，也就在于他们心中存有真理，勇为真理而献身。

共产党人的人格力量源于对党的忠贞不渝。焦裕禄、孔繁森、牛玉儒等一大批党的好干部，为党的事业鞠躬尽瘁、死而后已，就在于他们时刻牢记自己是一名共产党人。

共产党人的人格力量源于对人民的忠贞不渝。共产党人时刻牢记着全心全意为人民服务是党的根本宗旨；时刻实践着利为民所谋，情为民所系，权为民所用。

共产党人要有好的人品人格。公道正派、忠厚老实，待人以诚、对事以公，言行一致、表里如一，“做一个高尚的人、一个纯粹的人、一个有道德的人、一个脱离低级趣味的人、一个有益于人民的人”。这样的人品人格是做官做事的先决条件，也是凝聚人心、激发斗志、形成合力、引领前进的磅礴力量。共产党人代表社会发展的先进力量，是我们正在进行的伟大事业的先导者、组织者、引领者。榜样的力量是无穷的，“打铁还须自身硬”。正如习近平总书记所言：“共产党人拥有人格力量，才能无愧于自己的称号，才能赢得人民的赞誉。”共产党人工作生活于人民群众之中，与人民群众朝夕相处、密切接触。党的好干部廖俊波之所以受到人民群众的拥戴，就是用“忠诚、干净、担当”赢得好名声、好口碑，用人格的力量征服了人民群众的心。共产党人用人格的力量去凝聚人、征服人并非易事，必须十几年、几十年如一日，坚持不懈，始终如一，不忘本色，修养自身，在“为民、务实、清廉”中塑造经得起历史、实践和人民检验的优秀品质。

拥有人格魅力是共产党人党性锻炼的终身课题。人民群众心目中的共产党人，既要讲真理、讲公平、讲正义，又要平易近人，贴近群众，心系群众。每一个共产党人在不同岗位、不同环境、不同场合释放出人格魅力，而这人格魅力也是检验其政治素养、能力水平的试金石。人民群众最有资格、最有发言权评价孰是孰非、谁好谁差，人民群众是用心和情去感受人格魅力，共产党人也用人格魅力去服务于民、造福于民、取信于民。

◎守好政治良心这个无形规矩

良心，源自中华优秀传统文化。孔曰成仁，孟曰取义，“以德治民”“民贵君轻”，起点正是良心；“无为而治”“自由平等”，老庄之说，内在规律是良心；“正名实、严赏罚”，法家思想贯彻的仍是良心之“道”。及至宋明，理学讲“存天理”“尚礼义”“正心诚意”，心学讲“致良知”“穷物理”“知行合一”，恪守的都是“良心”二字。

良心，是一切有益于人类文明进步学说的初心。自由、平等、公正、法治，走出狭隘私人领域，不断维护公共利益，是现代政治的一致追求。而马克思主义在创立之初，就确定了追求社会自由平等，实现生产力极大发展，最终实现共产主义的目标，这也是科学社会主义不懈的追求。

俗语说“做人要讲良心”，“良心”是一个人自己定的道德准绳。而在政治生活中，同样也应该有这样的“政治良心”，这是共产党人发自内心的自我约束。

政治良心自古有之，是从儒家“人之初，性本善”生发出的道德遵循，是从道家“上善若水”绵延出的精神长河，是从心学“致良知”逐渐推演的道德进化。政治良心是我国古代思想家、政治家、官员极力推崇、身体力行的政治道德传承。政治良心是每一个共产党员为人处世的根本遵循。政治良心是建立在党性基础上的，对于共产党人来说，是要心中有党、心怀人民，是一种坚守修身做人为官从政的道德底线，是一种发自内心的精神与信仰，是精神世界的一种人生航标，是发自内心的自我约束，是对政治责任的高度自觉，是对执政能力的内心自省。**政治良心是如影随形的岗哨，时时监督自我的一言一行；政治良心是内心深处的标尺，时时权衡周遭的是非曲直；政治良心是理想信念的基石，支撑每一名党员将宗旨、纪律和准则融入血液，化为行动。**

政治良心，归结到底是对人民利益的忠诚。中国共产党为了人民的解放和幸福而诞生，“为民”成了党的初心。在党百年的奋斗历史中，维护人民的利益始终是党孜孜不倦的追求、永恒不变的目标，为民初心也成了党长期坚守的政治良心。

在浴血奋战的战争年代，共产党人用鲜血诠释了政治良心。由于西方列强的入侵，由于封建统治的腐败，中国逐渐沦为半殖民地半封建社会，山河破碎，人民生活在水深火热之中。为了人民的解放，共产党人以钢铁身躯冲锋陷阵，以坚强意志抵御敌人的严刑拷打、威逼利诱。在共产党人前赴后继下，人民终获解放。共产党人用鲜血守护了人民的生命安全。

在艰苦奋斗的建设年代，共产党人用奉献诠释了政治良心。中华人民共和国成立初期，国家千疮百孔、百废待兴，建设成了时代主题。为了解决人民的温饱问题，共产党人甘于奉献，自觉奋战在建设第一线，艰苦奋斗，将所有的时间和精力都奉献给了祖国的建设事业，哪怕付出生命也毫无怨言。在无数共产党人的无私奉献下，人民富起来了。共产党人用奉献精神奋斗出人民的温饱生活。

如今，到了攻坚克难的发展年代，共产党人的为民初心依然未改，政治良心依然未变。不论是奉献还是牺牲，只要关乎人民的利益，共产党人同样能坚定地作出选择。为了全面建成小康社会，共产党人“涉险滩”“啃硬骨头”，不畏攻坚克难，甘于为人民的脱贫奉献力量；为了实现中国梦，共产党人自我革新，坚持“老虎”“苍蝇”一起打，坚持“零容忍”，敢于为了人民的事业自我“开刀”，共产党人的政治良心同样示诸世人。

守好政治良心这个无形规矩，要心中有党。对党忠诚永不迷失方向。忠诚是共产党人必须具备的优秀品格，是每个党员入党宣誓时的庄严承诺，是共产党人的脊梁和灵魂。要始终将忠诚放在重要地位，要始终保持坚定的政治信念，始终怀着一颗感恩之心去回报党的培养与信任。这是党要姓党的应有之义，也是保持政治良心的根本之策。党员无论从事何种工作，担任何种职务，都要心中有党，既做理论信仰的学习者，补足精神之“钙”，也要**做党的政策主张的传播者，当好党在各行各业的“代言人”。**把“党叫干啥就干啥，党不叫干啥就坚决不干”贯穿到一言一行中。使对党忠诚成为一种政治习惯、一种政治自觉、一种政治责任。

守好政治良心这个无形规矩，要心中有民。务实为民不仅是党的立党之本，也是党的一切工作的出发点和落脚点。习近平总书记强调，民心是最大的政治。得民心者得天下，失民心者失天下。心中有民，就是要求我们要善做汇聚民心的加法，始终把群众利益、百姓疾苦放在干事创业的第一位；就是要求我们时常摸一摸良心、照一照“镜子”，反思“权为民所用、情为民所系、利为民所谋”的口号是否落实到位，检视自身实践与**“利民之事，丝发必兴；厉民之事，毫末必去”**的要求是否还有差距。

守好政治良心这个无形规矩，要心中有责。“苟利国家生死以，岂因祸福避趋之。”取得全面深化改革的决胜，向全面建成小康社会的伟大目标进军，既是鼓舞人心的殷切号召，也是沉甸甸的责任担当。迎难而上，担当尽责，是党员先进性的集中体现，是为人民服务的政治良心本色。问题是时代的声音，时代呼吁有作为、有担当的党员干部。心中有责，就是要党员有位卑未敢忘忧国的家国情怀，有履职尽责重于泰山的责任意识，有困难面前进一步、问题面前先一步的担当有为，争当新时代“疾风识劲草，烈火见真金”中的劲草、真金。

守好政治良心这个无形规矩，要心中有戒。物必先腐，而后虫生。一些党员干部的落马揭示了一条“腐败规律”，先有了内心自律的失守、道德良知的滑坡，外在诱惑才能乘虚而入。不昧良心，不谋私利，关键要心中有戒。知是非善恶，不妄作为，言有所戒，行有所止，这是筑牢自律防线、站稳原则立场、坚定理想信念的根本所在。坚守良心道德高线，不踩法纪党纪红线，不以恶小而为之，才能防微杜渐，经得起考验，锻造“百毒不侵”的政治良心。

政治良心是一面镜子，可照美丑；政治良心是一堵高墙，可御邪恶；政治良心更是一剂催化剂，催人奋进。让我们守好政治良心的本色，要时刻牢记自己的第一身份是共产党员、第一职责是为党工作，真正做到在党言党、在党忧党、在党护党、在党为党，自觉践行全心全意为人民服务的根本宗旨，以永不懈怠的精神状态、一往无前的奋斗姿态，无私无畏、敢于担当，为党和人民勤奋工作、竭诚奉献，切实肩负起新时代中国共产党人的历史使命。广大党员以舍我其谁的担当，投身于实现中国梦的伟大征程中去，中国共产党便能带领人民，取得更大的胜利，走向更加辉煌、更加幸福的明天。

◎始终坚守道德高地

始终坚守道德高地是我们党薪火相传的根脉所在、灵魂所依和力量所系，承载着中国共产党人的伟大信仰、先进思想、崇高品德和优良作风，既彪炳历史，又照亮未来，既团结万众，又指引方向，既根植传统，又与时俱进，必将在中华民族伟大复兴的征程中绽放时代光芒。一路走来，无论是弱小还是强大，无论是顺境还是逆境，我们党的德心从未改变，计天下利、为万民谋的伟大信念，已深深熔铸进共产党人的道德灵魂。

始终坚守道德高地就要有坚定的理想信念。作为一名新时代共产党人，我们必须牢固树立共产主义远大理想。共产党人精神上的“钙”就是理想信念，没有理想信念，或者理想信念树得不牢，精神上就会“缺钙”，就会得“软骨病”。究其根源，就是理想信念动摇，不信马列信鬼神，不信主义信金钱。在平时的工作中，要始终用习近平新时代中国特色社会主义思想武装头脑、指导实践、推动工作，要加强政治理论学习，积极主动改造自己的人生观、价值观、世界观。加强党性修养和锻炼，作为新时代的共产党员要更加坚定学习老一辈无产阶级革命家坚定信念、对党忠诚、无私奉献的崇高品格，从而更加坚定理想信念，坚守共产党人的精神追求。

始终坚守道德高地就要敢于担当作为。担当作为意识是每一名新时代共产党员应该具备的行为操守和思想境界。习近平总书记强调：“是否具有担当精神，是否能够忠诚履责、尽心尽责、勇于担责，是检验每一位领导干部身上是否真正体现了共产党人先进性和纯洁性的重要方面。”敢于担当作为是中国共产党的优良传统，老一辈无产阶级革命家就曾勇敢地担负起了争取民族独立和人民解放、实现国家富强和人民幸福的伟大历史使命。作为新时代的共产党员始终要缅怀老一辈无产阶级革命家勇于担当、力挽狂澜的丰功伟绩，始终要学习老一辈无产阶级革命家满怀信仰、不畏艰险、走向胜利的革命精神。

始终坚守道德高地就要有一心为民的道德情怀。在《愚公移山》中，毛泽东同志以山体之“巨”和人力之“细”形象说明了中国革命事业面对的挑战：中国共产党要挖掉帝国主义和封建主义等“大山”，如何以弱小打败强敌？以弱胜强需要凭借什么样的力量？毛泽东同志充满自信地回答：“我们一定要坚持下去，一定要不断地工作，我们也会感动上帝的。这个上帝不是别人，就是全中国的人民大众。”感动“上帝”的前提是，共产党人要真心实意地依靠群众。感动“上帝”就要自觉认清党和群众的血亲关系，亲近群众，心怀真挚为民情怀，以热情、真情、深情和感恩之情对待人民大众，从群众中来，到群众中去。感动“上帝”的途径是共产党人言行一致地勤勉工作。我们为之奋斗的伟大事业是神圣的，达到这一目标的过程是漫长艰苦的。无论是新民主主义革命，还是推进中国特色社会主义伟大事业，只有将美好理念与务实精神结合起来，才能把全国人民真正发动起来，使他们“甘心情愿和我们一起奋斗”，去实现宏伟目标。我们要将爱民、为民、惠民的价值要求内化于心、外化于行，在知行统一的实践中想大问题、做小事情。想大问题，坚持理想主义的超越性力量；做小事情，勤勤恳恳、踏踏实实从小事做起，体现理想主义的现实价值。永远把人民对美好生活的向往作为奋斗目标。

始终坚守道德高地就要恪守廉洁自律。老一辈革命家是党内清正廉洁的典范集体，他们对自己要求极为严格，始终以共产党人的标准规范自己，从不因一己私利而搞特殊化。老一辈革命家长期担任党和国家的领导职务，地位很高，权力很大，但他们从没有放松对自己的要求，他们不仅严于律己、清正廉洁，而且还严格要求自己的子女，从不为子女搞特殊。老一辈革命家对身边工作人员要求也是非常严格，他们要求自己的秘书、警卫、公务人员决不能利用领导的名义和工作的特殊性为他人或个人谋取利益，或得到特别的照顾和提拔，要平等地接受组织的考察、调配和监督。老一辈革命家用实际行动坚守了党的廉洁自律要求，为新时代的共产党员做出了表率，我们应该以他们为榜样，自觉践行党内法规要求，恪守廉洁自律红线，共同维护好风清气正的政治生态。

始终坚守道德高地就要有锐意改革创新的自信。中国共产党人百年的创业史，就是坚守道德与时俱进、不断创新的发展史。当前，改革进入深水区，思想观念束缚、体制机制障碍、利益固化樊篱等一个个“硬骨头”摆在面前。逆水行舟，不进则退。将改革进行到底，靠的是直面问题的担当和壮士断腕的勇气。正如李大钊曾经所说：“有时走到艰难险阻的境界，这是全靠雄健的精神才能够冲过去的。”要抱有不畏险远、不弃微末、不舍寸功的改革意志，敢于突破前人，摒弃安于现状、不思进取的观念，大胆地想、勇敢地试、坚决地干；要允许试错、宽容失败、保护创新，让改革创新成为新时代中国大地上的最强音。

恩格斯指出：“一个知道自己的目的，也知道怎样达到这个目的的政党，一个真正想达到这个目的并且具有达到这个目的所必不可缺的顽强精神的政党——这样的政党将是不可战胜的。”在奠定初心、践行使命的历史中，中国共产党就是一个这样的党，我们相信，在坚守道德高地、勇担使命的今天与未来，我们的党必将同样是一个无可战胜的党。

第六章

自我革命的免疫力

物久则废，器久则坏，法久则弊。自我革命精神是中国共产党人在长期革命、建设和改革中形成的，体现了中国共产党人的信仰信念、精神品格、优良传统。自我革命精神是党章规定的“党在自己的政治生活中正确地开展批评和自我批评，在原则问题上进行思想斗争，坚持真理，修正错误”的具体体现，与党的自我净化、自我完善、自我革新、自我提高这“四自能力”高度一致，彰显了中国共产党人实事求是、自律除弊、革故鼎新、与时俱进等精神品格。作为我们党的宝贵精神财富，自我革命精神是保持党的先进性和纯洁性的必然要求。兴党强党，必须以自我革命精神打造和锤炼自己。党只有在革故鼎新、守正出新中实现自身跨越，才能不断给党和人民事业注入生机活力。

◎ 自我革命是最鲜明的品格

革命这个词，对我们而言，并不陌生。除了字典上的解释之外，我国几千年历史长河中数不胜数的鲜活史实，都从不同侧面生动诠释了革命这个词的分量和意义所在，深化着我们对这一词语的理解。所谓“自我革命”，就是自我变革与创新的破立过程，自我革命是对革命辩证法的深刻把握。革命的词义很重，自我革命是刀刃向内，意味着自我否定。但这种否定，不是形而上学的否定，而是一种辩证的否定；不是要改弦更张，而是继续前进。

革命是革命者主体对被革命者这一客体的一种强力的改造、重新调整、重大变革的特殊过程，是坚守一定价值原则，打碎旧世界、建设新世界的实际行动。革命，不是仅仅停留在口头上，只说不做；也不是摆摆花架子，应付了事。革命，是要用真刀真枪动真格的，是落实于具体行动中的实践。而自我革命，是革命者把用来革命的刀刃转向自身，针对自身存在的痈疽毒瘤、缺点不足采取零容忍的态度，用革命的强有力的方式有效诊治这些病症，医好肌体，使之保持最佳状态，始终焕发活力。因此，革命难，自我革命更难。能够拥有自我革命意识，并付诸实践的政党，是了不起的政党，更是大有作为的政党。

中国共产党的伟大之处，就在于我们党不是从来不犯错误，而是在于犯了错误以后敢于承认错误、敢于直面问题，坚持自我净化、自我完善、自我革新、自我提高。勇于自我革命，是我们党区别于其他政党最显著的标志，也是我们党不断从胜利走向新的胜利的关键所在，是中国共产党人鲜明的政治品格。

自我革命体现出的是一种坚守初心、永不懈怠的积极态度。古今中外的历史告诉我们，历来是打江山容易，坐江山难，长期坐稳江山、得到民众拥护爱戴，更是难上加难。我们党历来重视党的自身建设，始终保持党的纯洁性和先进性，始终坚守党的宗旨，形成了一系列行之有效的做法和优良传统。今天，党的建设永远在路上。在为中国人民谋幸福、为中华民族谋复兴的道路上，任何困难都丝毫不能削弱我们党的初心使命和责任担当。

自我革命体现出的是一种居安思危的忧患意识。古语说，生于忧患，死于安乐。俗语讲，人无远虑，必有近忧。两者实质都在强调共同的一点，即自己的命运只有掌握在自己手里，才能把控得住。我们国家是一个发展中大国，同时也是一个人口大国。虽然我们的经济总量跃居世界第二，但是人均总量与一些国家相比依然有很大的差距。我们依然有很多需要警醒的领域，需要时刻拥有敬畏之心，居安思危，谨慎而行。

自我革命体现出的是虚怀若谷、海纳百川的学习和提升的能力。活到老，学到老，奋斗到老。这不仅是对人这个个体而言的，也是对我们党的一个要求。一个政党充满生机，一定是具有海纳百川的宽广胸怀，一定拥有善于学习、肯于更新、与时俱进的能力。保持一种旺盛的精神状态，不沉溺于声色犬马，不耽于歌舞升平，不畏手畏脚、止步不前，不迷失前进方向、自毁前程，那么我们的党就会保持最佳状态，团结最大多数人，凝聚起最有效的力量，去攻克前进中的各种困难挑战。

勇于自我革命，从严管党治党，是我们党最鲜明的品格，也是我们党的最大优势。“四个自我”是勇于自我革命的生动实践和具体体现，也是从严管党治党、使党永葆先进性和纯洁性的制胜法宝。

自我净化要过滤杂质、清除毒素、割除毒瘤。教育引导全党不忘初心、牢记使命，坚定理想信念宗旨，解决好世界观、人生观和价值观这个“总开关”问题，自觉抵御各种错误、腐朽思想侵蚀，提高政治免疫力；同时坚持问题导向，聚焦突出问题，以刮骨疗毒的决心和意志，自觉向体内病灶开刀，坚决纠正各种不正之风，以零容忍态度惩治腐败，及时清除一切侵蚀党的健康肌体的病毒，有效防止不良风气破坏党内政治生活，使党永葆清正廉洁的政治本色。

自我完善要修复肌体、健全机制、丰富功能。着眼于加强党的长期执政能力建设、先进性和纯洁性建设，着力补短板、强弱项，健全各方面风险防控机制，不断构建系统完备、科学规范、运行有效的制度体系，完善决策科学、执行坚决、监督有力的权力运行机制，健全党的统一领导、全面覆盖、权威高效的监督体系，实现对所有行使公权力的公职人员的全面有效监督，不断推进治理体系和治理能力现代化，更好地巩固党的执政基础，提高党的执政能力和领导水平，确保人民赋予的权力更好地用来为人民谋幸福、为民族谋复兴。

自我革新要与时俱进、自我超越。勇于变革、勇于创新，善于调动全党积极性、主动性、创造性，坚决破除一切不合时宜的思想观念和体制机制弊端，不断革除阻碍经济社会发展的利益樊篱和政策壁垒，通过改革和制度创新压缩腐败现象生存空间和滋生土壤，营造风清气正的政治生态，最大限度地释放改革创新的强大正能量，在应对国内外各种风险和考验的历史进程中引领发展潮流、实现自我超越。

自我提高要有新本领、有新境界。永不僵化、永不停滞，保持锐意进取的精神风貌，提高党的建设质量，全面增强执政本领，在学习实践中砥砺品格、增长才干，在爬坡过坎、跋山涉水中摸索新规律、凝聚新动力，不断提升政治境界、思想境界、道德境界，增强党的政治领导力、思想引领力、群众组织力、社会号召力，确保把我们党建设成为始终走在时代前列、人民衷心拥护、勇于自我革命、经得起各种风浪考验、朝气蓬勃的马克思主义执政党。

中国共产党百年的奋斗史，是一部自我革新、自我革命的历史。党在加强长期执政能力、保持先进性和纯洁性主线的建设中不断应对挑战、抵御风险、克服阻力、解决矛盾，经受各种风浪考验，始终走在时代前列，是因为中国共产党是一个朝气蓬勃、勇于“自我革命”的政党。党所遵循的生命线、幸福线，所体现的学习型、服务型、创新型，所具有的积极性、主动性、时代性、创造性，所追求的提升人民的安全感、获得感、幸福感，从革命向执政转型过程体现出来的传承与超越、革新与革命、经受磨难与淬火成钢，党自信自豪自谦不自满、自警自律自净不自恃，使得自我革命的内涵更加丰富、时代特色更加彰显。

新时代开启新征程，我们党正面临百年未有之大变局，新挑战新要求前所未有。党要始终保持正视问题的政治自觉和刀刃向内的勇气决心，坚持不懈同党内存在的影响党的先进性和纯洁性的问题作斗争，以钉钉子精神把管党治党新要求落实落细，一以贯之推进党的建设新的伟大工程，把党的伟大自我革命进行到底，确保我们党始终成为时代先锋、民族脊梁，始终成为马克思主义执政党，确保我们党领导的中国特色社会主义事业不断书写新的华章。

◎ 底气和勇气从哪里来

马克思主义政党的政治基因赋予自我革命的底气和勇气。共产党作为工人阶级政党，具有为绝大多数人谋利益的高远志向和鲜明政治担当，不仅代表工人阶级的根本利益，还代表各民族广大人民群众的根本利益；不仅要以实现阶段性的历史任务为目标，更以实现人的自由而全面发展和全人类解放为己任。这就决定了“无产阶级在这个革命中失去的只是锁链，他们获得的将是整个世界”。党自诞生之日起就给自己制定了明确的宗旨——“我们这个队伍完全是为着解放人民的，是彻底地为人民的利益工作的”。这种政治基因赋予党不仅能够勇于推进改造客观世界的社会革命，也勇于推进改造自身的自我革命，敢于同一切弱化先进性、损害纯洁性的问题作斗争，对自身进行最坚决、最彻底的革命。

人民立场给予自我革命的底气和勇气。历史是人民书写的。人民“是决定党和国家前途命运的根本力量”。**从长征路上的红军鞋，到淮海战役的小推车；从小岗村村民的红手印，到“最成功的脱贫故事”，人民的力量被激发和凝聚成为改天换地的伟力。**“群之所为事无不成，众之所举业无不胜。”正是亿万人民的托举，把中国共产党造就成为迄今最成功的马克思主义政党。人民是党自我革命最坚强的支撑、最深厚的底气。“不私，而天下自公。”党始终把人民放在最高位置，把人民群众高兴不高兴、满意不满意、答应不答应作为衡量一切工作的最高标准。为了人民的根本利益，坚持对的，发扬好的；为了人民的根本利益，克服缺点，解决问题，正视错误并纠正错误。

践行初心使命的担当锻造了自我革命的底气和勇气。**“古之立大事者，不惟有超世之才，亦必有坚忍不拔之志。”**在百年的风雨沧桑中，中国共产党始终牢记“为中国人民谋幸福，为中华民族谋复兴”这个初心和使命，不断用自我革命的实际行动来坚守初心、彰显政治品格、践行使命宗旨。在革命战争年代，着眼“两大历史任务”，走出了一条农村包围城市、武装夺取政权的新民主主义革命道路。**根据地的星星之火、长征的血战、抗日的烽烟、解放的号角，党领导中国人民创造了“革命的世界奇迹”**。在和平建设年代，抓住社会主要矛盾变化，立足独特历史、独特文化和独特国情，**开放的探索和改革的攻坚，没有简单延续我国历史文化的母版，没有简单套用马克思主义经典作家设想的模板，没有照抄其他国家社会主义实践的模式，没有照搬国外现代化发展的经验，走出了一条中国特色社会主义道路，创造了“发展的世界奇迹”**。这是中国共产党自我革命精神的真实写照，也是自我革命能力的实践锻造。

百年奋斗历程奠定了自我革命的底气和勇气。在百年的历程中，中国共产党内先后出现过建党早期的“左”倾错误和右倾错误，苏区时期的王明“左”倾教条主义，长征时期的张国焘分裂活动，延安时期的主观主义、教条主义和经验主义，中华人民共和国成立后的反右扩大化、“大跃进”以及“文化大革命”等错误。改革开放以来，在有的地方出现了党的领导弱化、党的建设缺失、从严治党不力等问题。党始终坚持自我革命，敢于直面自身的问题，经常进行自我体检，发现问题，实现自我净化、自我提高。革除自身的病症、解决自身的问题。这种能力既是我们党区别于世界上其他政党的显著标志，是我们党长盛不衰的重要原因所在，也是我们党自我革命的鲜明品格。自我革命极大地增强了应对重大挑战、抵御重大风险、克服重大阻力、解决重大矛盾的能力。党的十八以来，在以习近平同志为核心的党中央领导下，我们党解决了许多长期想解决而没有解决的难题，办成了许多过去想办而没有办成的大事，推进中国特色社会主义进入了新时代。

不断“赶考”的忧患意识激发自我革命的底气和勇气。世界上没有哪个民族比中华民族对历史的兴替有更深切的感受。面对“历史周期律”

的忧患，中国共产党始终以“赶考”的状态来应对。从国家独立、民族解放的赶考，到执政中国的赶考，再到发展中国的赶考，再到民族复兴的赶考，中国共产党在赶考的前行中铺展开历史画卷，书写时代华章。“天下之患，莫大于不知其然而然。”从这个意义上讲，自我革命就成为中国共产党破解“历史周期律”的有力武器。但是，昨天的成功并不代表着今后能够一劳永逸，过去的辉煌并不等于未来可以永远辉煌。“这场考试还没有结束，还在继续。”时代在不停地“出卷”。一方面，今天的世情国情党情发生了深刻变化，中国日益走近世界舞台的中央。另一方面，我们面对的形势环境变化之快、改革发展稳定任务之重、矛盾风险挑战之多、对党治国理政考验之大，都前所未有。要交出令人民满意的答卷，仍然要求我们党以自我革命的政治勇气，不断增强党自我净化、自我完善、自我革新、自我提高能力，确保党始终成为中国特色社会主义事业的坚强领导核心。

能胜强敌者，先自胜者也。一部中国共产党的历史，就是一部在自我革命中实现超越和发展的奋斗史，中国特色社会主义进入新时代，我们要进行伟大的社会革命。**因循守旧，抱残守缺，只能复制一个旧社会；革故鼎新，守正出新，才能创造一个新世界。**我们党必须以党的自我革命来推动党领导人民进行伟大社会革命，把党建设成为始终走在时代前列、人民衷心拥护、勇于自我革命、经得起各种风浪考验、朝气蓬勃的马克思主义执政党。

◎ 自我革命才能永葆活力

勇于自我革命是我们党永葆青春活力的奥秘所在，也是我们党战胜一切艰难险阻的动力源泉。百年大党之于千秋伟业，而今恰是风华正茂。越是长期执政，越不能丧失自我革命精神。

革命是事物的质变和飞跃，自我革命是指主体进行自我指导的过程。在我国传统文化中，自我革命指的是一个人在成长过程中，针对自身存在的问题，用“刮骨疗毒”“壮士断腕”的勇气和精神修养自我，除旧革新。马克思说：“无产阶级革命与其他革命不同之处，就在于它自己批评自己，并靠自己批评自己壮大起来。”毛泽东同志说：“如人不能没有批评和自我批评，那样一个人就不能进步。”习近平总书记说：“勇于自我革命是我们党最鲜明的品格，也是我们党最大的优势，要兴党强党，就必须以勇于自我革命的精神，打造和锤炼自己。”勇于进行自我革命是我们党永葆生机活力的强大动力和根本保证。

从历史看，纵观大国兴衰、王朝更迭，根本都在于自己解决不了自己的问题，因此无法突破所谓的“自我革命困境”。但中国共产党人却以不信邪的自我革命精神推进全面从严治党，正在强力打破“自我革命困境”这个“执政魔咒”，在发展中国特色社会主义的历史进程中始终成为坚强领导核心。

“人非圣贤，孰能无过”，一个政党在它不断成长的过程中也难免会犯错误，中国共产党带领全国人民取得新民主主义革命和社会主义革命的胜利，带领全国人民开创了中国特色社会主义新局面，但这也不能否定在取得正确结果的过程中犯过的那些错。近看共产党的革命史，陈独秀右倾机会主义错误导致大革命失败，无数共产党人和革命群众失去了宝贵的生命；王明的“左”倾教条主义错误导致第五次反“围剿”的失败，中央红军、红二方面军、红四方面军被迫实行大转移；“大跃进”“文化大革命”犯了“左”的错误，造成国民经济混乱，给国家和人民带来了严重灾难，国民经济到了崩溃的边缘，至今提到这些字眼老一辈革命家依然面色沉重。但是我们党敢于正视自己的错误又勇于改正错误，大革命失败后，我党认真总结经验教训，纠正错误，转变战略策略，兴起土地革命，开创出革命的新局面；长征途中召开遵义会议，确立了毛泽东同志在中央的领导地位，领导红军打破敌人的围追堵截，确定北上抗日的方针，战胜了张国焘的分裂主义，取得长征的伟大胜利；党的十一届三中全会是我党的一次伟大转折，形成了以邓小平同志为核心的中央领导集体，纠正“文化大革命”的错误思想，把党和国家的工作重心转移到经济建设上来、实行改革开放政策，成功开创中国特色社会主义新局面。

实践论证明不自我革命，就会被革命。实践是检验真理的唯一标准，试看古今中外，无论是从奴隶社会到资本主义社会，还是改朝换代，即使是强大的苏联，皆是因为积弊深重而没有进行自我革命，只能被历史前进的洪流革命了，于是我们看到日历被翻开，历史在前进，革命无止境。

勇于自我革命，是我们党最鲜明的品格，也是我们党最大的优势。中国共产党之所以能从小到大、由弱到强，根本原因就在于始终保持自我革命精神，敢于刀刃向内，不断革故鼎新。中华人民共和国成立以来，我们党在“赶考”路上从未懈怠。党的七大审议通过的《中国共产党章程》明确提出，中国共产党应该用批评和自我批评的方法，经常检讨自己工作中的错误与缺点，来教育自己的党员和干部，并及时纠正自己的错误。古人云：“吾日三省吾身。”中国共产党人作为工人阶级的先锋队，更要时刻自我反省，经常自我批评，虚心接受批评，不断提高自我净化、自我完善、自我革新、自我提高的能力，纯洁思想，团结力量，排除各种错误思想的影响，保持正确的前进方向，凝聚起强大的奋进力量。

勇于自我革命，是推动伟大社会革命的强大动力。中国共产党人的初心和使命，就是为中国人民谋幸福，为中华民族谋复兴。为此，我们党自成立之日起就把全心全意为人民服务作为根本宗旨，勇于通过自我革命推动伟大社会革命，取得了一个又一个辉煌成就，带领中华民族实现了从“东亚病夫”到站起来的伟大飞跃、从站起来到富起来的伟大飞跃，迎来了从富起来到强起来的伟大飞跃。应当看到，新时代坚持和发展中国特色社会主义是一场广泛、深刻的社会革命。我们党要卓有成效地领导这一伟大社会革命，就必须以勇于自我革命的精神锤炼自己，不断超越自己，为伟大社会革命引领正确航向、注入强大动力。党的肌体是否健康，关系中国特色社会主义事业的成败，关系中华民族伟大复兴的中国梦能否实现。唯有发扬勇于自我革命精神，清除侵蚀党的肌体的病毒，在革故鼎新、守正出新中实现自我跨越，才能永葆党的先进性、纯洁性，不断提高党的执政能力和领导水平，为伟大社会革命提供坚强领导核心、根本组织保障和不竭动力源泉。

新时代，我们党面临的挑战和风险更加复杂。我们必须看到，在长期执政条件下，各种弱化党的先进性、损害党的纯洁性的因素无时不有，各种违背初心和使命、动摇党的根基的危险无处不在。**党的自我革命任重道远，决不能有歇一歇、停一停的想法，必须坚持经常性教育和集中性教育相结合，用好批评和自我批评的武器，时刻检视自身存在的问题，不讳疾忌医；必须严加整治，系统防范，久久为功，谨防蚁穴溃堤之患。**

我们党善于寻找和适应历史的规律，在执政的过程中，探索实践，不断优化，让生产关系与时俱进地适应生产力的发展，从而保持自我革命的常态化，永葆党的生机和活力，勠力推进中国在世界发展中勇立潮头，自觉为实现中华民族伟大复兴而努力奋斗，此乃全国各族人民之最大福祉！

千秋伟业，百年恰是风华正茂。今天我们比历史上任何时期都更接近、更有信心和能力实现中华民族伟大复兴的目标，每个共产党人都要常怀忧党之心、为党之责、强党之志，在自我净化、自我完善、自我革新、自我提高上下功夫，自觉砥砺自我革命的意志，不为风险所惧，不为干扰所惑，为中华民族伟大复兴接续奋斗。

◎自我革命是党最大的优势

勇于自我革命，是党最鲜明的品格和最大优势。百年来，党始终保持勇于自我革命的精神，不断自我净化、自我完善、自我革新、自我提高，勘误纠错，保持了蓬勃朝气和生机活力，从而领导人民取得革命、建设和改革的一个又一个胜利。这是真正的马克思主义政党区别于其他政党的一个重要标志，也是我们党长盛不衰、坚强有力的重要原因。

勇于自我革命是党历久弥新的优良传统，中国共产党靠革命起家，革命精神深深熔铸在党的基因和血脉之中，自我革命精神更是共产党人独特的红色气质和不二法宝。从革命到建设，中国共产党一路凭着大无畏的革命精神在摸索中成长，在纠偏中前行。长征路上的遵义会议，结束了教条主义在党内的统治，重新确立了毛泽东同志的实际领导地位，使中国革命由败转胜；党的六届六中全会，赢得了与王明“左”倾教条主义第一回合的胜利，为延安整风奠定了基础；党的十一届三中全会，结束了“文化大革命”的十年内乱，纠正了极左路线，把工作重心从以阶级斗争为纲转移到经济建设上来，开启了改革开放历史新时期，走上了中国特色社会主义的正确道路……回顾历史，我们党不止一次地直面生死抉择，但正是由于共产党人坚定的自我革命精神、勇于纠错的勇气，一次次刀刃向内，毅然决然地革除自身顽瘴痼疾，才使我们党一次次转危为安并重现生机。中国共产党的历史反复证明，只有永葆自我革命的精神，才能革故鼎新、守正出新，才能不断将党和人民的事业推向新的巅峰。

党的最大优势是在波澜壮阔和惊心动魄的革命历史中形成的。从早期的工人运动转向第一次国共合作，从参加国民革命到武装反对国民党，从城市到农村，从土地斗争到国共合作抗日，从和平民主新阶段到解放战争，从新民主主义社会到社会主义社会，从“文化大革命”到拨乱反正、改革开放，从计划经济到市场经济，党的每一次重大转折，每一次重大变化，都是一场自我革命。为了党的事业，为了人民的利益，为了既定的目标，中国共产党不惜“以今日之我攻昨日之我”。其中，更为典型的一个体现就是自我修正错误。毛泽东同志说，“任何个人，错误总是难免的”。党是由无数个人组成的。因而，正如邓小平指出的，不犯错误的党是没有的。**“不贵于无过，而贵于能改。”**众所周知，中国共产党历史上全局性的错误有过三次：一是江西第五次反“围剿”时期，二是“大跃进”时期，三是“文化大革命”时期。每一次错误都是党自己意识到并予以改正，且能知错而后勇。比如改革开放的一个强大动力即是对此前错误的深刻反省，从而在全党形成了一种“痛改前非”的干劲和冲劲。这也正如毛泽东同志曾讲过的，“错误和挫折教训了我们，使我们比较地聪明起来了，我们事情就办得好一些”。总的来看，中国共产党的事业推进的历史和自身发展壮大的历史，就是一部自我革命史。

共产主义信仰是自我革命的精神动力。自我革命是“刀刃向内”的革命，革自己身上的不足、缺点、毒瘤，目的是让肌体更加健康。这就必须要有强大的精神动力，而动力则来自崇高的、坚定的信仰。共产党人崇高的信仰是共产主义，这是人类历史上最美好的理想。正是在强大的精神动力支撑下，中国共产党人不断自我超越、不断自我更新。“革命理想高于天”。共产主义远大理想和中国特色社会主义共同理想，是新时代中国共产党人精神支柱和政治灵魂，也是推进自我革命的强大精神支撑。

先进性是自我革命的目标指向。先进性是马克思主义政党的本质要求，只有保持先进性，共产党才能实现两个目标，即最低目标、最高目标。《共产党宣言》明确回答了政党的阶级性问题，强调共产党是无产阶级先锋队。先锋队就是要有先进性，先进在哪里？第一，从实践上来说，共产党是各国工人政党当中最坚决、始终起推动作用的部分；第二，从理论上来说，共产党人了解无产阶级运动条件、进程和一般结果，也就是说，有科学理论武装。但是先进性是具体的、历史的，过去先进不等于现在先进，也不等于将来永远先进。只有不断自我革命，高扬自我革命的精神，中国共产党才能不断革故鼎新，守正出新，才能永葆生机和活力。

人民立场是自我革命价值追求。自我革命需要鲜明的价值取向，马克思主义政党来自人民、为了人民、依靠人民，人民立场是共产党人的根本政治立场，也是自我革命必然的价值追求。坚持人民立场必须自我革命，要坚持人民立场必须坚持人民利益至上，政策、方针、决策必须符合人民利益，深化改革，让制度更加完善和健全，这样才能达到自我革命的目标；坚持人民立场方能自我革命，共产党人不能有自己的特殊利益，不谋私利才能谋大利，从人民根本利益出发检视自身，发现不足，自我完善；坚持人民立场就能自我革命，因为自我革命不是党单独完成的过程，是在人民的支持和帮助下开展自我建设、自我完善的过程，有了人民的支持和帮助，党才能把自我革命的这条路走到底。

敢于担当是自我革命的必备品格。现实生活当中，外部条件、传统观念等各种因素非常复杂，会对党自我革命带来影响，带来阻滞和干扰，党要开展自我革命必须具备使命担当和政治勇气，共产党人大无畏的精神气概和政治勇气。党的奋斗史是一部自我革命、自我完善、自我发展的历史。中国共产党在发展过程中并不是一帆风顺的，而是在曲折中前进。党之所以能够纠正错误，不断发展前行，主要得益于中国共产党不断地进行自我革命、自我批评、自我斗争，以此来完善党的建设，为党的发展前行注入新的活力，这种敢于担当的精神在当下仍然具有重要的现实意义。

进入新时代，党的自我革命的重要体现在于全面从严治党。党的十八大以来，面对重大风险考验和党内存在的突出问题，以习近平同志为核心的党中央以从严管党治党开局起步，以刀刃向内的勇气向党内顽瘴痼疾开刀，以雷霆万钧之势推进全面从严治党，以钉钉子精神把管党治党要求落实落细，开展了党的群众路线教育实践活动、“不忘初心、牢记使命”主题教育等培元固本工作，以顽强意志品质正风肃纪、反腐惩恶，消除了党和国家内部存在的严重隐患，党内政治生活气象更新，党在革命性锻造中更加坚强，为党和国家事业发展提供了坚强政治保证，党在新时代新征程中焕发出更加强大的生机活力。

◎ 用好自我革命的有力武器

习近平总书记指出：“做勇于自我革命的战士。要坚持实事求是，勇于批评和自我批评……批评和自我批评的武器要多用、常用、用够用好，使之成为一种习惯、一种自觉、一种责任。”

批评和自我批评是马克思主义政党的政治优势，是马克思主义认识论、实践论的具体体现。马克思曾经指出，无产阶级革命和其他革命的一个不同的地方，就在于它自己批评自己并靠批评自己而壮大起来。毛泽东同志说：“有无认真的自我批评，也是我们和其他政党互相区别的显著的标志之一。”回顾党的光辉历程，我们党之所以能够依靠自身力量解决自身问题，靠的就是批评和自我批评，特别是在一些重大历史关头，我们党总是敢于拿起这一武器，排除各种错误思想的影响，保持正确的前进方向，保证党的先进性和纯洁性。

党的百年的奋斗史是一部开展批评与自我批评的历史。1929 年古田会议指出“党内批评是坚强党的组织，增强党的战斗力的武器”，开创了自我革命的成功范例。七大党章在总纲中明确提出：“中国共产党应该不掩盖自己工作中的错误与缺点。中国共产党应该用批评和自我批评的方法，经常检讨自己工作中的错误与缺点，来教育自己的党员和干部，并及时纠正自己的错误。中国共产党反对那种自高自大、害怕承认自己错误、害怕批评与自我批评的情绪。”十二大党章指出：“党在自己的政治生活中正确地开展批评和自我批评，在原则问题上进行思想斗争，坚持真理，修正错误。”必须坚持不懈把批评与自我批评这个武器用在自己身上，有效增强党自我完善能力。“自我批评是马列主义方法论中最革命的最有生气的组成部分。”共产党人通过自我批评可以反省自身的缺点错误，从而达到改正错误、自我净化的目的。而相互批评，则可以交流思想和意见，使人充分认识到自身的问题，增强同志间的相互了解，有利于加强团结、做好工作。批评与自我批评犹如一把“手术刀”，割除了影响肌体健康的各种不良细胞，防止病毒蔓延，保证党的肌体健康。

向自己开刀，总是痛苦的，党之所以能不断地进行自我革命，关键就在于“有批评和自我批评这个马克思列宁主义的武器”。首先，就党自身或党内来说，能够不断地进行自我批评。其次，批评是就党内同志间、上下级之间来说的，同时也是面向党外和群众而言的。毛泽东同志指出，“共产党是不怕批评的，因为我们是马克思主义者”，“要真正把问题敞开，让群众讲话，哪怕是骂自己的话，也要让人家讲”。当然，挨骂的时候，“总会有些不舒服和难过，这是正确的”，执政者就是不能太“舒服”，要善于倾听骂声，以此为鉴，否则就难于做到自我革命。**批评和自我批评要有海纳百川的胸怀，诚心接受批评。批评和自我批评要有刮骨疗毒的决心，勇于自我批评。批评和自我批评要有“无欲则刚”的定力，敢于较真碰硬。批评和自我批评要有增进团结的愿望，坚持坦诚相见。**抗战期间，在延安召开的一次会上，有的同志对彭德怀组织的“百团大战”提出不公正批评，彭德怀十分恼火，要周恩来做中间人，和毛泽东交换一下意见。一天晚上，在毛泽东居住的窑洞里，三人坐在一起，毛泽东首先开门见山地说：咱们定下君子协定：第一，把话讲透。第二，可以骂娘。第三，各自检讨，不准记仇，不得影响工作。他们推心置腹，坦诚相见，开展批评和自我批评，不仅消除了误会，而且增进了感情。

一个行动胜过一打纲领，只有大胆使用、经常使用批评和自我批评武器，使之成为一种习惯、一种自觉、一种责任，这个武器才会越用越灵、越用越有效果。党的十八大以来，习近平总书记就用好批评和自我批评这个武器提出一系列富有远见卓识的新思想新论断新要求，坚持全面从严治党从党内政治生活管起严起，将批评和自我批评作为加强和规范党内政治生活的重要手段，推动全党大胆使用、经常使用批评和自我批评的武器，着力提高党内教育和党内政治生活的质量，党内政治生态明显好转，党在革命性锻造中更加坚强。当前，“四大考验”“四种危险”依然复杂严峻，党内存在的政治不纯、思想不纯、组织不纯、作风不纯等突出问题尚未得到根本解决，党的自我革命任重道远，决不能有停一停、歇一歇的想法，必须坚持和运用批评和自我批评这一推进党的自我革命的重要经验，拿出壮士断腕、刮骨疗毒的勇气，不断过滤杂质、清除毒素、割除毒瘤，确保党始终拥有旺盛的生命力和强大的战斗力，确保党始终立于不败之地。

◎让自我革命成为一种自觉

习近平总书记强调“自我革命”在党的历史中始终闪耀着熠熠光芒，使中国共产党在腥风血雨中一次次绝境重生，在攻坚克难中从胜利走向胜利。今天，新时代的共产党人更应勇于自我革命，善于自我革命，通过自我革命助推党的事业蒸蒸日上。

自我革命，是拿起手术刀给自己动手术，自身既是变革的主体，也是变革的对象，需要思想自觉、政治自觉、行动自觉。自觉是指自己有所认识而主动去做，当自己有所感觉、有所察觉的时候，需要的就是立马行动起来。在自我革命的道路上，当我们拥有了战胜自己的勇气的时候，更应该做到的就是以高度的自觉去行动起来，自觉做勇于自我革命的战士。

革命者必先自我革命。党的自我革命，概括来说就是不忘初心，牢记使命，坚持一切从实际出发，在自我警醒、自我否定、自我反思、自我超越中实现自我净化、自我完善、自我革新、自我提高。正是靠着自我革命的勇气，靠着壮士断腕的精神，党实现了一次又一次“凤凰涅槃”，党和人民的事业不断从胜利走向新的胜利。党的自我革命永远在路上，也是共产党人必须涵养的精神境界。

自我革命是一种自觉的行为，**用自我革命的“剪刀”，不断剪除失志之念、失德之欲、失格之为。**李立三同志为中国革命奋斗了一生，但在主持中央工作时曾犯过大错误。此后，他内心愧疚不已，检讨了 30 多年。1946 年，李立三同志回到东北后化名李敏然，主动就“立三路线”问题为一些单位讲党史，深刻分析错误形成的原因和领导人的责任。课后有人提问：“你怎么知道当时犯错误人的心理？”讲授者的回答令全场惊讶不已：“我就是李立三。”经过短暂的沉寂后，会场上突然响起了雷鸣般的掌声。生活、工作中，谁都想把自己最光彩的一面展现给世人，很少人愿意主动揭自己的短，但李立三同志这么做了。只有真正的共产党人，才能有如此坦荡的胸怀和自我批评、自我革命的勇气。

最艰难的成功，不是超越别人，而是战胜自己。习近平总书记指出：“勇于自我革命，是我们党最鲜明的品格，也是我们党最大的优势。”中国共产党之所以伟大，不在于不犯错误，而是敢于直面问题，具有自我修复的能力。正如邓小平同志所说的那样：“我们党经历过多次错误，但是我们每一次都依靠党而不是离开党纠正了自己的错误。”在一次次的自我革命中，党与人民群众的心贴得更近，党的肌体更加纯洁，才能领导人民沿着中华民族伟大复兴之路迈进。

“没有什么外力能够打倒我们，能够打倒我们的只有我们自己”。革命者必先自我革命，必先坚定自我革命的意志和行为，才能立于不败之地。实践一再证明，一个政党出问题、一个共产党人出问题，归根结底都是自身原因造成的。从善如登，从恶如崩。任何一个组织、个体要变坏，总有一个量变到质变的过程，小洞不补，大洞难堵，这是亘古不变的真理。每个共产党人都必须对自我革命有一种清醒、一种自觉、一种担当，自觉做一个“勇于自我革命的战士”。

自我革命要有强烈的忧患意识。站在新时代新起点，我们党要能够始终走在时代前列、成为中国人民和中华民族的主心骨，就必须始终保持强烈的自我革命精神，不断拿起手术刀革除自身的病症，及时发现并解决自身的问题，如此立根固本、修身健魄，我们才能行稳致远。

自我革命要有律己修身的品质境界。曾子曰：“吾日三省吾身：为人谋而不忠乎？与朋友交而不信乎？传不习乎？”中国古代思想家尚且如是，作为新时代的党员干部，更应该学习这种自我革命的精神境界，有意识地从自身固有模式中跳出来，站在更高的高度审视自己，看自己的思想、言行、举止在哪些方面还需进一步提高完善，看自己的工作方法是否与新时代相适应，是否与群众的需求步调一致，不断提高个人修养和境界。

自我革命要有刀刃向内的勇气。习近平总书记强调，要坚持问题导向，真刀真枪解决问题。正视问题要眼不容沙，要认识到自我革命本身就是对着问题去的，讳疾忌医是自我革命的天敌。对问题要零容忍，敢于亮、敢于捅，亮出来才好分对错，捅出来才好搞施治，任何羞羞答答、遮遮掩掩都有害无益，只有摆清爽、理透彻，才能解决好。自我革命是刀刃向内的勇气魄力。解剖自己、否定自己，进而到自我革命，都需要刀刃向内的勇气和魄力。尤其是取得进步和成绩时，难免会有自满情绪，此时我们更应保持清醒的头脑，不能在喝彩和赞扬中丧失革命精神和斗志，甚至在功劳簿上沾沾自喜，安于现状，而是要主动拿出刀刃向内的勇气和魄力，用更高的标准、更严的要求“解剖自己”，检查审视存在不足。

“‘以补过为心，以求过为急，以能改过为善，以得闻其过为明’，一刻不放松地解决自身存在的问题，始终跟上时代、实践、人民的要求。”

自我革命要有接受人民群众监督的主动性。习近平总书记指出，对党内的一些突出问题，人民群众往往看得很清楚。党员、干部初心变没变、使命记得牢不牢，要由群众来评价、由实践来检验。我们不能关起门来搞自我革命，而要多听听人民群众意见，自觉接受人民群众监督。自我革命是自我警醒、自我否定、自我反思、自我超越的一种积极的、主动的革命性行为，但共产党人来自人民、植根人民、服务人民，人民是亲人和靠山，自我革命置于人民群众中是题中应有之义。要把深入群众接受监督作为自我革命的重要一环，主动到群众中亮思想、亮问题，诚心听取意见和批评，**视众目睽睽为阳光照射，视七嘴八舌为众手帮扶，**按照人民群众的意愿和要求加强改进和提高，我们的自我革命才能深入到位，收到立根固本、升华提高的效果。

自我革命要有真刀实枪的能力本领。面对全球局势的变化多端、我国社会发展日新月异、人民群众的需求发生变化等大局大势，要坚持自我提高，自觉向书本学习、向实践学习、向人民群众学习，把功夫下在平时，加强党性锻炼和政治历练，不断提升思想境界、道德境界，时刻牢记初心使命，用真刀实枪的能力本领积极应对、主动担当。

◎ 将自我革命进行到底

“自我革命精神”是共产党人在革命、建设和改革开放实践中形成的以自我反思、自我超越、自我完善等变革意识为基本内核的精神样态。

一方面，自我革命精神作为一种精神存在，属于主观世界的范畴，它是共产党人革命建设实践的产物。另一方面，自我革命精神作为一种实践意识，内蕴着共产党人的信念和信仰，它反映了共产党人在身处复杂困境时的求变心态。

自我革命精神是中国共产党人一以贯之的精神品格，**它的主要内涵包括：实事求是、勇于反思的坦荡胸怀；自律除弊、自我净化的实践勇气；与时俱进、自纠错误的进取精神；顾全大局、立党为公的责任意识。**作为中国共产党人的宝贵精神财富，自我革命精神是保持其先进性、纯洁性的内在要求。从精神特质来看，自我革命精神具有主动性、自觉性、超越性、传承性和发展性等特征；从精神功能来看，自我革命精神具有反思、净化、塑造和激励等效用。

善为国者，必先治其身。兴党强党，就必须以自我革命精神打造和锻炼自己。中国共产党领导革命、建设、改革的伟大征程需要自我革命，实现中华民族伟大复兴中国梦、实现为人类文明做出更大贡献的庄严承诺依然需要自我革命。历史和现实充分证明，中国共产党要肩负人民和民族的重托、承载人类文明发展进步的希望，一刻也不能停止自我革命。

自知者英，自胜者雄。党的伟大不在于不犯错误，而在于从不讳疾忌医，敢于直面问题。这是我们党在长期革命斗争和党内锤炼中形成的锐利武器和政治自觉，需要我们很好地秉持和发扬。从某种意义上说，一部中国共产党的历史，就是一部在自我革命中实现超越和发展的奋斗史，就是一部自我完善的奋斗史。从战争年代的“八七会议”、遵义会议、党的七大，到中华人民共和国成立后的“七千人大会”、十一届三中全会，在每一个历史紧要关头，我们党都能力挽狂澜，从危机中走向新生。

究其原因，关键就在于我们党敢于坚持真理、修正错误，始终保持自我革命的勇气。党的十八大以来，从中央八项规定切入，从中央政治局做起，全面从严治党不断向纵深推进。正是这种壮士断腕的自我革命气魄，才换来海晏河清朗朗乾坤。

将自我革命进行到底是因为我们面临的形势和任务在不断变化。形势和任务出现变化，要求我们的思想观念必须随之改变，所以，我们必须有强烈的自我革命精神，坚持不懈用党的创新理论最新成果武装头脑，自觉对表对标，认真检视反思，及时查找信仰信念、价值取向、思维方式、行为作风等方面的问题和差距，使自己的思想观念、认知水平、思维方式紧紧跟上党的理论创新步伐和时代要求。

将自我革命进行到底也因为外部环境在不断变化。在我们党长期执政的条件下，党面临的“四大考验”“四种危险”依然复杂严峻，各种弱化党的先进性、损害党的纯洁性的因素无时不有，各种违背初心和使命、动摇党的根基的危险无处不在。如果我们不勤于进行自我革命，不注重世界观、人生观、价值观的改造，那么随时都有被错误思想俘虏的可能。

将自我革命进行到底还因为人民群众对党的领导能力和水平、执政方式和本领提出了许多新要求和更高标准。社会是发展进步的，人民群众对党员特别是领导干部的标准要求必然也会提高。这就要求我们必须始终牢记全心全意为人民服务的宗旨，坚持一切为了人民、一切依靠人民，始终把人民放在心中最高位置，不断自我净化、自我完善、自我革新、自我提高，解决好人民群众最关切的最现实的问题。

将自我革命进行到底更重要的是要保持自主意识，形成自觉，当成习惯，不是组织抓一次，自己就动一动，也不是开展一次活动，自己就努力一下。而要像习近平总书记指出的那样，如同刷牙洗脸、打扫卫生、洗盘洗碗洗衣服一般，作为每天都要做的事情，坚持不懈地用习近平新时代中国特色社会主义思想武装和检视自己，坚持不懈地用初心使命对照反省自己，用人民群众的监督和要求修正自己，时时刻刻地进行自我革命，就能够始终保持党员的先进性和纯洁性。

将自我革命进行到底要有“乱云飞渡仍从容”的政治定力。面对新形势下各种复杂的矛盾和问题，党员干部要筑牢“压舱石”，拧紧“总开关”，保持头脑清醒，始终对党忠诚，不为各种错误倾向的“八面来风”所困扰，在任何情况下都做到政治信仰不变、政治立场不移、政治方向不偏，自觉在思想上政治上行动上同以习近平同志为核心的党中央保持高度一致。

将自我革命进行到底要有“我自横刀向天笑”的革命勇气。共产党人有没有自我革命的勇气，很重要的就是看他是否保持正视问题的自觉和刀刃向内的勇气。真正的共产党人，不论自我革命有多困难、多复杂，都能做到为党为人民“向顽瘴痼疾开刀”。

将自我革命进行到底要有“革弊立新永向前”的改革锐气。问题是时代的声音，不同的时代有不同的问题，我们要跳出陈旧框框的限制，克服利益的樊篱，紧跟时代、实践和人民的要求，及时发现和解决党内出现的新问题，以锐意进取的态度革故鼎新、守正出新，以抓铁有痕、踏石留印的劲头把全面从严治党战略部署落地见效，不断推进党的事业进入新的发展常态。

自我革命是一场没有硝烟的自我战争，在新时代，党领导人民进行伟大社会革命，其涵盖领域的广泛性、触及利益格局调整的深刻性、涉及矛盾和问题的尖锐性、突破体制机制障碍的艰巨性，都是前所未有的。

我们必须把党的伟大自我革命进行到底，使党始终走在时代前列，始终经得起各种风浪考验，为实现“两个一百年”奋斗目标、实现中华民族伟大复兴的中国梦提供坚强政治保证。

第七章

本领恐慌的学习力

学习，是中国共产党与生俱来的鲜明品质。

勤于学习善于学习的本领是中国共产党保持韧性的独特气质，其价值在于为党的事业发展提供了能力补给和源源不断的新鲜能量。中国共产党正是通过学习而不断由小变大、由弱变强、从胜利走向新的胜利，从而使自身的韧性不断得以巩固、强化和更新。重学习并善学习的特点是：始终把学习视作一种政治责任，注重理论联系实际、学习与运用结合；注重领导带头、示范；从中央到县都创立了党校，通过组织调训等形式对干部进行教育培训。学习使得中国共产党的韧性得以建构并不断维续。

◎学习力就是战斗力

学习力，是学习能力、学习动力和创新能力的总合，是获取整合知识，并把知识转化为力量，以保持竞争优势的能力。学习并非一学就会、一学就懂。学习力，是衡量共产党人能力高低的标准，是共产党人衡量潜能的标尺，是每个共产党人的能力之基、素质之本。

学习力一直是影响“国运”的隐性杠杆。历史上，一些民族和国家迅速崛起，学习释放的正能量最耀眼最持久；还有一些民族和国家逐步沉沦乃至消亡，不善学习的教训最触目惊心。19 世纪中后期至 20 世纪中前期，共产党领导的无产阶级革命运动席卷了从俄罗斯到欧洲、亚洲、美洲的一个又一个国家。坚持马克思主义，坚持走社会主义道路而执政的共产党是一面面“公开树立起来的旗帜”，国际共产主义运动在全世界轰轰烈烈地展开。到了 20 世纪 80 年代末 90 年代初，一些共产党国家未能经受住执政的考验，一些大党老党相继从执政地位上垮下来，包括成立于 1903 年、执政 74 年、拥有 2000 万党员、曾经指导过许多国家创建共产党的马克思主义政党——苏联共产党都在一夜之间垮台了，教训极其深刻。其实，苏共这个大党老党在革命胜利后的相当长一段时期内，注重自身建设，不断学习。列宁也强调，“为了革新我们的国家机关，我们一定要给自己提出这样的任务：第一是学习，第二是学习，第三还是学习”，才能完成历史赋予共产党员的使命。列宁逝世后，斯大林及其以后的党的领袖在坚持马克思主义指导的同时，没能继承和发扬列宁主义生机勃勃的学习和创造精神，因墨守成规、跟不上时代的步伐而导致了政权的丧失。

中国共产党是在不断提升学习力强化战斗力的过程中发展壮大起来的，历史地看，党的学习实现了五次重大创新和发展。建党初期，以“十月革命一声炮响，给我们送来了马克思主义”为标志，党在“向谁学、学什么”的问题上找到了突破口。延安时期，以毛泽东提出“马克思主义中国化”和发表《改造我们的学习》为标志，在“怎么学”的问题上把学风摆在党的建设重要位置。以党的十一届三中全会作出实行改革开放的重大决策为标志，全党进行了史无前例的全新的学习革命。以党的十七届四中全会为标志，开启了马克思主义学习型政党的建设，全党学习由“重视学习”向“学习型”转变。以习近平总书记提出“做一个学习大国”为标志，发出了“全党来一个大学习”的号召。纵览中国共产党党史，可以佐证学习力就是战斗力，并善于用学习力提升战斗力。

用学习力提升引领力。理想信念是共产党人追求先进和优秀的精神支柱，而理想信念的坚定来自于对科学理论的认知。面对各种困难和挑战，共产党人坚定信念，人民群众才会有战胜困难的信心和勇气。比如当前，全党上要求学习习近平新时代中国特色社会主义思想，练就看家本领，用习近平新时代中国特色社会主义思想凝聚群众、引领群众，不忘初心，牢记使命，为实现中华民族伟大复兴中国梦而努力奋斗。

用学习力增强感召力，共铸中国梦的辉煌灿烂。一是保持艰苦奋斗的精神。继续保持谦虚、谨慎、不骄、不躁的作风，继续保持艰苦奋斗的作风。二是保持走群众路线的传统。心中牢记群众，摆正与人民群众的关系，保持同人民群众的血肉联系，始终不渝地做到情为民系、权为民用、利为民谋。三是保持精诚团结的品质。切实做到个人服从组织、少数服从多数、下级服从上级、全党服从中央。四是保持乐于奉献的作风。发挥骨干作用，在完成各项任务中勇挑重担；发挥桥梁作用，成为党组织和群众密切联系的纽带；发挥奉献作用，吃苦在前、享受在后，不求索取、多作贡献。

用学习力强化凝聚力。学习不仅能益智，而且能养心，更重要的是能够提神鼓劲。在建设学习型党组织的过程中，共产党人不仅要努力学习新知识和新技能，更重要的是要努力学习和掌握中国特色社会主义理论体系，切实加强党性修养和思想道德修养，进一步坚定理想信念，自觉践行社会主义核心价值体系，始终保持昂扬向上的精神状态，提高人格品行的感召力。共产党人必须**坚守共产党人的精神家园，不为权力所累，不为名利所困，不为私情所扰，始终保持清正廉洁的政治本色，以先进和优秀的实践凝聚民心、集中民智、发挥民力**，把中国特色社会主义伟大事业不断推向前进。

用学习力保障决策力。实践反复证明，重视和善于学习的人，思路就会更开阔，思维就会更加缜密，眼光就会更高一筹，就能站得更高、想得更深、看得更远，从而作出科学决策。养成“俯而读、仰而思”的良好习惯，善于结合决策实践进行理性思考，**把感性的理性化、零散的系统化、粗浅的深刻化**，实现从感性认识到理性思维的飞跃；坚持在学习中决策，在决策中学习，真正把学习的过程变成开阔视野、打开思路的过程，把决策实施的过程变成增长才干、把握规律的过程，努力实现学习与决策的相互促进。

用学习力激发创新力。创新是一个民族进步的灵魂，是一个国家兴旺发达的不竭动力，也是一个政党永葆生机的源泉。创新的基础在于学习，学习的成效决定创新的力度和质量。只有不断学习、厚积薄发，才有可能不断创新。当前，要深入习近平新时代中国特色社会主义思想，加快发展方式转变，从本地实际出发，扬长避短，真学、善学、深学，探索高质量发展新路。

用学习增强适应力，引领中国梦的前进方向。在推进事业中提升学习力增强适应力，要努力实现“三个有”：一有瞻前的眼光。看得远，对未来的发展有预见能力，善于吸取不同事物、不同观念中的合理因素，提炼出实现中国梦的新招数、新办法。二有敏锐的思维。看得准，善于从错综复杂的形势变化中把握时代前进的方向，努力做到从理性的高度弄清所处时代的本质，抓住推进中国梦的发展机遇。三有应变的本领。看得明，提高推进发展、克服困难和解决问题的能力，力求在变化中找寻机遇，在竞争中谋取发展，奋力实现中国梦。

用学习力提高战斗力。**以学固本。**本固党强，本固邦兴。**以学立德。**人以学而立，立以德为先。全体共产党员要通过学习，进一步提升思想政治素养和道德水平，坚定理想信念，树立正确的世界观、人生观、价值观和权力观、地位观、利益观，不断增强为党和人民事业不懈奋斗的自觉性和坚定性。**以学增智。**知识是人类进步的阶梯。全体共产党员要通过学习，努力吸收科学的新思想、新知识、新经验，切实提升知识总量、知识质量，不断提高认识新情况、解决新矛盾、处理新问题的能力与水平。**以学提境。**境界，是一个人在精神方面的高度。要想获得有意义的人生，活出自己的精彩，就要不断提升境界。而读书学习者，“登泰山而小天下”，就能超越自我，眼界就会宽、境界就会高。

◎ 本领恐慌与本领自觉

所谓本领恐慌，是由于受自身素质能力等因素影响，面对新的环境条件、新的形势任务、社会和事业的激烈竞争和严峻挑战，个人因知识有限、水平有限，缺乏技能而担忧、害怕以至惊恐不安。本领恐慌，实际上是一种本领危机。

1939 年 5 月，毛泽东同志就说过：“我们队伍里边有一种恐慌，不是经济恐慌，也不是政治恐慌，而是本领恐慌。过去学的本领只有一点点，今天用一些，明天用一些，渐渐告罄了。”“好像一个铺子，本来东西不多，一卖就完，空空如也，再开下去就不成了，再开就一定要进货。”毛泽东同志把学习比喻成“开铺子”，如存货不多，取一点，少一点，不久就要告罄，你不进货就要关门倒闭。他号召像发起生产运动一样来一个全党的学习运动。毛泽东同志讲到本领恐慌时，曾举了两个例子：一个例子是有些老干部，从前在其他部队里搞过一个时期，一切工作都是靠下命令，但是在红军里单靠发命令就不行了，人家不听就打人，结果工作就领导不起来，战士逃跑的很多；另一个例子是有些战士，识字比营长识得多，他们从前一个字也不认识，现在能认得五百、一千、二千、三千，能写短短的文章，登在墙报上，而有的营长、连长，在指导员上课的时候，不去听课，以为这课他们去听未免要“失格”，结果，他们不但文章不会作，许多东西都不知道，战士反而比他们高明。

进入新时代，我们党今天已发展为领导着 14 亿人口的社会主义大国的执政党，涌现出了成千上万治党治国治军的英才。然而，必须承认本领恐慌这种现象至今依然存在。为什么呢？现而今是个新技术日新月异、新知识层出不穷的时代，改革的形势复杂而逼人，对于党的先进分子来说，面前摆着许多未知领域，学习无止境，自然更应有一种本领恐慌的紧迫感。今天，在我们的领导干部队伍里，同样有一些干部本领不强、知识老化、思想僵化、能力退化，“过去学的本领只有一点点，今天用一些，明天用一些，渐渐告罄了”。在实际工作中，有的已认识到自己的本领不够用，产生了本领恐慌。也有一些干部，有的缺乏求知欲和危机感，对学习不重视，面对新情况、新问题感到无所适从；有的心浮气躁，认为现代社会是“关系”社会，搞好“关系”比学习更管用，凭着霸气与官威左右四方；有的干部自以为文凭、学历都很高，干干基层工作是“小菜一碟”，但一遇到具体问题就束手无策；还有的干部虽然事业心、责任感都很强，但由于领导艺术不够，往往吃力不讨好，因而工作压力很大，工作信心不足，产生了本领恐慌。凡此种种，不一而足。认识到自己的本领存在不足、不够用，产生本领恐慌，是正常的现象，并不可怕。**“知不足者好学，耻下问者自满。”**有本领恐慌，就要把本领恐慌转化为学习的动机和动力、克服本领恐慌的动机和动力。

本领问题是一个关系党的兴衰和事业成败的重大政治问题和实践问题。党的十九大从政治自觉的高度，将执政本领自觉和自信提高到一个新的境界。党历来是一个重视本领、善于增强本领的马克思主义政党。无论是在疾风骤雨的革命年代、激情澎湃的建设年代，还是在潮头涌动的改革年代；无论是在重大的历史转折时期，还是在稳定的发展时期，党都号召全党同志保持自我警醒、自我鞭策、自我激励、自我超越，在实践中不断反思自身的本领，审问自己的本领是否跟得上党和国家的需要、人民的需要、时代的需要。这是我们党的一条重要历史经验。

党的执政地位不是天上掉下来的，也不是从地上突然蹦出来的，而是经受了血与火、刀与剑的考验。共产党人的执政本领也不是一蹴而就的，更不是一劳永逸的。正是靠着本领恐慌的反省意识和忧患意识，靠着这种自我革新意识和超越意识，党才能够在革命、建设和改革中，不断创造历史性成就。

革命年代，共产党人的本领来不得半点虚化和虚饰本领恐慌的问题。毛泽东同志当年论述本领恐慌时就预见到：“不但我们要学习，后人也要学习，所以学习运动也有它的普遍性和永久性。”正是这样一种学习马克思主义的本领自觉，让马克思主义成为中国共产党人的思想主心骨，成为中国共产党无形的思想支撑，成为中国人民的思想领导力量。毛泽东同志对此有过极为精辟的洞察：“自从中国人学会了马克思列宁主义以后，中国人在精神上就由被动转入主动。从这时起，近代世界历史上那种看不起中国人，看不起中国文化的时代应当完结了。伟大的胜利的中国人民解放战争和人民大革命，已经复兴了并正在复兴着伟大的中国人民的文化。”

在改革开放之初，邓小平同志曾经指出：“不注意学习，忙于事务，思想就容易庸俗化。如果说要变质，那末思想的庸俗化就是一个危险的起点。”“全国胜利前夕，毛泽东同志号召全党重新学习。那一次我们学得不坏，进城以后，很快恢复了经济，成功地完成了社会主义改造。这些年来，应当承认学得不好。主要的精力放到政治运动上去了，建设的本领没有学好，建设没有上去，政治也发生了严重的曲折。现在要搞现代化建设，就更加不懂了。所以全党必须再重新进行一次学习。”正是有这样的一种本领恐慌的反省意识和忧患意识，这样的一种自我革新意识和超越意识，中国共产党领导的改革开放创造了历史性成就。

习近平总书记指出：“好学才能上进，好学才有本领。”本领不是与生俱来的，而是后天努力学习实践获得的。克服本领恐慌，说到底就必须扎实掌握马克思主义哲学的基本原理和方法论。党的十八大以来，以习近平同志为核心的党中央领导集体正是自觉灵活地坚持和运用辩证唯物主义、历史唯物主义的世界观和方法论，一次次成功解决了我国改革发展中的基本问题。所以，要认真地重温毛泽东同志关于本领恐慌的教导，对共产党人无疑是一个提醒和帮助。要知道，“终身职业”的时代早已结束，

“终生学习”的时期已经开启，为避免“江郎”结局，必须坚持“学习，学习，再学习”，并达到一种主动和自觉的境界。只有这样，我们才能常学常新，从根本上消除本领恐慌，才能直面挑战，与时俱进，跟上时代的步伐，适应时代的发展，更好地完成历史赋予的伟大使命。

当今世界，新情况、新事物层出不穷，给我们带来了新的考验。信息爆炸，知识迭代加快。根据联合国教科文组织的统计，18 世纪以前，知识每更新一次需要 80~90 年的时间，一个人读几年书就能够用一辈子；到了 19 世纪 60 年代，知识更新一次的速度加快到 50 年左右，一个人要读十几年的书才能够用一辈子；而 20 世纪 90 年代以来，知识每 3~5 年就更新一次，在这个速度下一个人读一辈子书也不一定能保证够用。管理学大师彼得·圣吉有一句名言：**“学习的速度小于变化的速度等于死亡。”**谁有本领，谁才有生存权、发展权、享受权，才能拥有他所向往的一切。消除本领恐慌，学习是最好良药。消除本领恐慌，实干是关键点，勤学与善思是支撑点。世上之事，最怕“用心”二字，驾驭复杂形势，奋力攻坚破难，不仅要读有字之书，还要读无字之书。在学习中开阔眼界、更新思想、转变观念，巧借他人之长，补己之短，拒绝纸上谈兵，让更多共产党人具有睿智的头脑。从自身知识能力结构上走出本领恐慌，凡有成就者，都是学习的模范。**欲胜人者必先自胜，**只有战胜自己的人，才是最伟大的胜利者、成功者。与其说“失败是成功之母”“成功是成功之母”，倒不如说“学习是成功之母”。本领恐慌并不可怕，但是对本领恐慌浑然不觉或抱着无所谓的态度，才是更大的恐慌。**一旦克服了本领恐慌，一切恐慌都无须恐慌。**

好学才能上进，笃行才生本领。建党百年，党领导人民取得伟大成就，靠的就是好学、笃行。继续推进中国特色社会主义伟大事业、实现中华民族伟大复兴，我们必须以永远在路上的奋发姿态，大兴学习实践之风，不断解决前行路上的本领恐慌和能力不足问题，适应时代的发展，更好地完成历史赋予的伟大使命。

◎世界上最善于学习的政党

重视学习、善于学习是中国共产党的优良传统和宝贵的历史经验。党百年领导中国革命、建设和改革的历史，是一部重视学习并善于学习的历史，也是一部在学习中不断发展壮大的历史。从过去到现在，很难找到一个政党，从领袖到普通党员，如此酷爱学习，从中共第一代领导集体，如毛泽东同志倡导学习的著作《改造我们的学风》《反对党八股》等，到习近平总书记提出“中国要永远做一个学习大国”，中国共产党人依靠学习走到今天，也必然要依靠学习走向未来。

重视学习、勤于学习、善于学习是我们党的优良传统和鲜明特色。中国共产党是一个既重视学习又善于学习的政党。我们党既善于向书本学习，也善于向实践学习，还善于向群众学习；既善于从成功经验中学习，也善于从失败教训中学习；既善于学习历史上的智慧，也善于学习国外的有益经验。从马克思主义中找到救国救民的真理、立党立国的指导思想，这是善于学习的结果；在战争中学习战争，把握中国革命战争的特点和规律、战略和战术，最终打败敌人，这是善于学习的体现；根据中国基本国情，我们党超越本本，制定了党的基本路线，让中国走上发展的快车道，这也是善于学习的表现。善于学习，是我们党从小到大、从弱到强，不断发展壮大的有力武器。

每到重大历史关头，我们党都首先提出理论武装的重大任务。从延安时期到党的七大，毛泽东同志发动了马克思主义教育运动，为取得革命胜利奠定了基础。中华人民共和国成立初期，毛泽东同志把进城比作进京赶考，要求全党学习经济和城市管理，为建立新中国创造条件。改革开放初期，全党开展了真理标准大讨论，为改革开放奠定了坚实的思想基础。党的十五大后兴起了学习邓小平理论的新高潮。党的十六大后兴起学习“三个代表”重要思想活动。党的十七大决定在全党分批开展学习实践科学发展观活动，并提出了中国特色社会主义理论体系的科学命题。党的十八大对中国特色社会主义做了新的表述，全党掀起了学习贯彻十八大精神和中国特色社会主义理论体系的热潮。党的十九大鲜明提出习近平新时代中国特色社会主义思想，这是十九大的历史性决策和最重要贡献，习近平新时代中国特色社会主义思想既是中国特色社会主义理论体系的重要组成部分，又是对中国特色社会主义理论体系的重大发展。中国共产党是解放思想、实事求是、与时俱进、求真务实的党。**我们党历来靠马克思主义真理吃饭，理论优势始终是我们党的核心优势。**

一个政党，怎样不断提高执政能力、保持和发展其先进性？答案是不断学习、善于学习，永不满足、永不停滞，建设一个以科学理论武装、具有世界眼光、善于把握规律、富有创新精神的马克思主义学习型政党。

我们党长期的学习实践，不仅积累了丰富的学习经验和执政经验，同时也形成了符合实际的、行之有效的学习制度。比如，中央政治局集体学习制度。中央政治局是党中央的常设机构和最高决策机构。面对日益复杂的国际环境和转型期的新形势和建设学习型政党的新要求，党的十六大后，中央政治局坚持开展集体学习并逐渐形成制度。把加强学习作为一项关系党和国家事业兴旺发达的战略任务来对待、来倡导、来坚持，中央政治局总是根据形势和任务的发展变化向全党提出学习的任务，而且身体力行、率先垂范，对推动全党的学习建设以及党和国家事业的发展，产生了十分重要的作用。

党的十八大以来，习近平总书记不断“劝学”“促学”，他反复强调：“事业发展没有止境，学习就没有止境。”**许多人都知道4月23日是“世界读书日”，却少有人知道我们党早在1940年就将每年的5月5日设立为“学习节”，历史上由党中央确定的党内节日只有“七一”党的生日和“五五”学习节，可见党对学习的高度重视。**

学习，始终坚持正确的方向。中国共产党始终坚持马克思主义的指导地位，不动摇、不懈怠。学习，还要善于和本国国情相结合。党也曾机械照搬苏联经验，搞武装暴动夺取中心城市，几经失败才积极探索出一条农村包围城市、武装夺取政权的道路，为中国革命发展指明了正确方向，毛泽东同志关于**“读书是学习，使用也是学习，而且是更重要的学习”**的论断讲的就是这个道理。学习，还要与时俱进。中国共产党不管遇到什么情况，从不故步自封。“文化大革命”结束后需要解放思想，邓小平同志就号召全党来一次重新学习。面对改革开放后遇到的新情况新问题，坚持“摸着石头过河”，探索出一条前人没有走过的道路。习近平总书记多次提出要与时俱进，用学习克服本领恐慌。学习、吸收、再创新，已经成为我们党不断自我更新的发动机。

陈云同志出身贫寒，只读过小学，但他在长期的革命实践中，始终坚持“挤”时间学习。延安时期，他领导中共中央组织部成立了学习小组学习哲学，短短几年留下了10多个厚厚的笔记本，有好几千页，上百万字，堪称勤于学习的典范。学习也是习近平总书记最大的爱好，虽然日理万机，但他仍然能够持之以恒地坚持读书学习，学习已经成就他独特的气质。

《荀子·大略》中云：**“善学者尽其理，善行者究其难。”**当前，我们正处于实现“两个一百年”目标的关键时期，越是在这样的时刻，就越需要共产党人始终保持高昂的学习激情，练好、用好善于学习这个“看家本领”。真正把学习当成一种生活态度、一种工作责任、一种精神追求，使学习成为自觉自发的行为。唯有如此，我们党才能始终保持蓬勃向上的生机活力，我们也就一定能够战胜前进道路上的一切艰难险阻。

◎学习焕发活力与生机

依靠学习、与时俱进是中国共产党人的重要特质，中国共产党靠学习立党、靠学习执政。党领导中国革命、建设和改革的历史，就是一部创造性学习、创新性实践的历史。在中国共产党人看来，学习不仅是一个人获取知识、提高素质、增长本领的重要途径，是党始终保持先进性和纯洁性的内在要求，是党永葆生机与活力的重要保证，是党战胜困难、应对挑战、夺取胜利的重要法宝，也是一个民族和国家传承文明、繁荣进步的重要途径。

学习是中国共产党人的精神状态。客观物质世界与人民群众的社会实践是变动不居的；马克思主义的本质是革命的、开放的、与时俱进的，因此，任何僵化保守、停滞不前的思想和行为都是与此相悖的。十月革命以来，现实中的社会主义无一不是在经济文化相对落后的国度起步的。列宁指出，只有充分吸收全人类创造的一切文明成果，才能建设共产主义。对于真正的马克思主义者而言，保持解放思想、实事求是、与时俱进的精神状态尤为重要。这其实也是我们党为什么历来如此强调学习重要性的根本原因所在。

学习是中国共产党人的重要品格。对于秉持彻底唯物主义立场的共产党人来讲，学习已不仅仅是一种必须掌握的方法、技术或工具，而是自始至终具有世界观、本体论、历史观的意义；不仅是应对时局、完成目标的必要条件，而实在是共产党人安身立命的根本。日常所谓“活到老，学到老，改造到老”，揭示的其实就是这个道理。

学习是中国共产党人的制胜之道。共产主义作为共产党人的崇高理想并非遥不可及，它其实就在我们脚下，只不过需要我们不忘初心，脚踏实地，永远奋斗。从革命、建设到改革，从站起来、富起来到强起来，一代又一代中国共产党人恪守实事求是的根本原则，着眼建设马克思主义学习型政党，致力于解决当下中国的时代课题，正是依靠学习战胜艰难险阻，从胜利走向胜利。立足新时代，踏上新征程，履行新使命，我们依然需要依靠学习走向未来。

从未有一个政党如此坚定地将学习刻在自己的发展历史上，也从未有一个政党如此执着鲜明地将“学习”写进自己的未来愿景，写在自己的旗帜上。

靠学习起家，靠学习立党，靠学习执政，中国共产党无疑继承了中华民族勇于学习、善于学习的精髓。**海纳百川是学习，依靠此法，我们的党从南湖的一片烟雨小舟发展成拥有9000多万名党员的世界最大的执政党；拿来主义也是学习，依靠此法，我们党导引中国从积贫积弱发展成世界第二大经济体。向书本学是学习，依靠此法，我们党获得了巨大的理论勇气和政治智慧，抵达了治国理政的新高度；向实践学也是学习，依靠此法，中国共产党领导中国人民进行的社会主义革命和建设，特别是改革开放事业，更是引起现代世界格局变化的最主要因素之一。**中国自立自强自主发展，一直走在快车道上，几十年走过了资本主义几百年走过的道路，这巨大而深远地影响着世界的变化。“学然后知不足”，一个善于学习的政党从来都能居安思危。**在花团锦簇的赞扬声中，在“已过万重山”的顺境中，共产党人看到的是世情、国情和党情的深刻变化，是执政考验、改革开放考验、市场经济考验、外部环境考验等“四种考验”的无处不在；是精神懈怠、能力不足、脱离群众、消极腐败等“四种危险”的如影随形。**我们正处在一个经济全球化和世界多极化深入发展，同时是机遇和挑战并存的时代，更是大发展大变革大调整的关键时期。全球化问题需要全球共同努力治理，如今面临一系列严峻挑战。这是对各个国家和各种社会形态全方位全体系的挑战，而这归根结底体现为对人——全体国民尤其是对领导集团和主要领导人的挑战和考验。

如果说党的十六届四中全会，第一次在党的文件中提出“努力建设学习型政党”时，还只是党决心再次通过学习提高自身执政能力的信号，时隔5年，党的十七届四中全会明确提出“不断学习、善于学习，永不满足、永不停滞，建设科学理论武装、具有世界眼光、善于把握规律、富有创新精神的马克思主义学习型政党”，这显然标志着我们党正致力于“把全党变成一所大学校”。党的十八大以来，习近平总书记多次强调学习的重要意义：“好学才能上进。中国共产党人依靠学习走到今天，也必然要依靠学习走向未来。我们的干部要上进，我们的党要上进，我们的国家要上进，我们的民族要上进，就必须大兴学习之风，坚持学习、学习、再学习，坚持实践、实践、再实践。”

如果说在民族危亡的艰难岁月或者在中华人民共和国成立前夕“进京赶考”的关键时刻，强调学习是“不得不然”；如果说在改革开放之初面临“开除球籍”的危险，重新学习是“有其必然”，那么在刚刚过去的十年，当中国奇迹成为世界学习的榜样、中国道路被世界聚焦研究时，中国共产党依然将学习鲜明地写在自己的旗帜上，引起世界敬重就是理所当然的了。

学习正在成为中国共产党人的一种常态，成为一种生活方式，越来越多的人从科学理论中获得信仰，从正确思想中汲取力量。我们有理由相信，以学习为胸怀的中国共产党，定能将中国道路越走越宽广，写下风雷激荡的新篇章。

党在学习中诞生，在学习中赢得革命胜利，在学习中建设新中国，在学习中不断把中国特色社会主义事业推向前进。学习是我们党的鲜明品格，也是克服困难和挑战、战胜危机，不断从胜利走向胜利的重要力量。党百年波澜壮阔、不断发展壮大的历史已经雄辩地证明，在每一次重大历史转折关头，面对新形势新任务新挑战和风险，党总是号召全党同志加强学习。而每次这样的学习热潮都极大地解放和统一了全党的思想，推动了党的事业大发展。可以说，**学习是我们党始终保持先进性和旺盛生命力、不断发展壮大的不竭源泉，是我们党最可宝贵的政治优势。**我们一定要保持并在新时代发扬光大。

◎ 学风是党风之魂

什么是学风？毛泽东同志指出："我们要的是马克思列宁主义的学风。所谓学风，不但是学校的学风，而且是全党的学风。学风问题是领导机关、全体干部、全体党员的思想方法问题，是我们对待马克思列宁主义的态度问题，是全党同志的工作态度问题。"这充分揭示了"学风"的深刻内涵，把学风问题与思想方法、理论运用、工作态度紧密联系起来，放在"第一个重要的问题""非常重要的问题"的高度来认识。在今天看来，习近平总书记号召全党“大兴学习之风，坚持学习、学习、再学习，坚持实践、实践、再实践”的学习热潮中，学风依然具有重大的现实意义。

学风，主要表现为对待马克思主义的态度、学习和运用马克思主义的方法等。所以说学风问题是关系党的事业兴衰成败的一个重大政治问题。

党历来重视学风问题。延安时期，党内大兴学习之风，积极向书本学习、向实践学习、向群众学习，使学习成为一种自觉的生活方式，形成了**“人人处于学习之中，时时体现学习之风”**的浓厚学习氛围。为鼓励广大党员干部克服学习方面存在的问题，毛泽东同志指出，办法就是两个，一个是对付忙的办法，就是“挤”的精神；再一个是对付不懂的办法，就是“钻”的精神。**“工作忙就要‘挤’，看不懂就要‘钻’，用这两个法子来对付它，学习是一定可以获胜的。”**共产党员要继承延安时期的优良学风，发扬“挤”的精神，发扬“钻”的精神，把学党章党规、学习近平总书记系列重要讲话，作为一种政治责任、一种精神追求、一种健康的生活方式，挤时间学习，下功夫学习，在学习中夯实坚定理想信念的真理支撑，在学习中汲取提升思想境界的精神滋养。通过学习，进一步坚定理想信念，提高党性觉悟；进一步增强政治意识、大局意识、核心意识、看齐意识，坚定正确的政治方向；进一步树立清风正气，严守政治纪律政治规矩；进一步强化宗旨观念，勇于担当作为，在生产、工作、学习和社会生活中起先锋模范作用。

党历来也重视学风建设。在延安时期，首先思想重视、常抓不懈是加强学风建设的重要前提。党的六届六中全会把理论学习提到了十分重要的位置，在全党开展学习活动，要求“一切有相当研究能力的共产党员，都要研究马克思、恩格斯、列宁、斯大林的理论，都要研究我们民族的历史，都要研究当前运动的情况和趋势”。以毛泽东同志为首的中央领导带头学习，以他们的模范行动引领全党的学风建设。其次成立小组、健全机制是加强学风建设的有效措施。为有效、深入、持久地开展学习运动，党中央成立了许多学习小组，从领导和组织机制上提供了保障，保证了学习的顺利开展。1941 年 9 月 26 日，中央成立学习研究组，其他各地也成立高级学习组，系统学习马克思列宁主义理论，总结党的历史经验教训，从政治路线上分清是非，提高和统一了思想认识。1945 年 5 月下旬，中共中央政治局成立中央总学习委员会，毛泽东任主任。同时，中央直属机关、军委直属系统、陕甘宁边区系统、文委系统和中央党校都成立了学习委员会。为保证学习的经常化、制度化，陕甘宁边区建立了学习考核机制，以督促检查学习效果。由于学习领导小组大多由中央领导担任，中央学习领导小组采取经常检查和随机抽查等方式，检查学习活动情况，保证了学习质量和效果。

学风，透视出作风，反映着党风。学风不正，必然影响作风、党风。毛泽东同志早就指出：“学风和文风也都是党的作风，都是党风。”学风、作风和党风，三者相互联系、相互依存。党风正，学风、作风就会端正；学风不正，作风和党风就会受到影响。在整个党风建设中，学风处于思想作风、政治作风、组织作风、工作作风、生活作风的基础地位，事关人的灵魂与本质。实践证明，学风端正，事业兴旺；学风不正，事业受损。

要把整顿学风作为全面从严治党的重要切入点，重犁深耕，检视洗消，以学风端正带动党风纯正、政风廉正、作风清正。一是要在整顿思想中纯正学风、坚定信仰。知行合一，带着信念学出绝对忠诚，带着感情学出衷心拥戴，带着使命学出政治责任，以笃学深信、思想追随的学风抓学习，在灵魂深处播种信仰、根植信念，敢于向“伪学风”开刀。二是要在自我改造中纯正学风、净化灵魂。改进学风，就要把学理论的落点放在自我改造上，**不断内省自修、修枝剪叶、排毒流汗，提升思想境界、提高党性觉悟、提纯人品官德。**既要改造思想、改进思维、改换脑筋，又要自我净化、自我完善、自我革新、自我提高，真真切切做到在党言党、在党忧党、在党为党，努力诠释“忠诚、干净、担当”的人民公仆内涵。三要在解决问题中纯正学风、改进作风。提升精神境界，增强实干本领，要坚持问题导向，找准理论与实践的对接点，形成破解发展难题的思路举措。通过理论学激发创新意识、掌握创新理论和创新方法，结合工作不断实践，切实提高解决问题的能力，不断开创马克思主义新境界。

◎学好用活“看家本领”

中国共产党是马克思主义的忠实传人。毛泽东同志在 1936 年会见斯诺时说：“有三本书特别深地铭刻在我的心中，建立起我对马克思主义的信仰。我一旦接受了马克思主义是对历史的正确解释以生，我对马克思主义的信仰就没有动摇过。”这三本书就是《共产党宣言》《阶级斗争》《社会主义史》。邓小平同志在南方谈话时深情地说：“我的入门老师是《共产党宣言》和《共产主义 ABC》……马克思主义是打不倒的。打不倒，并不是因为大本子多，而是因为马克思主义的真理颠扑不破。”习近平总书记要求全党同志“要学好用好《共产党宣言》等马克思主义经典著作”“要原原本本学习和研读经典著作，努力把马克思主义哲学作为自己的看家本领”。深刻理解共产党人“看家本领”的理论内涵，有助于各级领导干部坚定对掌握和运用马克思主义哲学的理论自觉自信。

党的历史证明，马克思主义哲学是看家本领。无论是新民主主义革命、社会主义革命还是社会主义建设和改革，每当历史转折，每逢关键时刻，只要我们坚持从实际出发，坚持实事求是的原则，坚持按唯物辩证法办事，坚持历史唯物主义基本原理，依靠人民，就有办法、有出路，就能变难为易、转败为胜。反之，任何违背马克思主义哲学的主观主义、教条主义，任何脱离客观实际的“左”或右的思想，都会使党的事业遭受损失。学好用活“看家本领”是保持党的先进性和生命力的重要保证，是实现党的正确领导的重要保证，是维护党的团结统一的重要保证。

近代中国遭遇的特殊历史命运，既是民族的危机，更是文明的危机。中华民族走出危机，正是因为引以马克思主义作为自己的理论武器。毛泽东同志指出：“自从中国人学会了马克思列宁主义以后，中国人在精神上就由被动转入主动。从这时起，近代世界历史上那种看不起中国人，看不起中国文化的时代应当完结了。”中国人民站起来首先是在精神上站起来；中国人民在精神上站起来是因为“学会了马克思列宁主义”的哲学精髓。

重要转折关头，我们党尤其注重通过回溯原典把握方向。延安时期，毛泽东同志沉下心来专攻哲学，中央成立了多个学哲学小组。斯诺在《红星照耀中国》中写道，毛泽东是个认真学哲学的人。毛泽东同志指出，马克思主义有几门学问……但基础的东西是马克思主义哲学。这个东西没有学通，我们就没有共同的语言，没有共同的方法，扯了许多皮，还扯不清楚。**毛泽东同志到抗日军政大学授课，没有直接讲兵怎么带、仗怎么打，而是以“军事辩证法”“辩证法唯物论”等为题讲军事哲学甚至一般哲学问题，这些讲稿后来整理形成了《论持久战》《实践论》《矛盾论》等经典篇章。**

中国开启改革开放新征程，直接源于真理标准大讨论。“实践是检验真理的唯一标准”是马克思主义哲学的基本命题。没有马克思主义指导下的“真理标准”大讨论，就很难突破思想重围，难以恢复实事求是的思想路线，难以从“以阶级斗争为纲”转向以经济建设为中心，也就不可能开辟中国特色社会主义道路。一个马克思主义哲学命题，在中国社会命运转折时期发挥如此重大的作用，根本就在于命题本身所具有的真理性、科学性。

党在理论上觉醒和成熟的重要表现，就是明确地提出了“马克思主义中国化”。毛泽东同志指出：“共产党员是国际主义的马克思主义者，但是马克思主义必须和我国的具体特点相结合并通过一定的民族形式才能实现……离开中国特点来谈马克思主义，只是抽象的空洞的马克思主义。因此，使马克思主义在中国具体化，使之在其每一表现中带着必须有的中国的特性，即是说，按照中国的特点去应用它，成为全党亟待了解并亟须解决的问题。”正是由于我们党坚持运用马克思主义立场观点方法分析解决中国革命实际问题，从而创造性地提出毛泽东思想，实现了马克思主义中国化的第一次历史性飞跃，为夺取中国革命胜利奠定了科学的思想基础。我们党的理论创新成果，从毛泽东思想、邓小平理论、“三个代表”重要思想、科学发展观到习近平新时代中国特色社会主义思想，始终坚持一条红线，这就是马克思主义的世界观方法论、马克思主义的哲学精神。习近平总书记指出，掌握和运用马克思主义立场观点方法来研究和解决中国的实际问题，是以毛泽东同志为主要代表的中国共产党人留给我们的传家宝。可见这条历史经验弥足珍贵。

看家本领是唯我独有的本领。在技艺中，看家本领是某种“绝活”；在武林中，看家本领是某个门派高人一筹的“绝技”。把马克思主义哲学作为中国共产党人的看家本领，通俗、形象、到位，深刻揭示了马克思主义哲学是中国共产党人认识世界、改造世界的科学世界观和方法论。

如果放弃马克思主义哲学，就是“自废武功”。毛泽东同志曾说过：“如果我们党有一百个至二百个系统地而不是零碎地、实际地而不是空洞地学会了马克思列宁主义的同志，就会大大地提高我们党的战斗力量。”习近平总书记指出：“共产党人要把读马克思主义经典、悟马克思主义原理当作一种生活习惯、当作一种精神追求，用经典涵养正气、淬炼思想、升华境界、指导实践。”马克思主义哲学为我们提供了认识世界的思想方法、改造世界的理论武器、评价世界的科学标准，是共产党人破解时代问题之道。

学好用活看家本领有一个至关重要的问题，就是如何对待马克思主义，这不仅关系到中国革命的成败问题，而且也关系到能否维护党的团结统一。如以王明为代表的“左”倾教条主义者，一切从书本出发，“言必称希腊”，而不问不知中国的实际情况，为了强制推行脱离中国实际的“左”倾路线，在组织上实行“残酷斗争，无情打击”，其结果导致了第五次反“围剿”失败，红军被迫长征。延安整风运动，通过学习文件，理清思想，全党思想才统一到马克思主义与中国实际相结合的轨道上来，从思想上保证了中国革命的胜利。正是基于中国革命深刻经验教训的基础上，毛泽东同志提出，学了马克思主义，才有方法，才有共同语言。这里所说的方法，就是包括马克思主义思想立场、思想原则在内的思想方法。运用科学的方法观察客观世界，全党才能获得共同的认识，才能有共同语言，才能实现真正意义上的团结。

学好用活看家本领不是唾手可得的，需要“学”和“练”。所谓学，就是学习马克思主义；所谓练，就是实践马克思主义。学习马克思主义经典著作，对于掌握马克思主义基本原理非常重要。马克思、恩格斯并没有写原理教科书，马克思主义经典著作就是其基本原理的宝库。经典著作之所以重要，是因为其中每个原理都是鲜活的，既包括对论敌错误观点的驳斥，又包括马克思主义经典作家为什么要如此论述的理论依据、事实依据和无可反驳的逻辑结论。阅读经典著作，不仅能掌握著作中阐述的基本原理，而且能学到经典作家阐述问题的立场、观点、方法。

阅读经典著作是读“真经”，直接与马克思主义经典作家的论述见面。恩格斯一再告诉马克思主义的信仰者和追随者，要从经典原著中学习马克思主义，而不是借助二手材料，更不能凭借被一些人歪曲和错误解读的所谓“马克思主义”来理解什么是马克思主义。这种“马克思主义”看起来高深，实际上是花拳绣腿，不是真本领。掌握一身过硬的看家本领，不仅要阅读经典著作，而且要深入实践。本领归根结底要体现在实践能力上，体现在思维能力、判断能力、驾驭全局和解决问题的能力上。没有能力就没有本领，纸上谈兵不是本领。马克思主义既是理论的又是实践的。从马克思主义中国化进程中产生的当代中国马克思主义者，既是理论家又是实践家。深入学、持久学、刻苦学，带着问题学、联系实际学，更好地把科学思想理论转化为认识世界、改造世界的强大物质力量，永葆我们党的先进性和生命力。

◎依靠学习走向未来

学习是人类进步之梯。**“自古圣贤盛德大业，未有不由学而成者。”**习近平总书记指出：“中国共产党人依靠学习走到今天，也必然要依靠学习走向未来。”重视学习、善于学习是中国共产党人的优良传统，被誉为“看家本领”和“制胜法宝”。历史已经证明，什么时候能够抓紧抓好学习，中国革命、建设和改革事业就顺利发展；反之，就会出现错误和波折。党成立百年来，“学习”话题得以充分阐释和实践，有力推进了马克思主义学习型政党建设。中国共产党正是依靠学习走到今天，党的历史也是一部学习的历史。

迈进新时代，虽然没有了战火硝烟，但改革已到中流击水，人民对美好生活的向往更加多样高标；虽然被“开除球籍”的危险已永久性解除，但“灰犀牛”东突西撞、“黑天鹅”频频振翅，世界正处于百年未有之大变局。续写“中国共产党为什么能”的奇迹，就“必然要依靠学习走向未来”。事实上，在时代巨潮的激荡下，学习已经成为决定一个人、一个政党乃至一个国家生存发展的至关重要的因素。于个人而言，只有持续加强学习，不断充电，完善知识结构，才能拓宽视野、提升思维能力；对于掌舵14亿人口的世界第一大执政党来说，唯有以“苟日新、日日新、又日新”的姿态抓紧学习、提升本领，才能更好领航新时代，实现中华民族伟大复兴的中国梦。

与时代同步，与真理同行。进入新时代，依靠学习走向未来，要来一个大学习。“来一个大学习”，是习近平总书记向全党发出的号召。党是一个在学习中不断成长发展的马克思主义政党。每到重大关头、关键时期中国共产党都大力倡导学习，通过学习赢得胜利，通过学习走向辉煌。在中国特色社会主义进入新时代，中国共产党站上历史新起点，中国社会开启全面实现现代化新征程的历史新方位下，来一个大学习势在必行，来一个大学习意义非凡。

在学习之前冠一个“大”字，当然因为这是一项重大的政治要求、一项重大的政治任务、一项覆盖全党的重大战略举措，更当然因为我们学习的核心内容是习近平新时代中国特色社会主义思想这一中国共产党人的伟大创造，但同时也与我们学习的实践指向紧密相关。大学习是要解决大问题的，大学习是要取得大收获的。这大问题、大收获可以形象地概括为三个“大”。

学习做“大党”。习近平总书记讲：“中国共产党是世界上最大的政党。大就要有大的样子。”“大的样子”怎么来？不会从天上掉下来，不会自然就具备，也不会一劳永逸，要在学习中涵养，要在实践中历练。要通过大学习，筑牢理想信念的根基，彰显宗旨主义的光辉，不忘初心、牢记使命、永远奋斗，让中国共产党成为世界上当之无愧的最伟大的政党；要通过大学习，强化组织观念，强化“四个意识”，不断增强党的政治领导力、思想引领力、群众组织力、社会号召力，增强党的创造力、凝聚力、战斗力，把中国共产党建设成为经得起各种风浪考验、敢于斗争敢于胜利的世界上最强大的政党；我们要通过大学习，光大马克思主义政党胸怀天下、放眼世界的大境界，做世界和平的建设者、全球发展的贡献者、国际秩序的维护者，为人类作出新的更大的贡献。

学习做“大人”。“大人”是我们借用中国传统文化的一个说法。古人讲，“夫大人者，乃与造物同体”“大人之学也为道”，转化为现代的意思大体相当于毛泽东同志当年一段著名的话：“一个高尚的人，一个纯粹的人，一个有道德的人，一个脱离了低级趣味的人，一个有益于人民的人。”相当于我们曾经讲的“用特殊材料制成的人”。所以，做“大人”说到底就是做一个真正的共产党人，既要组织上入党更要思想上入党，既要有名有分更要货真价实。在现实生活中，从身份上成为一个共产党员虽不易也不算太难，真正成为一个共产党人却殊为不易，要百炼成钢、百劫成圣。没有不断的学习，不能从理性到情感、从立场到价值、从精神到意志真正明白、真正觉悟，先进优秀就会成为一句空话。**通过大学习，用习近平新时代中国特色社会主义思想武装头脑，感悟大党核心大国领**

袖坚定的理想信念、真挚的为民情怀、坚强的品格意志、豪迈的奋斗精神，修好共产党人的“心学”，不断进行党性锻炼、党性修养，我们就会真正成为一个“大写的人”。

学习做“大家”。各行各业都会有“大家”，各行各业也都要有“大家”。对共产党人来讲，就是要成为治国理政的“大家”，成为推进改革促进发展的“大家”，成为为中国人民谋幸福、为中华民族谋复兴的“大家”。而要想成为这样的“大家”同样是很不容易的，要有“看家本领”，要有“独门功夫”。中国特色社会主义是一条从来没有人走过的新路，没有现成的样板可照搬；建设社会主义现代化强国同样要走一条前无古人的新路，不能套用西方现代化的模板。走新路、干大事，没有“几把刷子”是不行的，没有“金刚钻”是揽不了瓷器活的。怎么办？通过大学习克服本领恐慌，不断提高学习本领、政治领导本领、改革创新本领、高质量发展本领、依法执政本领、群众工作本领、狠抓落实本领、驾驭风险本领；通过大学习成为“行家里手”，不断增强工作的科学性、预见性、主动性，使领导和决策体现时代性、把握规律性、富于创造性。

中国共产党人依靠学习走到今天，也必然会依靠学习走向未来。习近平总书记指出：“梦想从学习开始，事业从实践起步。当今世界，知识信息快速更新，学习稍有懈怠，就会落伍。有人说，**每个人的世界都是一个圆，学习是半径，半径越大，拥有的世界就越广阔。”**党唯有紧密结合世情、国情、党情，顺应时代潮流，引导时代走向，自觉加强学习和实践，做到学以致用，学以增智，学以兴业，弘扬理论联系实际的优良学风，做到干中学、学中干，学以致用、用以促学、学用相长，强化实践、实干、实效意识，全面增强执政学习本领，才能胜任领导中国特色社会主义宏伟事业、实现中华民族伟大复兴的历史重任，为实现“两个一百年”奋斗目标、实现中华民族伟大复兴的中国梦营造更加有利的外部条件，为促进人类和平与发展的崇高事业作出更大贡献。

第八章

作风优良的感染力

作风关系党风、学风、政风、社风、民风。好的作风产生无穷的创造力，形成巨大的凝聚力，造就坚强的战斗力。党的作风直接关系着党的形象和人心的向背。

70 多年前，美国记者斯诺来到延安。“毛泽东住在简单的窑洞里，穿的是打了补丁的衣服，吃的是小米饭和辣椒土豆丝；周恩来睡在土炕上；彭德怀穿的背心是用缴获敌人的降落伞做的。”当这位美国记者看到这些时，他郑重写下，“那种精神，那种力量，那种欲望，那种热情……是人类历史本身的丰富而灿烂的精华”，是“东方魔力”，是“兴国之光”。这正是共产党人的作风给人带来的震慑力。今天，为实现中国梦汇集起不可战胜的磅礴力量，我们要在激流险滩中乘风破浪，要在问题挑战中排云而上，就更需要一个坚强有力的领导核心，更需要加强作风建设。

◎作风问题绝无小事

作风问题绝不是小事。党的作风，关系党的形象，关系人心向背，关系党的生命，事关党的生死存亡与事业成败，这在党百年的奋斗历程中得以反复证明。革命战争年代，在极其艰苦的环境中，红军将士严守“三大纪律八项注意”，锻造出一支所向披靡的人民军队。党在领导中国人民进行革命斗争的长期实践中，培育和形成了理论联系实际、密切联系群众、批评和自我批评、艰苦奋斗、谦虚谨慎等优良传统作风。这些优良传统作风，是党的工人阶级先锋队性质和全心全意为人民服务宗旨的体现，是中国共产党区别于其他政党的显著标志，是党千锤百炼更加坚强的重要原因。正是有了这些优良传统和作风，党得到了广大人民群众的拥护和支持，最终夺取了革命的胜利，建立了中华人民共和国。毛泽东同志一句“用延安作风打败西安作风”，道出了共产党人创造历史的奥秘。中华人民共和国成立后的70多年来，作为执政党的中国共产党不敢有丝毫懈怠，把作风问题摆在关系生死存亡的高度，努力克服骄傲自满、贪图享受的情绪和官僚主义命令主义作风，加强同人民群众的血肉联系，改进各级领导机关和领导干部的作风。也正是因为这种不忘初心的情怀，中国共产党始终保持了较为良好的作风和马克思主义政党本色，确保了中国特色社会主义事业在万千挑战中顺利发展。

作风就是形象，是思想观念的外在行为表现，有什么样的思想就有什么样的作风。党的作风是把人民群众凝聚到党的周围的旗帜。重视作风建设是我们永葆生机与活力、始终为人民群众所拥护的一大法宝。党在百年筚路蓝缕的岁月中，之所以能够从小到大、由弱到强，跨过一道又一道沟坎，取得一个又一个胜利，成就辉煌的伟业，就是因为始终坚持党要管党、从严治党不放松。把良好作风视作生命，把不良作风视为大敌。革命时期，斯诺从毛泽东、周恩来等领导人住窑洞、睡土炕，穿补丁衣，吃小米饭，得出“东方魔力”在延安、“兴国之光”是中国共产党的论断，正是这种优良作风，**“跟我上”的延安作风打败了“给我上”的西安作风，**领导中国人民“站了起来”，结束百年来中国人民“挨打”的历史；改革开放时期，邓小平同志提醒全党要“一天不放松”地抓党风，终结了中国人民几千年“饿肚子”的历史；习近平总书记把抓作风作为“先手棋”，把党风廉政建设和反腐败斗争作为重要内容，采取了一系列重大举措，“坚持坚持再坚持，把作风建设抓到底”，使管党治党更加走向严紧硬，确保我们党始终成为中国特色社会主义事业的坚强领导核心，为实现中华民族伟大复兴的中国梦提供最坚强的政治保证。可以说，高度重视作风建设，坚持以良好作风推动事业发展，是我们党战胜困难、赢得主动的一个重要法宝，是中国人民“富了起来”。

作风就是力量。实践证明，作风不是天上掉下来的。作风，考验着一个政党的大是大非，决定了人民的立场和选择。从国民党和共产党怎样对待两个“理财人”，人民看清了哪个政党值得信任——一个叫孔祥熙，国民党政府财政部长。1942 年 2 月，美国国会批准向中国贷款 5 亿美元。美国财政部调查资料显示，中国政府提取的 2.4 亿美元中，有 8000 万美元直接存入了孔祥熙等人的个人账号。此人一直陪伴在蒋介石身边，直到国民党溃败台湾。另一个叫肖玉璧，共产党陕甘宁边区贸易局副局长。1941 年 12 月，肖玉璧因贪污 3050 元，被判处死刑。尽管他是 1933 年参加革命的老红军，全身有 90 多处伤疤。但法纪如山，共产党绝不给腐败分子藏身之地。

曾于1946年9月去延安采访的美国记者斯蒂尔就曾发出感慨：“不到延安实在不能深触到中国问题的内脏；到了延安使我对中国问题的认识深化了。”“我体味到共产党常常说的‘为人民服务’，在延安所亲见的各种具体事实，我认为这是货真价实的。”“我要是在延安住上十一天，那我一定也将变成为一个共产主义者！”

一个政党，能不能有“顶天”的大担当，取决于有没有“立地”的本钱——人民的拥护与信任。正是依靠“延安作风”，中国共产党获得了打败日本侵略者最深厚的伟力。

正如毛泽东同志所说：“只要我们党的作风完全正派了，全国人民就会跟我们学。党外有这种不良风气的人，只要他们是善良的，就会跟我们学，改正他们的错误，这样就会影响全民族。”作风建设永远在路上。只有总结和运用好党加强作风建设的成功经验，推进作风建设形成常态，我们的党就会队伍整齐，步调一致地向前进，就会带领全国人民最终实现“两个一百年”的奋斗目标。

◎山歌里的“苏区干部好作风”

“苏区干部好作风，自带干粮去办公，日着草鞋干革命，夜打灯笼访贫农；苏区干部好作风，真心实意为群众，柴米油盐都想到，问寒问暖情义重……”20世纪30年代革命战争时期，这首《苏区干部好作风》歌谣，在苏区上下广为传唱，成为当年苏区干部优良思想作风和过硬工作作风的生动写照。当时，苏区干部正是凭着崇高的革命理想、无畏的牺牲精神、鲜明的人民观点和清廉的自身形象，赢得了劳苦大众的真心爱戴和铁心跟随，进而打造了中国革命坚不可摧的“铜墙铁壁”。

“自带干粮去办公”，唱出了清正廉洁是苏区干部的好作风。当年，苏区干部们掌握着各方面的权力，但他们从不以权谋私，而是公而忘私，积极倡导廉洁奉公。毛泽东等中央苏区领导人总是以身作则，率先垂范，艰苦奋斗。毛泽东同志非常节俭，总是穿着一身补丁打补丁的衣服，在饮食上也与干部群众“有盐同咸、无盐同淡”。在夜晚工作时按规定可点三根灯芯，但他却只留一根，经常在微弱的光亮中伏案工作至深夜。中央苏区国家银行行长毛泽民，几年中为苏维埃筹集了大量的款项，自己则一直过着艰苦朴素的生活，不喝酒，不抽烟，一床旧被子，一顶旧皮帽，从上海用到苏区，用到新疆，直到就义。正是苏区干部一以贯之地坚持立党为公、执政为民、大公无私、艰苦朴素，才深得了老百姓爱戴。

“日着草鞋干革命”，唱出了艰苦朴素是苏区干部的好作风。山歌中唱的“日着草鞋干革命”正是当时特殊岁月中，革命干部艰苦奋斗的一段真实写照。苏区干部用自己的行动践行了“先天下之忧而忧，后天下之乐而乐”的为国为民情怀，从而赢得了广大苏区群众的衷心拥护和爱戴。当年，苏区干部没有薪金，只有少许伙食费，就连一日三餐、粗食果腹也很难保证。纵然如此，绝大多数同志还坚持每月节省一点伙食费，用以剃头、洗澡和缴纳党费。当时，苏维埃中央机关还发文规定，铅笔要省着用，糨糊要自己造，绝对不开客饭，不占群众便宜等。1933年，有约8万名家住中央苏区已分田的本地干部，连伙食费都不要公家发。“节省一个铜板为着革命战争”“节省三升米，支援前方红军”的响亮口号，传遍了苏区的每个角落。

“夜打火把访贫农”，唱出了一心为民、努力干事是苏区干部的好作风。在江西方言里“埃”有“我”的意思，共产党领导的中央苏区政权被苏区群众亲切地称为“埃政府”，就是“我的政府”的意思。因为苏区人民打心眼里认定苏维埃政府是“我们的政府”，他们才会真心拥护共产党。这是当时的党和苏区政府带领干部们一心为民、真抓实干而得到的人民群众的最好回报。当年，苏区干部坚持“真心实意为群众谋利益”，最大限度地争取了民心、获得了支持，他们口口相传“共产党真正好，什么事情都替我们想到了”，他们信誓旦旦“苏维埃是自己的政权，誓死也要保卫苏维埃”，他们把家里仅剩的几斗米拿给红军战士吃、仅有的一双鞋拿给红军战士穿，他们踊跃参军参战、积极发展生产、支持革命战争、建设苏维埃政权，从而有力地促进了革命根据地的发展和巩固。据统计，土地革命时期，仅赣南苏区 50 万青壮年中就有 30 万人参加革命，有名有姓的烈士就达 10.82 万人，占全国烈士总数的 7.5%，长征路上平均每公里就有 3 名赣州籍烈士倒下。红军长征时，有一支由中央苏区人民组成的担架队，他们跟随红军爬雪山、过草地，冒着敌人的炮火前进，到长征结束时，他们绝大多数再也没能回到故乡。多少位母亲，多少个妻子，多少份牵挂，多少滴泪水，都化作了他们血染的风采。原江西省苏维埃政府干部江善忠，在一次战斗中打完最后一粒子弹，用鲜血在衬衫上写下“死到阴间不反水，保护共产党万万年”，然后纵身跳崖，壮烈牺牲。

苏维埃政府规定干部要做到“十带头”（带头学习政治军事，带头遵守党的纪律，带头节约粮食、支援红军，带头优待红军家属，带头慰劳捐献，带头参军参战，带头生产，带头执行勤务，带头购买公债，带头集股办合作社），在实际行动中，苏区干部们确确实实是这样做了。譬如 1934 年 3 月，《红色中华》发出“为四个月节省八十万元而斗争”的号召，陈云、邓颖超等 23 名干部率先致信《红色中华》表示：“一、每天节省二两米，使前方红军战士吃饱打仗，二、今年公家不要发给我们热天的衣服，把这些衣服给新战士穿。”在扩红运动中，有的整个县苏维埃政府机关工作人员全部报名，在长冈乡购买公债最多的也是党员干部。又如中共中央与中央政府曾颁布条例，要求政府工作人员星期六、日帮助红军家属砍柴、铲草、挑塘泥、下肥料、犁耙田等。在瑞金沙洲坝村，毛泽东同志带领红军战士挖了一口井，解决了村里的吃水问题，留下了“吃水不忘挖井人，时刻想念毛主席”的一段佳话。

明者因时而变，智者随事而制。“苏区干部好作风”，作为党的历史积淀和光辉传承，是一笔宝贵的精神财富，也是涵养党的事业兴旺发达的琼浆玉液。今天，我们大力弘扬“苏区干部好作风”，更能发扬在党爱党、在党言党、在党为党情怀，激发中国理念、中国精神、中国力量，确保党团结带领全国人民不断开创中国特色社会主义事业新局面。奋进的时代，需要振奋精神再出发；伟大的事业，需要撸起袖子加油干。全面从严治党永远在路上，锻造新时代“苏区干部好作风”永远在路上！

◎“延安作风”打败“西安作风”

1940 年秋的一个上午，延安马列学院专门派四人到杨家岭去接毛泽东同志来作报告。当他们走到延水河桥头时，没想到竟碰到了迎面走来的毛泽东。毛泽东打量了来接他的四个人，严肃认真地说：“从杨家岭到马列学院，才十里八里路。二万五千里长征都走过来了，这几步算不了什么。我又不是不知道，不要接接送送。我们要养成一种新的作风：‘延安作风’。我们要用‘延安作风’打败‘西安作风’。”果然，后来，清贫清苦、清纯清澈的中国共产党用优良作风一举打败前方吃紧、后方紧吃的国民党，感动人民，赢得人心，一统天下。

全国抗战时期，国民党固有的“西安作风”并未节制和收敛，而是愈益泛滥。国民党在背弃孙中山新三民主义、背叛革命后，政治上蜕化，“党员官僚化”，作风日益腐化。1927 年 12 月，地处国民党统治核心区域的江苏省党部，在对所辖党部的调查中称：“各县党部往往花天酒地堕落党员人格，呼卢喝雉违反革命纪律，吞云吐雾变成黑籍幽魂。”蒋介石也认为，国民党党政官员存在“迟缓”“推诿”“虚伪”“浮嚣”“阳奉阴违”等问题，“旧党员皆腐败无能，新党员多恶劣浮嚣”，“所见所闻皆腐败官僚”。全国抗战爆发后，国民党这些固有的颓败风气并未因抗日的战争环境而节制和收敛，而是愈益泛滥。

1939 年 1 月，蒋介石指斥说：国民党“一般党员和党部的职员，最大的毛病就是懒惰废弛”，“虚伪粉饰，应付了事”。1940 年 4 月，他又批评说：“上层官兵不知奋发补进，而且弛懈偷安。”1941 年 10 月，他再次批评说：高级将领精神堕落，只知道做官，部下训练教育的进度如何，根本不知道，对于前方工事要塞配备的情形如何，完全是模糊印象，对于下面实际的情形，可以说完全不管；“敌人来了，不能抵抗，敌人退了，不能追击，几次战斗，毫无俘获”。

1940 年回国考察的爱国华侨陈嘉庚，也深为国民党官场的腐朽景象所震惊：许多官员“身居要职，但都假公行私，贪污舞弊，生活奢华”；“各处办事员多者百余人，少者数十人，月费各以万计，不知所干何事”；吃喝盛行、花天酒地，“酒楼菜馆林立，一席百余元，交际应酬，互相征逐”。蒋介石也对这种奢靡状况看不过眼：“舆马填塞于酒寮，柬帖纷驰于衢市……在一般社会，方苦物价之高昂，我党政军人员乃日食万钱，无稍顾惜。”

在抗战之初，国民党曾要求其党员“不容再有丝毫因循泄沓，更须发挥实干精神”，但并没有采取坚决措施来根治久已存在的歪风邪气，蒋介石更是边批评边徇情恕隐。结果上行下效，顽症勃发，贪污腐化、结党营私、欺压百姓，浮报夸功、敷衍塞责、弄虚作假、文过饰非、裙带作风、文牍主义等不断蔓延和加深，成为国民党内的一种常态和政治特色。这种腐朽风气愈演愈烈，在日本投降后达到极致。

抗日战争进入相持阶段后，国民党政府各级官员们贪腐成风，形成了“前方吃紧，后方紧吃”，大发国难财的严重腐败的状况。不但战时陪都重庆党政军宪特等官场腐败弥漫，国民党驻地方的军队也奢侈腐化之风严重，军纪败坏、欺压百姓。据宋任穷、李宗仁等历史见证人回忆，当时驻守河南的国民党政府汤恩伯的军队被人民群众称为四大灾害之一。四大灾害即“水旱蝗汤”，“水”者洪水也，“旱”者指的是旱灾，“蝗”是蝗虫，“汤”就是汤恩伯。可见人民群众与国民党及其军队的关系，特别是抗战胜利后，腐败的国民政府在接受日本受降的过程中，其接收大员大搞“五子登科”，即到收复地区抢“金子、银子、房子、车子、女子”，国民政府迅速失去了民心，失去了优势。

1940 年 6 月，当陈嘉庚看到陕甘宁边区的为政清廉与国民党统治区的贪污腐败恰成鲜明对照时，他对国民党表示了极大失望，认为“中国的希望在延安”。

1945 年 7 月，黄炎培等 6 位国民参政员访问延安。黄炎培在日记中写道：“延安的街道是整洁的，阶下有水道，没有一寸土是荒着的。只觉得在座各位高级将领，一般定以为飞扬跋扈得了不起，哪里知道一个个都是厚实稳重，和我平时想象完全两样……”在延安看到的一切，让黄炎培这位阅历丰富的民主人士看到了国家的希望。随后，黄炎培写下了《延安归来》并很快出版，给全国同胞展示了延安的社会风貌。

蒋介石在败退台湾后极为泄气地说：“抗战胜利以来，我们一般同志精神堕落，气节丧失，把本党50年的革命道德精神摧毁无余。甚至毁法乱纪，败德乱行，蒙上欺下，忍心害理”；“党部成了衙门，党员成了官僚，在社会上不仅不能发生领导的作用，反而成了人家讥笑侮辱的对象”。

在严峻、复杂的环境和挑战中，中国共产党以救国救民为职志，培育了具有鲜明政治特色的“延安作风”。胡适虽然不赞同中共的政治主张，但也曾说：“他们（共产党）意志的专笃却是我们不能不十分顶礼佩服的。他们有理想有计划有绝对的信心，只此三项已足使我们愧死！”

全国抗战爆发后，毛泽东同志特别提出：“我们要养成一种新的作风：延安作风。我们要用延安作风打败西安作风。”为此，党重视加强自身建设特别是作风建设。一是号召全党保持、发扬和强化在长期革命斗争过程中所形成的优良作风。二是抵御和防止国民党及其封建主义风气的侵蚀。三是克服和消弭党自身存在的不正之风。在中共中央的部署、督厉和垂范下，党在贯彻全面抗战路线和抗日民族统一战线方针、开辟和坚持敌后抗日战场、建设抗日根据地过程中，克己奉公，勇于担当，令行禁止，艰苦奋斗，培育和营造了良好的党风、政风、军风、民风，此即“延安作风”。概括地说，其内涵包括理论联系实际，密切联系群众，批评与自我批评，谦虚、谨慎、不骄、不躁，自力更生、艰苦奋斗，坚持民主集中制等。

毛泽东同志曾全面概括了延安当时的新气象，他说：“一没有贪官污吏，二没有土豪劣绅，三没有赌博，四没有娼妓，五没有小老婆，六没有叫花子，七没有结党营私之徒，八没有萎靡不振之气，九没有人吃摩擦饭，十没有人发国难财。”这个“十没有”，就是良好党风、良好政风和良好民风的统一体，生动地反映了党领导下的陕甘宁边区社会生活方方面面的新风尚新气象。

以上两个方面因素交相作用，结果形成国共两党的逆向发展：中国共产党作风优良，朝气蓬勃，受到群众支持，为国内外瞩目，形成良性发展，结果是战胜了国民党，取得新民主主义革命的胜利；国民党则在严重的腐化中分崩离析，与广大人民群众离心离德，最后在恶性循环的旋涡中沉沦。毛泽东同志预见和期望的“延安作风打败西安作风”，最终成为现实。

历史已经告诉人们，最终是共产党的“延安作风”——密切联系人民群众、艰苦奋斗打败了国民党的“西安作风”——脱离人民群众、奢侈腐败。可见，党风问题关系人心向背、党的生死存亡和事业成败。

◎让“兴国之光”照耀千秋

这是一个广为人知而又耐人寻味的故事。1936年，美国作家埃德加·斯诺来到延安。他看到一种令他惊异的生活方式：毛泽东住在十分简陋的窑洞里，周恩来睡在土炕上，彭德怀穿着用缴获的降落伞做成的背心，林伯渠戴着断了腿的眼镜……从中国革命家极其简朴的生活中，斯诺发现了一种伟大的力量——“东方魔力”，并说这种力量是“兴国之光”。

从1840年鸦片战争到1937年卢沟桥事变，一系列抗争屡屡失败，中国一步步滑落半殖民地半封建社会的深渊，“人民幸福、民族复兴”几乎成了无解的百年命题。民族存亡之秋，受命危难之际，中国共产党用延安作风给出了唯一正确答案。

兴国之光是理想之光。远大理想不仅是指引走向未来的灯塔，更是照亮脚下道路的明灯。延安时期，经过不断探索，中国共产党人进一步深化了对远大理想的理性认识，科学揭示了只有经过新民主主义才能达到社会主义的社会发展规律，深刻指出了新民主主义革命和社会主义革命的最终目标是“实现社会主义和共产主义”，正确制定了新民主主义革命总路线和基本纲领。远大理想点燃了践行初心和使命的火炬，照亮了新民主主义革命的历史必由之路，在黑暗的旧中国释放出民族独立、国家富强的绚烂曙光。

东方魔力是信仰之力。能够激发灵魂的高贵与伟大的，只有虔诚的信仰。延安时期，正因对马克思主义的坚定信仰，无数的热血青年才能冲破山川阻隔、敌人封锁，“爬也要爬到延安”；一茬茬学员才能在石头为桌、砖头为椅的“高等学府”，孜孜不倦地追求真理。更为重要的是，正因对马克思主义的坚定信仰，以毛泽东同志为核心的党的第一代领导集体，才能在贫瘠的土地上、简陋的窑洞中、昏暗的油灯下，用“马克思列宁主义之箭”射中“中国革命之的”，完成了马克思主义中国化、时代化、大众化的第一次飞跃，使马克思主义的真理，变成了人民群众掌握的、改天换地的物质力量。

不可战胜的力量是根植人民的力量。人民是历史的创造者，这是历史唯物主义的基本原理。延安时期，我们党对这一原理有了较以往更为深刻的认识和更为丰富的实践。提出“兵民是胜利之本”“建设成一个全国范围内、广大群众性的马克思主义政党”等人民观点，开展了构筑起空前广泛的抗日民族统一战线和自力更生、艰苦奋斗的军民大生产运动等成功实践。特别是确立了“全心全意为人民服务”的根本宗旨，掌握了密切联系群众这一重要法宝，迅速使党由小到大、由弱变强，不断取得了新民主主义革命的一个又一个胜利。

神奇的队伍是自我革命的队伍。房子是应该经常打扫的，不打扫就会积满灰尘。延安时期，针对党内思想上理论上作风上的突出问题，党中央组织开展了以延安为中心的全党整风运动，确立了实事求是的辩证唯物主义思想路线，提高了全党的马克思列宁主义水平，形成了批评与自我批评的优良作风，使党达到了空前团结和进一步成熟，为坚持思想建党、理论强党开创了新路。以自我革命精神永葆党的先进性、纯洁性，这正是我们党区别于其他一切政党的最“神奇”之处。

为什么井冈山上南瓜野菜飘清香，为什么万里长征雪山草地难阻挡，为什么抗日战争铁壁合围无所惧，为什么国共交锋势如破竹大转折，为什么朝鲜战场冷雪炒面胜强敌，为什么灾害面前舍生忘死冲在前？

答案就在于，“东方魔力”撼山岳，“兴国之光”映征程。“那种精神，那种力量，那种欲望，那种热情……是人类历史本身的丰富而灿烂的精华”，闪耀着永恒的光芒，迸发出无穷的力量。

斯诺正是从这种“只见公仆不见官”的现象悟出，中国共产党及其所领导的人民军队“坚忍卓绝，任劳任怨，是无法打败的”。

“只见公仆不见官”是“兴国之光”，此言历久弥新。它永远是共产党人的本质要求，永远不会过时。共产党人过去抛头颅、洒热血，带领人民群众前仆后继打天下，靠的是“只见公仆不见官”。现在建设社会主义现代化强国，依然要靠“只见公仆不见官”。艰难岁月需要如此，革命成功了仍需如此。不论社会如何变化、经济如何发展、国力如何富强，共产党人始终不要沾染官僚习气，与人民群众同甘共苦、不搞特殊化的自律丝毫不能放松。共产党人一刻也不能脱离群众，要一切依靠群众，一切为了群众，永葆人民公仆的本色。唯有如此，才能继续赢得人民群众的信赖与支持，才是持守“兴国之光”传家宝的正确选择。

应该看到，现在共产党成为执政党了，环境变了，条件好了，穿补丁衣服睡土炕、吃小米饭喝南瓜汤已成为历史。时代变迁，似乎要做到“只见公仆不见官”越来越难了。但不管怎么说，这宝贵的“兴国之光”必须让其光耀中华大地。面对伴随共和国前行了70多年的人民群众，每一个党员干部都应扪心自问，在人民公仆的本色上还保持多少？在做官当老爷上又沾染上几许？对那些只为当官、不见公仆的官僚主义丑陋现象，人民群众说什么也不会赞同，也不会满意。对群众不满意的事情，如果硬要做下去，那就是在背叛人民，后果可想而知。为了国家长盛不衰，为了人民福祉美满，一切尚存报国为民之心的共产党人，还有什么错误不能改正，还有什么问题不能解决，还有什么私欲不能消除，还有什么艰难不能跨越呢？

“兴国之光”是共产党人的本质之光、希望之光、理想之光、传统之光。从井冈山上“不拿老百姓一个红薯”的告诫，到“不拿群众一针一线”的三大纪律八项注意的约束；从延河边上“把官僚主义者比作泥塑神像”的余响到西柏坡上“进京赶考”的警训；从“延安整风”到“八项规定”，党的作风建设始终是不忘初心、继续前行……从廉洁自律条例、处分条例再到问责条例，一个不断强化自我监督和纪律约束的政党，一个着眼于自我净化、自我完善、自我革新、自我提高的政党，一定能够战胜在长期执政条件下面临的各种风险和挑战，以优良的作风兑现对亿万人民的庄严承诺，一定能在中华民族筑梦路上取得完全的胜利！

◎让红色家风代代传承

习近平总书记强调，各级领导干部要带头抓好家风，继承和弘扬革命前辈的红色家风。红色家风，是指一代代共产党人在革命、建设、改革的岁月中所建立和倡导的家风，彰显的是爱党爱国、忠于人民、廉洁自律、艰苦朴素、甘于奉献的优良传统和作风。

家风，狭义而言，就是门风，指一家的传统习惯、生活作风等。广义而论，是指一个家庭、家族世代相传所沿袭下来的、能够展现该家庭及家族成员的传统风尚，诸如精神风貌、道德品格、审美情趣、气质气度与素质风采的家族文化风格。家风建设是国家建设、社会建设的重要基础，是民族文化道德传承的重要载体，是社会和谐发展的稳定器。红色家风，是老一辈无产阶级革命家和各个时代的优秀共产党人，在长期革命实践、社会主义建设和改革开放历史进程中形成的家庭风尚，体现在理想信念、道德品行、廉洁自律、亲情友情等方面的精神风貌、群体意识和政治品格，对当今社会具有广泛的榜样教育意义，是共产党人精神和优良传统的重要组成部分。

老一辈无产阶级革命家开创的红色家风，根植于悠久的中华优秀历史文化传统中，贯穿于中国共产党领导的革命、建设、改革历史之始终。他们日常中的生活观、学习观、亲情观、名利观、事业观，是其红色家风基本内涵的重要体现。

艰苦奋斗的生活观。革命时期，根据地由于敌人的经济封锁，物质十分匮乏，中国共产党人一方面依靠群众，自力更生，发展农业生产；另一方面发挥艰苦奋斗的作风，克服了种种困难，坚持革命斗争。革命胜利后，一些革命先辈成为党和国家的领导人，虽身居高位，但都保持了革命时期艰苦奋斗的生活作风。抗日战争爆发之后，黄克诚同志任新四军第三师师长。由于当时条件恶劣，每人每月只发两盒火柴，而黄克诚经常熬夜工作要吸烟，发的两盒火柴不到十天就用光了。他的警卫员出于好心，偷偷替他多领了两盒火柴。黄克诚发现后，就耐心地教育警卫员，强调了官兵一致的重要性，并告诫年轻的警卫，在以后的生活中，坚决不能有丝毫的特殊，否则整个部队就不成体统。警卫员虚心接受了黄克诚的教育，自觉把两盒火柴退回去。黄克诚的棉衣一穿就是四五年，补丁打着补丁，袖口、领口都破了，警卫员想给他领一件新的，他却拒绝了，缝补一下继续穿。在平时的军旅生活中，黄克诚总秉承着节约的原则，把领到的洗脸毛巾从中剪开，一半自己用，一半给别人用。1942 年，黄克诚还被评为全军的“节约标兵”。

勤奋上进的学习观。革命时期，以毛泽东同志为代表的中国共产党人，通过深入学习调研，探索出了一条“工农武装割据”的中国特色革命道路。正如毛泽东同志所说：“从战争学习战争——这是我们的主要方法。没有进学校机会的人，仍然可以学习战争，就是从战争中学习。革命战争是民众的事，常常不是先学好了再干，而是干起来再学习，干就是学习。”1927 年 11 月，红军在井冈山龙江书院创办了第一期工农革命军军官教导队。龙江书院成为中国人民解放军军政院校的摇篮，为湘赣边界工农武装割据斗争培养了一大批优秀的军政人才。1959 年，罗荣桓同志的儿子罗东进考上军工学院，罗荣桓对他学习上提出更严格要求。临行那一天，罗荣桓就嘱咐罗东进在思想上必须做好吃苦的准备，要向组织靠拢，要密切联系群众，特别是要加强政治学习，找到正确政治方向。他又对东进强调道：“我国的科学技术还比较落后，你们要长志气，为国家搞出点成绩。”罗东进离开后，罗荣桓时常给他写信提醒他、勉励他、督促他好好学习专业技术知识。当他知道儿子在生活上有些问题时，在信中教育他说："你应该经得起考验，在党的教育下，正确处理个人生活问题，时刻把自己放在同学的监督下，严格要求自己。"第一学期结束，罗东进的学习成绩不是特别好，罗荣桓严厉地批评了他："国家花钱办学校培养教育你，你不好好上学，就对不起党和人民。"

公私分明的亲情观。古人常说"一人得道，鸡犬升天"。中华人民共和国成立初期，毛泽东同志成为党和国家最高领导人，他的一些亲朋好友和老家乡亲，认为毛泽东已当了"皇帝"，现在是"毛家的天下"了，有的要沾毛泽东的光，在"朝内"谋一官半职，有的想到金銮殿坐坐，有的仗着是毛泽东的亲戚在家乡翘起了尾巴，他们向毛泽东提出了各种要求。为此毛泽东定下一个原则：**恋亲不为亲徇私、念旧不为旧谋利、济亲不为亲撑腰，**决不利用自己的职位为亲朋好友谋私利搞特权，对一些亲友提出的违反原则的要求，既态度鲜明地拒绝，但又不伤他们的心，总是向他们耐心讲明道理，并慷慨解囊接济他们，给他们以切实帮助，使他们在受到教育的同时感受到浓浓亲情。杨开智是毛泽东夫人杨开慧的哥哥，中华人民共和国成立后，写信给毛泽东，要求到北京工作。至亲关系，属于光荣烈属，加上为革命做过贡献，又有文化，这样的条件，得到一点照顾，在北京安排工作，好像也无可厚非。但毛泽东却不这么认为。毛泽东在回信中严厉地说："希望你在湘听候中共湖南省委分配合乎你能力的工作，不要有任何奢望……一切按正常规矩办理，不要使政府为难。"同时，毛泽东还指示时任长沙市军管会副主任的王首道："杨开智等不要来京，在湘按其能力分配适当工作，任何无理要求不应允许。"此后，毛岸英在给表舅向立三的信中提到此事，他说："新的时代，这种一步登高的'做官'思想已是极端落后了……共产党之所以不同于国民党，毛泽东之所以不同于蒋介石，毛泽东的子女妻舅之所以不同于蒋介石的子女妻舅，除了其他更基本的原因之外，正在于此。”

清正廉洁的名利观。毛泽东同志不允许子女以他的名义和权力去寻谋私利，他说：“靠毛泽东不行，还是要靠你们自己去努力去奋斗，不要把我挂在你们的嘴边上去唬人。”他经常告诫后辈们“任何时候都要记住你们是我毛泽东的子女，处处事事时时都要夹着尾巴做人，做一个普通的人”。**李敏、李讷上中学开学报到那天，学校发了学生登记表，要求填写家长的姓名，毛泽东对保健医生王鹤兵说，既然是你带去的，家长当然就是你了；还有一次，李讷生病住院要填写姓名，她就填了沈娟，说是毛泽东身边保卫人员沈同的女儿。**

鞠躬尽瘁的事业观。革命先烈陈毅安在家书中表达了鞠躬尽瘁至死不渝的革命追求。革命青年面对革命事业和爱情也有犹豫，但是他说：“思前想后，除了我们努力革命，再找不出别的出路。把一切旧势力铲除，建设我们新的社会。这个时候，才能实现我们真正的恋爱。”一旦树立了革命理想，便是至死不渝的追求，他说：“但是为了革命而死，为民众谋利益而死，是不是糊糊涂涂呢？假若是的，那中国一定没有烈士，革命也永远不能成功。”为了革命的胜利，奉献了他年轻的生命。

继承和弘扬红色家风，让优良革命传统代代相传。共产党人的家风家训建设不是孤立的，它是党的建设和革命事业的一部分，不能离开科学理论的引领和支撑。每位共产党人要像老一辈共产党人那样，牢固树立正确的世界观、人生观、价值观，坚持正确的政治方向，使自己和家人始终成为共产主义远大理想和中国特色社会主义共同理想的坚定信仰者和忠实实践者，同时成为红色家风的优秀传承者和模范建设者。要将“红色”之魂植入家教、家规、家训之中。重家教，教育家人爱党、爱国和爱家，以“简朴清贫、为民奉献”为着力点，彰显共产党人的价值追求，彰显共产党人的先进性、纯洁性的本质和品格。每位共产党人都要以老一辈共产党人为榜样，永做传承红色家风的表率。特别是在现实生活中，要划清公与私、情与法、善与恶的界限，始终保持共产党人的政治清醒、政治定力和政治本色，为实现中华民族伟大复兴的中国梦凝聚强大的精神力量。

◎敢于喊响“跟我上”

革命战争时期，国共两党军队的一个明显区别就是：战场上，国民党军队军官喊的往往是“给我上”，而我军干部喊的则是“跟我上”。一声“跟我上”，如同树起一面旗，可以让一名党员拉起一支队伍、凝聚起一股力量。**一个“跟”，一个“给”，一字之差决定历史走向。**关键时刻敢于振臂高呼“跟我上”，体现的不仅是舍身忘我的崇高精神，更是率先垂范的优良作风；不仅是事不避险的实干担当，更是视死如归的勇气锐气。一声“跟我上”，“头雁”才有领导力、感染力、号召力，“雁阵”才有战斗力、凝聚力、向心力。

党章第一句话是什么？“中国共产党是中国工人阶级的先锋队，同时是中国人民和中华民族的先锋队。”何为先锋队？关键时刻率先垂范、危难时刻挺身而出、艰险时刻身先士卒。共产党人就是先锋队员，急难险重面前敢于高喊“跟我上”“让我来”“照我做”。

纵观中国革命、建设和发展的各个历史时期，涌现出无数担当重任、身先士卒、以身作则的共产党人。李天佑就是其中的典范。

中华人民共和国成立后曾任副总参谋长的李天佑，长征时担任红三军团五师师长，他在回忆文章中讲述了这样一段震撼人心的往事：1934年秋，五师担负掩护党中央渡湘江的艰巨任务。为阻击敌军，全师几乎所有营团级指挥员都冲在最前边。两个多小时内，有4位团长政委血洒阵地，他们冲锋时喊的一句话，都是“跟我上”。打到最后，营连级指挥员也所剩无几，但为了“誓死保卫中央纵队”，指挥员牺牲后便即刻有人高呼“跟我上”自动代理。最终，五师以牺牲500余人的代价，成功掩护党中央渡过了湘江。“跟我上”，表现了我军指挥员高度的责任感和虽临绝境而义无反顾的自我牺牲精神。以上率下、身先士卒，这样的党、这样的军队必定所向披靡、战无不胜！

共产党人是先锋模范的代名词。《共产党宣言》阐述了共产党人始终是各国工人政党中最坚决的、始终起推动作用的部分。以榜样感召激励官兵，发挥党员干部模范带头作用，既是我军政治工作的鲜明特色，也是党的先进性的具体体现。这是马克思主义工人阶级先锋队思想与中国优秀传统文化“以上率下、身先士卒”精神的结合。

1920年8月，蔡和森在给毛泽东的信中讲道，共产党“必如此才能养成少数极觉悟有组织的分子，适应战争时代及担负偌大的改造事业”。毛泽东复信：“见地极当，我没有一个字不赞成。”

自从党独立领导武装斗争，共产党人始终是“将革命进行到底”的表率。1927年10月，南昌起义部队余部濒临绝境，军心不稳。紧要关头，朱德站了出来，“愿继续革命的跟我走”。他胸中的信心与激情像火焰一般燃起官兵斗志，部队冲出了重围。

毛泽东改编秋收起义部队，党员干部丢掉旧军官“三金”“五皮”特殊待遇，模范带头、以身作则的重大作用显现出来。当时，一位连长在写给妻子的信中说：“我们天天行军打仗，钱也没有，衣也没有穿，但是精神非常愉快，较之从前过优美生活的时代好多了。”

1929 年，古田会议决议规定，普通士兵做到的，共产党人要带头做到，要求“不论在执行自己的职务和个人行动上，均须做全体军人的模范”。

长征中，红军总政治部要求把充分发挥先锋模范作用作为“一个主要的工作”。当时，从总司令到各级干部都把马让给伤病员和体弱战士；红二军团过雪山，军团长贺龙等党员干部牵着马，一趟趟地把病号驮到山顶。这些都鼓舞和激励着每名战士，形成强大凝聚力、战斗力，最终取得了长征的胜利。

“跟我上”的冲锋，永远比“给我上”的命令有力。在井冈山斗争的艰苦岁月，在长征过“大渡河”“腊子口”时，在塔山阻击战的烽火鏖战中，在上甘岭的枪林弹雨中，在老山前线的猫耳洞里，在抗洪抢险的大堤上，在抗震救灾一线……在国家和民族砥砺前行最困难、最艰巨、最关键的时候，正是像李天佑一样的共产党人立身为旗、时时处处以身作则，号召引领广大官兵，汇聚成上下同欲、攻坚克难的磅礴伟力，人民军队才不断从胜利走向胜利。

革命战争年代，一句“跟我上”激励广大官兵视死如归、前赴后继、英勇作战，百年来已成为我党我军的优良传统和红色基因。在血与火的考验面前，在浊浪滔天的洪水面前，在地震灾后的废墟面前，共产党人冲锋在前，“勇于挑最重的担子、啃最硬的骨头”，凭借“跟我上”的作风和行动，树起了样子，挺起了脊梁。

无论战争形态和作战样式如何变化，“跟我上”永远不会过时。因为它承载的是一种精神，传承的是一种作风，延续的是一种传统。“跟我上”作为带兵打仗的优良作风，不论平时还是战时，都是我们的传家宝。

事实证明，“跟我上”是中国共产党人传承不变的精神基因。党的十八大以来，“打铁必须自身硬”成为流行语。“其身正，不令而行。”习近平总书记强调，要求别人做的自己先做到，要求别人不做的自己坚决不做。**以身作则是最有力的引领，示范打样是最强烈的号召。**于是，“八项规定”先从政治局同志做起，先从政治局常委同志做起。党风政风焕然一新，社风民风为之一振。揆诸当前，全面深化改革是一场“人民战争”，“硬骨头”“拦路虎”“深水险滩”层出不穷。先锋队员必须冲锋在前高喊“跟我上”，坚持走在前头、干在实处，带领干部群众在“无人区”闯出一条新路。唯此，才能凝聚起磅礴力量、汇聚起无穷智慧，人民才能收获更多获得感。

共产党人从来靠做不靠说，群众从来认干不认说。从“跟我上”到“跟上我”，中间相隔的绝不单单是一句响亮的口号、一个带头的行动，而是大量干在经常、做在无形、处在“冰山之下”的工作。习近平总书记曾深刻指出：“如果群众不听，你就先跟着群众走，群众跳火坑，你也跟着跳下去。群众觉悟了，从火坑里爬出来，最终还是要跟你走。”让群众跟着走，首先要跟着群众走。拜群众为师，听群众呼声，心系群众疾苦，解决群众困难，始终与群众同呼吸、共命运、心连心。谁把人民放在心上，人民就把谁放在心上。**真心换真情，真情暖人心，共产党人只有平时“有求必应”，关键时刻群众才会“一呼百应”。**

无论是“跟我上”还是“跟上我”，前提都是写好一个“我”字。真正的共产党人必须时刻牢记我是谁、为了谁、依靠谁，始终胸怀“大我”，立足“小我”。既带头冲到群众前面去，还要俯身走到群众中间去，像全国优秀共产党员廖俊波、黄文秀那样，**能到现场就不在会场，**以实干苦干改善群众生活，**以自己的“辛苦指数”提升群众的“幸福指数”，**只有这样才能赢得群众的衷心拥戴，才能凝聚起推进中国特色社会主义事业的磅礴力量。

◎“赶考”，我们一直在路上

中华人民共和国成立前夕，毛泽东同志从西柏坡前往北京途中，多次提到李自成“进京赶考”，告诫全党“进京赶考，决不当李自成”。这场考试还没有结束，还在继续。“进京赶考”的“考生”是作为执政党的中国共产党，“考官”是人民群众和人民群众创造的历史，“考题”是各种风险和挑战，主要是“四大考验”和“四种危险”，“考试成绩”是对我们党的先进性和纯洁性的评价。考试的重要性在于，如果人民和历史不认可，考试不及格，我们党就失去执政资格。考试成败的决定因素是执政党的文风、学风和作风。毛泽东同志指出：“学风和文风也都是党的作风。”归根结底，考核的就是党的作风。我们党要想经受“四大考验”，克服“四种危险”，向历史、向人民交出满意的答卷，就必须继续以“进京赶考”的精神状态管党治党，使党的作风全面好起来。

1949 年，是中国革命进入一个新的历史阶段的关键之年。这一年，我们党面临三大历史性考试。毛泽东同志在这年召开的七届二中全会上，全面分析了党在人民民主革命取得胜利以后的国内外形势，领导全党在新的考试面前交出了一份又一份优异的答卷。

是“隔江而治”，还是将革命进行到底。抗战胜利后，蒋介石为实现独裁统治，发动了旨在消灭共产党的全面内战。当战争形势越来越不利于他们时，在美国政府的“调停”下，企图形成国共两党以长江为界的南北政权。苏联领导人从狭隘的民族利益出发，也暗示我们党向蒋介石妥协，接受“隔江而治”的分裂现实。以毛泽东同志为代表的中国共产党人革命不是要偏安一隅，更不是要与国民党平分天下，而是要建立一个强大统一的人民共和国。党带领人民最终取得解放战争的胜利，建立了由人民当家做主的中华人民共和国。回首历史，中国能在艰难条件下实现国家统一，不能不说中国共产党人在是分裂还是统一的考题前，向中国人民交上了一份优异的答卷。

是“打江山、坐江山”，还是“万里长征走完了第一步”。中国共产党领导中国人民进行艰苦卓绝的革命斗争，“打江山”是要在中国建立社会主义制度，最终实现共产主义的伟大理想。这与中国历史上历次农民起义“打江山”是为了“坐江山”的狭隘观念有着本质的区别。当革命胜利即将到来之时，少数共产党员和革命群众也产生了“坐江山”的思想，有的热衷于“三十亩地一头牛、老婆孩子热炕头”的安逸生活；有的认为革命成功了，应该好好享受胜利果实；有的自恃革命有功，躺在功劳簿上止步不前，甚至作威作福等。所有这些表现，都是与我们党的宗旨和初心格格不入的。我们即使取得了全国胜利，与实现共产主义远大理想还相差甚远，这是万里长征走完了第一步。正是这种在胜利面前保持着清醒的头脑和广阔的胸怀，才使我们党充满自信地表示，决不当李自成！在历史的转折关头和重大的考验面前，又一次交出了优异的答卷。

在敌人的“糖弹”面前，是经得起攻击还是要打败仗，这是面临的又一个重大考验。毛泽东同志高瞻远瞩地指出，可能有这样一些共产党人，他们是不曾被拿枪的敌人征服过的，他们在这些敌人面前不愧英雄的称号；但是经不起人们用糖衣裹着的炮弹的攻击，他们在糖弹面前要打败仗。为此，他提出了“两个务必”的著名警示。后来的历史事实证明，直到今天的反腐败斗争，无不显示出“两个务必”的前瞻性和真理性。

在它的指引下，面对纷繁复杂的社会矛盾和糖衣炮弹的攻击，中国共产党人坚定理想信念，保持优良传统，拒腐蚀、永不沾，经受了新的考验，再一次交出了优异的答卷。

在这样的历史条件和时代背景下，我们党在一场又一场的考试中取得了优异成绩，产生和形成了与井冈山精神、长征精神、延安精神、西柏坡精神一脉相承的“赶考”精神，实现了中国共产党的长期执政。

历史是一面镜子，“赶考”路上倒下的比比皆是。李自成率农民军征战多省，所到之处，打倒豪强，开仓济民，提出均田免赋，深得民心。但在打进北京城后，李自成骄傲自满、奢侈腐化，主要将领追求享受，烧杀抢掠。李自成在北京城仅仅待了 40 多天，就被吴三桂和清兵联手赶了出去，大顺朝迅速走向灭亡。

作风建设永远在路上，毛泽东同志告诫全党：“因为胜利，党内的骄傲情绪，以功臣自居的情绪，停顿起来不求进步的情绪，贪图享乐不愿再过艰苦生活的情绪，可能生长。”习近平总书记在庆祝中国共产党成立 95 周年大会上强调：“作风建设永远在路上。‘己不正，焉能正人。’我们要从中央政治局常委、中央政治局、中央委员会抓起，从高级干部抓起，持之以恒加强作风建设，坚持和发扬党的优良传统和作风，坚持抓常、抓细、抓长，使党的作风全面好起来，确保党始终同人民同呼吸、共命运、心连心。”

人民群众是历史的创造者，是真正的英雄，是这场考试的“考官”。一个政党，一个政权，其前途和命运最终取决于人心向背。一个党的作风如何，决定人民群众是拥护它，还是抛弃它。我们党有 9000 多万党员、460 多万个党组织，这么多党员、党组织植根于民、遍布各地，如果管得严，作风正，就能够团结带领 14 亿人民群众，心往一处想、劲往一处使，就能战胜任何困难和风险。

历史表明，一个党执政时间越长，越容易受到权力的腐蚀，脱离群众的危险就更加严峻，而脱离群众正是我们党执政后面临的最大危险。苏联共产党在长期执政过程中漠视人民利益，逐渐脱离群众，蜕变为既得利益集团，最终被人民抛弃。前车之鉴，历历在目。习近平总书记指出："全党同志要把人民放在心中最高位置，坚持全心全意为人民服务的根本宗旨，实现好、维护好、发展好最广大人民根本利益，把人民拥护不拥护、赞成不赞成、高兴不高兴、答应不答应作为衡量一切工作得失的根本标准，使我们党始终拥有不竭的力量源泉。"

执政 70 多年来，一代又一代共产党人始终不忘初心，牢记党的宗旨，坚持和发扬党的优良作风，始终保持党在政治上、思想上、组织上的先进性和纯洁性，我们党才不断从一个胜利走向另一个胜利。保持党的先进性和纯洁性、保持党的良好作风，**一时一事易，一以贯之难。**

习近平总书记指出："我们加强党的建设，就是要同一切弱化先进性、损害纯洁性的问题作斗争，祛病疗伤，激浊扬清。全党要以自我革命的政治勇气，着力解决党自身存在的突出问题，不断增强党自我净化、自我完善、自我革新、自我提高能力，经受'四大考验'、克服'四种危险'，确保党始终成为中国特色社会主义事业的坚强领导核心。"

70 多年来的"进京赶考"之路，中国共产党团结带领人民成功跨过几次大的磨难和无数小的挫折，艰难困苦，玉汝于成，取得了优异的成绩。但"进京赶考"之路才刚刚跨过起点，考试远没有结束，还要持续考下去。

全党同志必须始终保持清醒头脑，永远保持"进京赶考"的精神状态，在作风上不断取得新成绩，**在解放思想、改革开放上不断开辟新境界，在凝聚力量、攻坚克难上不断取得新突破，**使我们党能够在世界形势深刻变化的历史进程中始终走在时代前列，在应对国内外各种风险考验的历史进程中始终成为人民的主心骨，在坚持和发展中国特色社会主义的历史进程中始终成为坚强的领导核心，带领人民实现中华民族的伟大复兴。

第九章

钢铁纪律的约束力

党是用革命理想和铁的纪律组织起来的马克思主义政党，组织严密、纪律严明是党的优良传统和政治优势，也是我们的力量所在。

我们党是靠革命理想和铁的纪律组织起来的马克思主义政党，毛泽东同志说过："加强纪律性，革命无不胜。"纪律，严明的纪律，让中国共产党从一个只有50余名党员的小党，发展成拥有9000多万党员的大党，成为中华民族最具先进性、纯洁性和纪律性的坚强领导核心。可以说，纪律是我们党不断发展壮大的"生命线"，是任何党员都不可触碰的"高压线"，也是为党和国家各项事业保驾护航的"安全线"，更是我们党不断前进的原动力，它始终镌刻在党的旗帜上、流淌在党的血脉中。

◎ 立党兴党的强大武器

中国共产党是用铁的纪律组织起来的马克思主义政党，组织严密、纪律严明是党的优良传统和政治优势。党在革命、建设和改革的各个历史时期都始终把纪律建设摆在重要位置，历次党章修改都对党的纪律作出明确规定，高度重视纪律建设，对违反纪律的行为进行坚决斗争，从而确保了党的团结统一和强大的战斗力，取得了革命、建设和改革事业的伟大胜利。

纪律是党的各级组织和全体党员必须遵守的行为规则。中国共产党诞生伊始就注重纪律建设，并以此著称于世。这一方面，是因为我们党是根据马克思列宁主义原则建立起来的。列宁指出：“如果我们党没有极严格的真正铁的纪律……就是两个半月也保持不住。”另一方面，这也是我们党在旧中国极其险恶的政治社会环境下生存和发展，领导民主革命，实现党的政治理想和奋斗目标所必需的。两者相结合，就形成了我们党严明的纪律性，而居其首位的当数政治纪律。

“必须绝对保持党的纪律，否则将一事无成！”马克思的真知灼见，为新兴的中国共产党提供了“纪律立党”的指南。回首峥嵘岁月，从井冈山斗争、三湾改编到延安整风，纪律这条“生命线”脉络始终清晰可辨。“由小到大，靠的是什么？很重要的一条，就是严明的纪律。”铁的纪律和严密的组织一直是我们党的政治优势，纪律建设关系人心向背，连着党的生死存亡。

党的纪律是新民主主义革命胜利的重要政治法宝。党的纪律是党的各级组织和全体党员必须遵守的行为规矩，是维护党的团结统一、完成党的任务的保证。

新民主主义革命时期，针对农民阶级和城市小资产阶级出身占绝大多数的党情，毛泽东同志郑重告诫全党：“没有纪律是不行的”，“加强纪律性，革命无不胜”。

在白色恐怖的环境里和敌强我弱的条件下，根据马克思列宁主义建党原则，我们党依托战争载体，建立政治规矩，开展党的纪律建设，不仅把维护执行党的纪律列入党章“总纲”，还将其作为包括“领袖人物”在内的中央领导机关和党的各级干部都必须共同遵守的政治规矩。中央苏区时期，为防止干部产生官僚、腐化、贪污现象，在加强干部廉政教育的同时，我们党建立了财政管理、民主监督等制度，严明纪律要求，严惩腐败分子，使苏维埃政府成为“空前的真正的廉洁政府”。刘少奇同志就曾主持过中央苏区惩腐行动，查处中央财政部会议处处长许文亮贪污腐化案、查处中央造币厂印刷厂等企业“硕鼠”、查处中央总务厅厅长赵宝成和“二苏大会”工程处处长左祥云贪污犯罪案等，彰显了苏区政府惩治腐败的坚强决心和信心，为苏区干部好作风的养成提供了有力保证。群众高兴地说，共产党法纪严明，一定能得天下。此后在党的发展进程中还制定了《坚决清洗贪污腐化分子》《关于惩治贪污浪费行为》训令、“三大纪律八项注意”等纪律法规，不断**从思想上建设党、从战争中锻造党、从纪律中规范党，**“统一各级领导机关的行动”；不仅确立了“全心全意为人民服务”的根本宗旨和“两个务必”的纯洁性要求，而且以史为鉴，厉行制度，严肃纪律，开除了少共中央局巡视员郑茂德，监禁了于都县苏维埃主席熊仙壁，枪决了有着“光荣斗争历史”的黄克功等，努力建设“一个有纪律的、思想上纯洁的、组织上纯洁的党”，带领全国人民推翻了“三座大山”，保障了新民主主义革命的伟大胜利。

党的纪律是社会主义革命和建设的重要政治保障。在社会主义革命和建设时期，为克服党内“停顿起来不求进步的情绪，贪图享乐不愿再过艰苦生活的情绪”，**我们党把李自成农民起义军“打江山十八年，坐江山四十二天”和蒋介石国民党政权在大陆的崩溃作为两面镜子，依托运动载体加强党的纪律建设，着重从政治上教化党、从运动中清理党、从纪律中保障党，**确立了“进城赶考得考个好成绩”、破除“历史周期律”的新目标新要求，增强管理城市和建设新中国的本领。

在这一期间，着眼于管党治党，我们党不仅制定了《关于在全党和全军开展整风运动的指示》《党政干部三大纪律八项注意》《惩治贪污条例》等纪律规矩，而且处决了“地位高、功劳大、影响大”的刘青山、张子善等腐败分子，清理了一批不合格党员，仅 1950 年初至 1954 年春就清理 32.8 万多名党员，进一步巩固和纯洁党的组织，保证党的集中统一领导。特别是党的八大，以毛泽东同志为代表的中国共产党人“探讨了斯大林错误的教训”，“以苏联经验为鉴戒”，发展党内民主，反对个人崇拜，在党章中阐述了党的纪律的特征、要求和重要性，创新了执政党自身建设和管党治党的成功经验。严肃党的政治纪律和政治规矩，成为中国共产党的重要政治保障。

党的纪律是改革开放和社会主义市场经济建设的重要政治优势。改革开放以来，**我们党把“苏联模式”和中国“文化大革命”作为改革开放条件下治国治党的两面镜子，依托制度载体，创新党的纪律建设，注重制度建党、纪律护党、依规治党，**独创性地解决党的纪律建设中的特殊矛盾和复杂问题，确立了“维护党规党法，切实把我们的党风搞好”、解决“两大历史性课题”、应对“四大考验”、化解“四个危险”、保持先进性和纯洁性的新要求新目标，制定了《关于党内政治生活的若干准则》《纪律处分条例》《廉政准则》等纪律规矩，引导约束各级领导机关和党员干部的用权行为、道德行为。

党的十八大以来，创造性地运用马克思列宁主义建党原则，深刻总结我们党管党治党历史经验，创新性地提出制度管党、制度治党的新原则，提出全面从严治党、依规治党的新战略，提出“党纪严于国法，把纪律挺在前面”的新任务，提出党员队伍建设“控制总量、优化结构、提高质量、发挥作用”的新要求，坚持“老虎”“苍蝇”一起打，一批贪官污吏受到党纪国法惩处，不敢腐的震慑作用得到发挥，不能腐、不想腐的效应初步显现，党风为之一新，民心为之一振。严肃查处了周永康、徐才厚、郭伯雄、令计划、苏荣、谷俊山等严重违反党的纪律和规矩的高级干部200多人，从而不断优化从政环境，净化政治生态，永葆党的先锋队性质和先进性纯洁性的政治优势。

党的纪律是立党兴党的强大武器，直接关系党的团结统一，关系党的路线方针政策的贯彻落实，关系党的凝聚力、创造力、战斗力的提高，关系党的各项任务的顺利完成。中国共产党依靠严明党的纪律这一马克思列宁主义建党原则和自身建设的重要政治法宝，在革命、建设和改革过程中从胜利走向胜利，成为中国无产阶级的先锋队，成为中国人民和中华民族的先锋队。

◎ 党章照亮治党之路

党章如旗，指引我们党胜利的方向；党章如史，记载我们党进步的历史；党章如尺，量出我们党的规矩方圆。党章的演进史，就是一部中国共产党的思想发展历史。党章是我们共产党人心目中最本真的文字，最神圣的经典，但它又不是一成不变的，我们党根据时代发展要求和使命不断赋予党章新的内容，从而使党章能够指挥全体共产党人始终为实现共产主义而不停奋斗。

党章，是政党为保证全党在政治上、思想上的一致和组织上、行动上的统一所制定的章程。习近平总书记指出："党章就是党的根本大法，是全党必须遵循的总规矩。"中国共产党自成立之日起，就严格按照马克思列宁主义建党原则，把纪律和规矩写在自己旗帜上。政治纪律、组织纪律等各项纪律建设每向前迈进一步，都会在党章中有所体现和强化。可以说，一部党章发展史也是一部党的纪律建设史。

中国共产党从建党之初就高度重视纪律建设，从一大纲领到十九大党章，纪律规定一直是其重要组成部分。

党章是中国共产党集体智慧的结晶，是党的历史的缩影，指引、见证并展现了我们党成长、成熟、发展、壮大的光辉历程，是我们党奋斗历史的高度凝练和概括总结。可以说，党章的每一个条文背后都有深厚的理论和实践支撑。学懂弄通党章，不能就党章而学党章，而是要在通读原文的基础上，联系党的历史和今天党所处的历史方位、承担的历史使命的实际，联系党的性质宗旨和今天更好为人民服务的实际，联系党的纪律规矩和今天解决好党内存在的突出问题的实际等，从党章原文出发，走进历史深处、感悟如磐初心。

总结规律和经验，有助于为实现中华民族伟大复兴的中国梦和"两个一百年"的奋斗目标提供强有力的纪律保证，党的建设永远在路上，依纪依规治党是事关长期执政、长治久安的战略性、大局性问题。透过党章这扇特殊的窗口考察党的纪律建设，进一步把握纪律建设的历史渊源，进一步把握纪律建设的理论内涵，进一步把握纪律建设的实践方向，对推动全面从严治党向纵深发展具有重要的意义。以党章为本源的纪律是党的事业发展壮大的根本遵循，**以党章为本源的纪律体系必须不断深化完善，以党章为本源的纪律建设必须彰显“纪严于法”**，党的纪律建设必须有专门的监督机构履职尽责，**以党章为本源的纪律要“真正成为带电的高压线”。**

加强纪律性，革命无不胜。历史证明，党章中的纪律建设是我们党从小到大、从弱到强的根本法宝，是我们党区别于其他一切政党和派别组织的独特优势和“政治基因”。1949 年庆祝中国共产党成立 28 周年之际，毛泽东在总结新民主主义革命经验时指出，首要的是“一个有纪律的，有马克思列宁主义的理论武装的，采取自我批评方法的，联系人民群众的党”。在以党章为基本依据的纪律建设的有力保障下，我们党从一个开始只有 50 余名党员的小党，到 1949 年 9 月已成为拥有 448 万余名党员的全国范围的马克思列宁主义政党，发展到现今拥有 9000 多万党员的大党，百年来取得了革命、建设和改革的一个又一个胜利。党之所以有今天的成就和辉煌，原因有很多，但与始终坚持从严治党、始终坚持从严执纪密不可分。特别是时时将纪律凝结和固化在党章中，细化党纪规定，亮明执纪标准。愿更多的共产党人能够自觉学习党章、遵守党章、贯彻党章、维护党章，自觉做到内化于心、外化于行，思知所据、行有所止、遵规守矩、敬法畏纪，从而提升党的凝聚力、战斗力、领导力和执行力，把我们党建设成为最具先进性、纯洁性、纪律性的坚强领导核心。

◎党的纪律是党的生命

从中国共产党诞生开始，**党的纪律犹如一条生命线，是任何党员都不可触碰的“高压线”，也是为党和国家各项事业保驾护航的“安全线”，**始终镌刻在党的旗帜上、流淌在党的血脉中，贯穿于党的不同历史时期，保证了党在不同时期历史任务的完成，实现了我们党由小到大、由弱到强、从幼稚走向成熟，是我们的事业不断从胜利走向新的胜利的可靠保证。

建党初期党的纪律保持了党的生命力。在早期的建党活动中，党的纪律一直备受关注。中国共产党最早的党员之一蔡和森，在1920年留法期间写给毛泽东的信中就指出：以后的中国共产党须向俄国布尔什维克党学习，**“党员须守‘铁的纪律’，党的组织为极集权的组织，党的纪律为铁的纪律，必如此才能养成少数极觉悟极有组织的分子，适应战争时代及担负偌大的改造事业”。**1921年7月，党的一大特别强调党的保密纪律，即党纲第六条：“在党处于秘密状态时，党的重要主张和党员身份应保守秘密。”这是中国共产党在旧中国没有民主、只有强权高压环境下的必然抉择，是中国共产党在高压环境下能够生存、巩固和发展的一条重要经验。此后，每一部党章均特别强调“保守党的秘密”这条重要纪律原则。1922年7月，党的二大讨论通过了中国共产党第一部比较完整的章程——《中国共产党章程》，并且第一次设立“纪律”专章，特别突出党的组织纪律和政治纪律。在组织纪律建设方面，构建了较为严密的组织体系，明确了“组—地方支部—地方执行委员会—区执行委员会—中央执行委员会”的党组织构架。建党之初，中国共产党处于内外交困的境地时，更需要团结一致，保持党组织的纯洁性，保存党的生命力。

革命战争时期党的纪律提高了党的战斗力。从1923年到1949年间，中国经历了大革命、土地革命、抗日战争和解放战争，我们党在艰苦的环境下高度重视和加强党的纪律建设，并依靠严格的纪律保证党的路线、方针、政策的执行，保证党的团结与统一，保证党和人民军队的成长壮大，形成了强大的战斗力。1923年“二七惨案”发生后，许多共产党人开始认识到建立革命统一战线的必要性。中共三大决定采取共产党员以个人身份加入国民党的方式实现国共合作。为避免受到资产阶级思想的侵蚀，三大党章严格入党手续，新党员入党“须有正式入党半年以上之党员二人之介绍”。同时，为了提高党员质量，第一次增加了党员候补期的规定；首次提出党员可以“自请出党”。这是为了保证在国共合作期间党组织的纯洁和坚固，体现了纪律建设的务实精神和实践导向。四大党章突出组织纪律建设，强化对组织和党员日常监管。五大党章中，首次以专章规定设立中国共产党历史上第一个专门的党内纪律检查机构——中央监察委员会，并赋予了监察机关很高的地位，明确提出中央及省监委会成立的目的是“巩固党的一致及权威”。这些都是“纪律立党”精神的充分体现。第一次国内战争失败后，党的各项工作都进入了极其困难的境况。面对严峻的形势，党的六大在莫斯科召开，会上通过了新的《中国共产党章程》，突出强调“严格的遵守党纪为所有党员及各级党部之最高责任”，明确了执行民主集中制的操作性规则，这对于纠正党内家长制和极端民主化两种倾向、加强组织纪律建设影响深远。

中华人民共和国成立后党的纪律确保了党的续航力。中华人民共和国成立后，党的地位和任务发生了巨大变化：党成为执政党，党的任务由革命变为建设。为适应新形势新变化，党的八大通过了新的党章，突出强调要加强执政党建设。强调党是靠“纪律联结”的“战斗组织”，“没有纪律，党决不能领导国家和人民战胜强大的敌人而实现社会主义和共产主义”。八大党章关于纪律的规定总结了历史的经验教训，体现了党成为执政党的新特点，已经相当成熟。但是后来由于党在指导思想上“左”的错误不断发展，政治路线发生重大偏差，终致“文化大革命”的爆发，八大党章中的纪律规定非但没有正确地执行，反而遭受严重的破坏。“文化大革命”爆发后，党和国家的各级组织都受到了严重的冲击，广大党员被剥夺了应有的权利，基本上停止了组织生活，“四人帮”鼓吹“抢班夺权”，党内纪律遭到肆意践踏。“文化大革命”中召开的九大、十大，都对党章进行了修改，但是在林彪和“四人帮”的破坏下，党章中的纪律规定不仅没有进步，反而出现了严重的倒退。如，虽规定党员违反党纪应给以处分，但对基于什么纪律、遵循什么程序等，都没有明确界定，既无“纪律”专章，又取消了监察委员会，给党内政治生活带来严重后果。正如邓小平同志所指出：“九大、十大搞的党章，实际上不大像党章……需要修改。”“文化大革命”结束后，重新树立纪律的权威成为党建的头等大事。十一大党章恢复了党的组织原则和纪律要求，恢复了党的执纪机构。为恢复各级纪律检查委员会提供了根本依据，为恢复重建纪律检查机关、加强党的纪律建设奠定了坚实基础。

改革开放以后党的纪律增强了党的凝聚力。十一届三中全会结束了党的工作在徘徊中前进的局面，实现了中华人民共和国成立以来党的历史的伟大转折。十二大党章让纪律建设重回正轨。把加强党的纪律建设放在重要位置，明确把“实行在党的纪律面前人人平等的原则”写进了党章总纲，把纪律要求纳入党员必须履行的八项义务，同时把“严守党的纪律”写入入党誓词。这对于增强党员的责任感和纪律性、维护党的团结统一具有重要的意义，也宣告纪律建设重回正轨。

十三大党章以党内民主推进纪律建设，完善党内讨论和决定重要问题的办法和程序，进一步严明党的组织纪律。十四大党章把从严治党方针写进总纲。标志着我们党正式将其作为管党治党、严明党纪的总遵循和根本原则，更加注重党规党纪教育。从纪律建设的角度来说，十四大以后，党章的内容设置和规范要求逐渐定型化、常态化。十六大党章强调“依法治国”，强化法制意识。这标志着党的执政方式的重大转变，有利于全党进一步增强法制观念，培养依法执政、依规治党的自觉，维护党的纪律。十七大党章首次将党风建设和廉政建设的“十六字方针”写进党章。这是对党风廉政建设实践经验的科学总结和充分肯定。十八大党章延续从严治党的纪律建设基本方略。党的十八大以来，党中央高度重视纪律建设：强化干部监管；引导示范带头；提倡厉行节俭；规范公务行为；严禁公款送礼，抓紧形成不想腐、不能腐、不敢腐的有效机制。打破了中国官场多年潜规则，“刑不上大夫”正式成了历史。我们党严肃查处高级干部严重违纪问题的决心和态度，向全党和全社会表面，无论什么人，无论其职务多高，只要触犯了党纪国法，都要一查到底，决不姑息。丰富的实践为党内法规制度创新奠定了坚实基础。十八大以来，中央共出台或修订近 90 部党内法规，超过现有党内法规的 40%。这些党内法规制度的出台，既体现出党中央管党治党的新理念新思想新实践，也为全面从严治党提供了制度保障，促进了党的团结统一，增强了党的凝聚力，使党和国家事业发生历史性变革、取得历史性成就。

建党百年的实践表明，什么时候党的纪律严明、执行有力，什么时候革命、建设和改革就能取得胜利。当前推进全面从严治党，不仅仅是反腐败，更是把纪律挺在前面，用纪律和规矩管住全党，防患于未然，以严肃的纪律提升党的凝聚力和战斗力，保证改革发展顺利推进。

◎路线是“王道”，纪律是“霸道”

“王道”指的是正确的政治道路，“霸道”则是保证执行并见成效的一系列具体方法和手段。毛泽东同志说，路线是“王道”，纪律是“霸道”，这两者都不可少。毛泽东同志曾经借用《西游记》的故事来形容党的纪律。1942年延安整风时，他说：“身为党员，铁的纪律就非执行不可。孙行者头上套的箍是金的，列宁论共产党的纪律说纪律是铁的，比孙行者的金箍还厉害，还硬。”纪律应该落实为刚性的组织纪律和严密的组织体系。如果党的纪律成了摆设，就会形成“破窗效应”，使党的章程、原则、制度、部署丧失严肃性和权威性，党就会沦为各取所需、自行其是的“私人俱乐部”，缺少组织性，人数再多也不过是散兵游勇。1938年，中共中央召开六届六中全会，制定了一系列党内政治纪律，是一次在全党“立规矩”的重要会议。会议首次明确要求，全体党员要做到“四个服从”——个人服从组织、少数服从多数、下级服从上级、全党服从中央。毛泽东同志在这次会上强调：“没有纪律，党就无法率领群众与军队进行胜利的斗争。”

从1927年创建到1948年辽沈战役结束，中国共产党领导的人民军队，不论在数量、武器装备，还是在所处的环境上，始终处于相对劣势。然而，这支军队在与国民党军队的较量中最终得以胜出，原因何在？“三大纪律八项注意”发挥了十分关键的作用。

国民党军队也有纪律，而且还是一个庞大的体系。但其在战争中常常因为纪律松散、缺乏凝聚力而吃败仗。那么，人民军队的纪律与国民党军队的纪律有何不同？首先，这取决于两党的不同性质：国民党是一个缺乏先进性和整合力的政党，内部各个派系为一己之私而矛盾重重，使得纪律往往形同虚设；中国共产党作为无产阶级的先进政党，实施党的绝对领导与军事上“一切行动听指挥”的有机统一，因而纪律严密高效。其次，还与纪律的内容、表现形态、贯彻和传播方式密切相关。

总结“三大纪律八项注意”贯彻实施的历史经验，行为规范的内容不在多，而在于精和管用。“三大纪律八项注意”体现了大道至简的特点，它简单明了、接地气，极易被广大官兵接受。1928 年 4 月，毛泽东同志在总结经验的基础上，规定工农革命军必须执行三大纪律、六项注意。三大纪律是：行动听指挥，不拿工人农民一点东西，打土豪要归公；六项注意是：上门板，捆铺草，说话和气，买卖公平，借东西要还，损坏东西要赔。后来，又增加了洗澡避女人和不搜俘虏腰包两项内容，发展成为“三大纪律八项注意”。此后虽有所完善和修订，但始终是“三大纪律八项注意”，并在人民军队里成为口口相传、人人皆知和牢记的行为规范。

对比来看，国民党曾制定了一套完整、系统的军事法纪。例如，抗战时期，针对军队纪律不严的问题，出台了一系列整饬军纪的文件。其中，仅军法执行总监部 1940 年编辑的《现行军法类编》就列入军法 201 项。如此纷繁复杂的条文，让人难以把握，更是难以践行。此外，即便具有普遍指导意义且表述简单的国民党党员守则也有 12 条，包括“信义为立业之本、和平为处世之本、礼节为治事之本、服从为负责之本、勤俭为服务之本、整洁为强身之本、学问为济世之本、有恒为成功之本”等。可就算这些貌似简洁的规范，对于下层官兵来说也是不简单的。其实，就军队来源上看，共产党与国民党没有明显差别，主要是农民。而修身齐家的道德规范与他们的所思所想和实际接受水平，显然有较大距离，自然难以得到贯彻。

总结“三大纪律八项注意”贯彻实施的历史经验，我们会清楚地认识到：执行纪律制度的重要性，一个军队或一个政党，要使自己的行为规范、思想理论产生实效，必须具备先进性。**这种先进性不在于话语表达多么高大上，而在于其实质能否体现大多数人的利益诉求；不在于体系有多么庞大，而在于能否切中要害、激发认同。**只有变成人们的自觉行为，只有执行纪律自觉，才能最终形成强大的力量。

毛泽东与蒋介石的“共识”：胜与败，要害在执行纪律。

1949 年 6 月，毛泽东在《论人民民主专政》中总结概括了 28 年革命斗争战胜敌人的三件武器，其中第一件就是“一个有纪律的，有马克思列宁主义的理论武装的，采取自我批评方法的，联系人民群众的党”。他把纪律放在最前面，是总结了党的整个历史后作出的决定，而最直接的背景应该就是 1948 年中国共产党加强纪律性的成功实践。

1949 年，即将败退台湾的蒋介石在反思失败的原因时，也有过一段刻骨铭心的总结：“感知国军失败，不是因为外敌，而是因为内乱”，“共匪之优点，一、组织严密。二、纪律严厉。三、精神紧张。四、手段彻底。五、军政公开。六、办事方法：调查、立案、报告、审查、批准、执行、工作检讨。七、组织内容：干部领导、由下而上、纵横联系、互相节制、纠察彻底、审判迅速、执行纪律、主义第一。”而国军“都养成自保自足的恶习，只看到带领的一部的利害，对于友军的危难、整个战局的成败，几乎漠不关心……纪律如此废弛、精神如此低落，要与凶顽狡猾的匪军作战，绝无幸免于消灭的道理”。蒋介石的这些话，当然难脱推卸责任之嫌，但在大局鼎定之际，作为这场战争最大失败者的蒋介石的上述评价，耐人寻味。

值得关注的是，毛泽东和蒋介石，作为这场战争胜利一方和失败一方的主要领导者，具有各不相同的世界观，他们从不同的阶级立场出发去回顾和总结这场斗争过程的成败得失，却在中国共产党的纪律问题上取得了同样的认识，都认为这是事关双方胜负的一个关键因素，却是发人深思的！

执行是纪律的生命力所在。**“木受绳则直，金就砺则利。”**党的纪律不是摆设，凡是违反党的政治纪律、组织纪律、廉洁纪律、群众纪律、工作纪律、生活纪律的行为，都不能放过，更不能放纵。党的纪律是高压线，不允许随意触碰，对于一些侵入党内的潜规则，必须拿出认真的精神，高度警觉，敢于较真，敢于亮剑，以踏石留印的作风破除潜规则，决不能任由党纪成为“纸老虎”和“稻草人”。坚持把纪律挺在前面，使纪律成为带电的高压线，敢于向一切违反党的纪律的行为“亮剑”，让纪律立起来、严起来。

◎纪律严于“金箍”

纪律是执行路线方针政策的保证。延安时期，随着中国共产党的不断成熟、事业的不断发展，党的纪律建设也日渐完善，在明纪律严执纪、立制度定规矩、重垂范抓具体等方面取得巨大成就。这为保证党和人民军队的纯洁巩固、夺取抗日战争的全面胜利，发挥了不可替代的作用。

“纪律是铁的，比孙行者的金箍还厉害”。在陕北落脚之后，中国共产党大量发展党员，力图建立最广泛的抗日民族统一战线。随着党员队伍的不断壮大，一些非无产阶级思想也渗透进党的组织里。如何处理好党的发展与组织纯洁性的问题，中国共产党的领导人进行了深入的思考。

1938 年 9 月 29 日至 11 月 6 日，中共中央召开六届六中全会。这次会议制定了一系列党内政治纪律，是一次在全党“立规矩”的重要会议。会议首次明确要求，全体党员要做到“四个服从”——个人服从组织、少数服从多数、下级服从上级、全党服从中央。毛泽东同志在这次会上强调：“没有纪律，党就无法率领群众与军队进行胜利的斗争。”

陈云曾讲道：“没有一个具有铁的纪律的党，无产阶级就不能团结和领导小资产阶级。”此时的中华民族面临生死存亡，中国共产党领导八路军、新四军创建敌后根据地，成为中华民族领导抗战的中流砥柱。在这个关键历史节点上，要维护党的团结统一，加强党的执政能力，实现对军队的绝对领导，党的纪律的重要性尤其凸显。为此，陈云指出：“可否不要纪律呢？如果不要也可以，那就是毛主席讲的六个字：‘亡党亡国亡头’，就不可避免。如果党是一支战斗的党，依靠的唯一的武器就是纪律。”

党员的一言一行，是检验每一个共产党人是否遵守党的纪律的最直接的切入点。因此，遵守党的纪律，维护中央权威，不仅体现在思想上政治上与党中央保持一致，更要落实到每一名共产党员平时的言行中。1939 年 5 月，陈云强调：“不管你是中央委员，还是一般党员，不管你是老党员，还是新党员，都要遵守纪律。”“不管是中央委员会，还是支部委员会，都要遵守纪律。”“党内不准有不遵守纪律的‘特殊人物’‘特殊组织’。”

纪律面前特权无所遁形，纪律面前没有特殊公民，这是延安时期中国共产党具有极强纪律观念的真实写照。当毛泽东的表兄文运昌得知毛泽东在延安做了“大官”而请求介绍工作时，毛泽东回复：“吾兄想来工作甚好，惟我们这里仅有衣穿饭吃，上至总司令下至伙夫，待遇相同，因为我们的党专为国家民族劳苦民众做事，牺牲个人私利，故人人平等，并无薪水。”与此类似的是，**陈云有一次在进延安城北门时被岗哨挡住，在认真系上了风纪扣后，哨兵才让陈云进去。这个风纪扣就是纪律扣，系上的是纪律的一视同仁。**

1941 年 2 月，王明致信陈云，要求中国女子大学学生归中央组织部随时调动到各项工作去的比例降低为 25%。陈云在复信中指出，这是“中组部依照最近中央多数同志通过的决定”“我们彼此仍以服从中央书记处多数同志通过的决定为好”“我是党的工作者，我的责任和我的要求，也仅仅是‘一视同仁’四个大字”。陈云的“一视同仁”就是党的领导干部严格遵守党纪、不能搞特殊化的表现。

延安时期，党对于违法乱纪的党员，特别是领导干部，一经发现，均按规定给予处分。当时严肃处理了两起具有较大影响的案件：刘振球案件和黄克功案件。两人都参加过长征、战功赫赫。刘振球犯了严重官僚主义、侵吞公款等错误，“经常拿公款购买私人奢侈品，几个月中，此类费用在 300 元左右，又将公款 240 元私吞”。黄克功在抗日军政大学学习期间因逼婚不成枪杀陕北公学女学生刘茜，对党和军队造成了很坏影响。对刘振球，中央军委总政治部党务委员会作出如下决定：“为着巩固党，严格党的纪律，特开除刘振球的党籍，交法庭处理。”而黄克功，则被交付陕甘宁边区高等法院判处死刑，立即执行。

“党规一经制定，就应不折不扣地实行起来，以统一各级领导机关的行动”。延安时期，摆在党面前的重要任务是争取民力而壮大队伍，这就需要极大地加强党的纪律建设，树立新形象，凝聚新力量。随着形势发展，特别是抗战形势的风云突变、国民党溶共政策的渗透，中国共产党的组织和成员面临严峻考验。对此，毛泽东保持着高度的警惕，提出要防止“国民党用升官发财、酒色佳肴、沉溺享乐引诱共产党干部”。

毛泽东及时告诫：“要把现在许多人中间流行的那种自私自利，贪生怕死，贪污腐化，萎靡不振的风气，根本改变过来。”他还在《论新阶段》中提出：“从中央以至地方的领导机关，应制定一种党规，把它当作党的法纪之一部分。一经制定之后，就应不折不扣地实行起来，以统一各级领导机关的行动，并使之成为全党的模范。”

干部越大，越讲纪律，这是延安时期中国共产党凝聚人心、统一组织的朴素真理。1943 年，边区政府发布“厉行节约”五条规定，边区政府主席林伯渠身体力行，公开自己包括戒绝外来纸烟、生活用品自给的计划。转战陕北时，任弼时发现儿子任远远接受了村干部送的“小老鼠”玩具，随即严肃地让他归还。在遵守纪律方面，上行自然下效，由此产生了张思德在一次买猪过程中，因错赶了群众一头猪而顶着烈日折回十几里地将猪送还的故事。

反过来，凡是违反组织纪律、践踏党的纪律者，不论其资历深浅、职位高低，党组织决不姑息手软，必定严惩不贷。赵文源曾是八路军合作社副主任，对婚姻问题没有正确态度，结婚时不报告党组织，婚后恶待新妇；雇工人打窑洞时扣工人工资，结婚私用公款 420 元。党组织在谈话教育无效后对其进行处分，他趁反“扫荡”之机逃跑。1943 年 6 月 22 日，第十八集团军总支委员会发出《关于开除赵文源党籍的决定》。再如肖玉璧，他利用担任清涧县张家畔税务分局局长之便利，贪污受贿，与他人合伙做生意，甚至把根据地奇缺的粮、油卖给国民党军队，贪污公款 3050 块大洋。案发后，边区政府依法判处其死刑。延安时期的纪律工作正是从领导干部做起，从小事抓起，树立典型，形成震慑，使纪律成为带电的高压线。

纪律严明，则党治国兴；纪律废弛，则党乱国衰。延安时期的纪律工作，使得理论实践相结合，党规党纪共完善，特色鲜明、成效显著，维护了党和军队的团结统一，增强了党和军队的战斗力和凝聚力。今天我们回首延安时期的纪律建设，学习这些好做法，对于推动全面从严治党向纵深发展具有重要的启示意义和借鉴作用。

◎ 用钢铁纪律纯洁党性

党纪与党性是不可分割的，严守党纪是党性坚强的重要表现。一方面，党性决定党纪，不同的党性会形成不同的党纪状况；另一方面，党纪又反映党性，纯洁党性是管党治党的基础，一个共产党人如果党性纯洁，必然会严格要求自己，模范遵守党纪。同时，党的纪律状况对党性又有明显的促进或破坏作用，通过严格党的纪律，严肃惩处那些违法乱纪分子，必然会对纯洁党的队伍、引导共产党人进步产生积极影响。

国因法而治，党因纪而强。严明的纪律守护着中国共产党从襁褓中的婴儿一步步成长为时代的巨人。用钢铁纪律纯洁党性，始终坚持纪律面前一律平等，遵守纪律没有特权，执行纪律没有例外，党内决不允许存在不受纪律约束的特殊组织和特殊党员。**从井冈山时期“不拿群众一个红薯”“打土豪要归公”，到解放战争时期“不拿群众一针一线”“一切缴获要归公”；从“三大纪律八项注意”，到西柏坡的“两个务必”和“六条规定”；从批判张国焘分裂主义，到严肃处理黄克功，再到中华人民共和国成立后坚决处理刘青山、张子善，党纪的严明，换来了党民、军民的鱼水亲情，汇聚了人民军队的强大战斗力，最终迎来了中国革命的彻底胜利，并打牢了新生的人民政权的坚实地基。**

中国反腐历程有诸多用钢铁纪律纯洁党性的事例：

第一次大规模的反腐倡廉运动。1931 年 11 月，在江西瑞金建立了中华苏维埃共和国临时中央政府。毛泽东同志担任主席。中央政府刚刚成立，就从 1932 年初到 1934 年秋，开展了第一次大规模的反腐倡廉运动。通过建立控告局、发动群众开展广泛的检举活动、加强舆论监督、严查大案要案等一系列措施，重点反对贪污、反对浪费、反对官僚主义，为巩固和中央苏区的廉政建设发挥了重要作用。毛泽东同志在大会上指出："应该使政府一切工作人员明白，贪污和浪费是极大的犯罪。" 1932 年 12 月 16 日中央财政委员会发布《统一会计制度》的第十二号训令，第一次提出建立巡视制度与检查工作制度。

第一个被判处死刑的腐败分子——叶坪村苏维埃政府主席谢步升。1932 年 5 月 9 日，中华苏维埃共和国打响了红色政权成立半年以来惩治腐败分子的第一枪。临时中央政府所在地——叶坪村苏维埃政府主席谢步升被判处死刑，立即执行。在案件初期，时任瑞金县委书记的邓小平认为："我们苏维埃政权建立才几个月，有的干部就腐化堕落，贪赃枉法，这叫人民怎么相信我们的党，相信我们的政府！"毛泽东知道这件事后指示说："腐败不清除，苏维埃旗帜就打不下去，共产党就会失去威望和民心！与贪污腐化作斗争，是我们共产党人的天职，谁也阻挡不了！"

第一次在党内开展整风运动。1941 年 5 月至 1945 年 4 月，中国共产党在全党范围开展整风运动。这一活动的主要内容是反对主观主义、宗派主义、党八股，以树立马克思主义的正确学风。既是一次普通的马列主义教育运动，也是破除党内把马克思主义教条化的一次伟大思想解放运动。对于加强无产阶级政党的思想建设，是一次成功的实践、伟大的创举。

中华人民共和国成立后第一次大规模的惩治腐败斗争——"三反""五

反”运动。1951年12月1日，中共中央发出《关于实行精兵简政、增产节约、反对贪污、反对浪费和反对官僚主义的决定》。这是中华人民共和国成立后第一次大规模的惩治腐败斗争。全国规模的“三反”斗争经历了发动群众、“打虎”、定案处理和建设四个阶段，到1952年10月宣告结束。查出了大量贪污分子，纯洁了党和政府机关，奠定了50年代良好社会风气的基础。随后，“三反”“五反”运动共查出贪污分子120多万人，2万党员被开除党籍。

中华人民共和国成立后第一次被处死刑的党内高级干部——刘青山、张子善。1951年11月下旬，就是毛泽东同志在七届二中全会上发表“两个务必”刚刚过了两年的时间，河北省揭露出天津地委前书记刘青山和现书记张子善巨大贪污案。据查，刘、张利用职权，盗用公款等总计达171.6亿多元（旧币），用于经营他们秘密掌握的“机关生产”。他们还勾结奸商，投机倒把，使国家资财损失达21亿元。刘、张二人生活腐化，贪污挥霍达3.78亿元。刘青山、张子善是中华人民共和国成立后第一次被处死刑的党内高级领导干部，被毛泽东称为“共和国反腐第一案”。

第一个因腐败问题被判刑的省长——原江西省省长倪献策。原中共江西省委副书记、省长倪献策，自1983年3月开始，滥用职权为一有夫之妇提职提薪、入党，让她出国“考察”，同时为她的亲属谋取私利，包庇其弟走私、行贿受贿等活动。1987年，倪献策被人民法院以徇私舞弊罪判处有期徒刑二年。

第一次正式提出开展“党内反对腐败的斗争”。改革开放以来，以邓小平同志为核心的党的第二代领导集体，提出了“执政党的党风问题事关党的生死存亡”的重要论断。告诫我们“不惩治腐败，特别是党内的高层腐败现象，确有失败的危险”。要求全党一手抓改革开放，一手抓惩治腐败。

以党的十八大以后的五年间为例，经党中央批准立案审查的省军级以上党员干部及其他中管干部 440 人，其中十八届中央委员、候补委员 43 人，中央纪委委员 9 人；全国纪检监察机关共处分 153.7 万人，其中厅局级干部 8900 余人，县处级干部 6.3 万人。严明纪律、从严执纪，强化了震慑、知止的氛围，纯洁了干部队伍，保障了各项事业顺利发展，充分展现了党为保持和发展先进性和纯洁性的巨大努力。

“事不素讲，难以应猝。”党性是共产党人立身、立业、立言、立德的基石。立起党性原则，强化党性锻炼，提高党性修养，是党的一贯政治要求，也是共产党人能否经受住各种政治风浪和艰难险阻考验的“压舱石”，这就需要在钢铁纪律的“大熔炉”中自觉淬炼党性，练就“金刚不坏之身”。

◎跟着组织走，才能方向明

政治方向是党生存发展第一位的问题，事关党的前途命运和事业兴衰成败。

毛泽东同志多次讲过一件事：红军过草地的时候，伙夫同志一起床，不问今天有没有米煮饭，却先问向南还是向北走。这似乎是一件不太容易引人注意的事情，但在毛泽东同志看来是件大事，即革命队伍的前进方向比吃饭睡觉更重要。毛泽东同志就此曾明确指出：“革命党是群众的向导，在革命中未有革命党领错了路而革命不失败的。”革命的方向就是政治方向，无论一个团体还是一个革命者，政治方向必须正确。

“长征的时候，你都干了些什么工作？”邓小平同志的女儿毛毛曾这样问父亲。邓小平同志的回答只有三个字："跟着走。"谈起红军长征胜利的原因，陈云同志曾感慨："红军兵心之团结及士气之旺，为国内任何军队所不及。"红军团结的根源在哪里？就在于官兵尤其是红军将领信念坚定、认识一致。大家尽管不知道最后的落脚点在何方，不晓得长征什么时候才能结束，但都坚信只要跟着组织走就一定能胜利。正是跟着组织走，红军走出雪山草地，走到革命圣地，走向一个又一个胜利。

80 多年前一个寒冷的夜晚，茫茫草原深处燃起了一堆篝火。29 名负伤掉队的红军战士围坐在一起，某部三连副连长李玉胜建议：大家虽然不是一个连队的，但为了一个共同的革命目标走到一起。我们组建一个临时党支部，带领大家走出草地。他的建议得到全体同志的一致响应，并推举李玉胜为临时党支部书记。有了党组织，29 名伤员就有了"主心骨"，大家相互鼓励相互帮助，历经千辛万苦，终于走出了草地，回到了党中央、毛主席身边。

长征路上"草地临时党支部"的故事，犹如一滴水能够映出太阳的光辉一样，告诉我们，跟着组织走，不仅能使我们个人有依靠、有力量、有光明的前途，而且能使我们军队这个整体更团结、更坚强、更有战斗力。战争年代，因环境险恶，有的党员暂时失去了与组织的联系，千方百计也要找到党组织；有的同志身负重伤生命垂危，临终嘱咐是交最后一次党费……在他们的心中，"组织"是一个亲切而温暖的字眼，更是一个神圣的字眼。为了组织，可以吃千般苦受万般难，可以抛弃任何个人利益，甚至牺牲自己的生命也在所不惜。这是共产党人觉悟和党性的集中体现，更是一个人信心和力量之所在。

重大历史关头朝什么方向走，不只是行军路线问题，更是政治性问题。长征时期，红一、红四方面军在懋功地区会师后，摆在中共中央面前的首要任务，就是为红军制定正确战略方针，明确发展方向。究竟是向南走还是向北走？中共中央和当时的红四方面军领导人张国焘在这个问题上产生了分歧。中共中央根据形势，主张红军北上，建立川陕甘革命根据地，以便在北方建立抗日前进阵地，领导全国抗日救亡运动。张国焘却主张红军应退却到人烟稀少的青海、西康等地，以为这样可以避开国民党强大的军事力量，因而主张南下，并另立“中央”，公然走上分裂党和红军的道路。张国焘与党中央反向而行，表面上是行军路线不同，本质却是政治方向上与党中央背道而驰，险些给红军造成致命性危害，教训不可谓不深刻。

跟着组织走，把党的意识和组织观念刻在骨子里。

跟着组织走，就要保持至纯信仰，思想上充分认同组织。习近平总书记指出：“对马克思主义的信仰，对社会主义和共产主义的信念，是共产党人的政治灵魂，是共产党人经受住任何考验的精神支柱。”党员对组织的认同，根本在于有纯粹、坚定、钢铁般的信仰，表现为对党的性质、纲领、宗旨和理论、路线、方针、政策的虔诚信奉与坚决拥护。共产党人要深刻认识到坚持和发展中国特色社会主义是历史的选择、人民的选择、实践的选择，任何时候都要始终高举中国特色社会主义伟大旗帜，坚定道路自信、理论自信、制度自信、文化自信，确保我们党和国家事业始终沿着正确方向前进。着力解决思想不纯、政治不纯、组织不纯、作风不纯等突出问题，不被谣言杂音所惑、不被歪风邪气所扰，始终站稳政治立场、坚定政治方向。自觉做习近平新时代中国特色社会主义思想的忠诚信奉者、坚定实践者。

跟着组织走，就要对党绝对忠诚，政治上坚决依靠组织。习近平总书记指出：“对党绝对忠诚要害在‘绝对’两个字，就是唯一的、彻底的、无条件的、不掺任何杂质的、没有任何水分的忠诚。”组织是党的生命线和力量源泉，是共产党员政治上最坚实的依靠。**共产党人要心怀敬畏尊崇党，在内心深处把党置于神圣地位，时刻维护党中央定于一尊、一锤定音的权威。**要珍惜组织给予的政治生命，忠贞不渝、矢志不移，时刻想到自己是党的人，做政治上的明白人，时时处处维护党的团结和威望、维护党的形象和声誉。要把个人的理想抱负与党和人民的事业发展紧密结合起来，与党的命运血脉相融、荣辱与共，忠诚履责为党，心无旁骛工作，完成好党组织交予的每一项任务，在为民服务、为党建功的广阔平台上实现价值追求、绽放人生风采。

跟着组织走，就要严守规矩，纪律上坚决维护组织。抗日战争时期，组织上派人找李先念同志谈话：“先念同志，组织决定你到八路军一二九师当营长，你有什么意见吗？”当时红军缩编，此次岗位调整是从军级降到营级，李先念同志毫不犹豫地说：“坚决服从组织的安排。”这就是老一辈革命家为我们树立的榜样。下级服从上级、个人服从组织，既是党的纪律和规矩，也照鉴觉悟和党性。每名党员都应强化组织观念，遵守组织程序，服从组织安排，党叫干啥就干啥，决不与组织讨价还价。由千千万万这样的共产党人组成的战斗集体，必然攻无不克、战无不胜，永葆人民军队的豪气和雄风，在强党强国强军征途上书写新的荣光。

跟着组织走，就要坚决听党指挥，工作上自觉服从组织。习近平总书记指出：“党内决不允许有不受党纪国法约束甚至凌驾于党章和党组织之上的特殊党员。”服从组织是党员的天职，更是基本的政治品质。共产党人要旗帜鲜明讲政治，始终牢记自己的第一身份是党员，牢固树立“四个意识”，做到“四个服从”，坚决维护习近平总书记党中央的核心、全党的核心地位，坚决维护党中央权威和集中统一领导。要时刻紧绷纪律规矩之弦，把党的政治纪律和政治规矩摆在首位，把党的纪律内化于心、外化于行，始终确保党中央提倡的坚决响应、党中央决定的坚决执行、党中央禁止的坚决不做。做到大是大非面前立场坚定、诱惑考验面前毫不动摇、困难挑战面前挺身而出，坚决确保党中央政令畅通、确保党组织决策部署落到实处。

跟着组织走，就要在党爱党为党，感情上真诚信赖组织。习近平总书记指出："广大共产党员要始终在党爱党、在党为党，心系人民、情系人民，忠诚一辈子，奉献一辈子。"许身于党是一种觉悟和情怀，更是一份责任和担当。共产党人要不忘初心、牢记入党誓言，传承好党的红色政治基因和优良传统，一心一意听党话、跟党走，全心全意信任党、信赖党、信奉党，始终与党同心同德、同向同行。要牢记使命、常怀感恩之心，感恩党组织的培养与关怀，把对党的真挚情怀转化为为民务实清廉的政治操守，转化为爱岗敬业、尽职尽责的工作动力，努力创造出让党组织满意、让人民群众公认的业绩。始终一片赤诚在心、一颗红心向党、一生无怨无悔。

第十章

担负使命的奋斗力

作为中国工人阶级、中国人民和中华民族的“先锋队”，作为卓越“代表”，共产党人天然秉持了奋斗的特质，具有伟大的奋斗精神。共产党人的字典里，“奋斗”二字始终闪烁着璀璨光芒。“为有牺牲多壮志，敢教日月换新天”，是对我们共产党人奋斗精神的高度肯定和褒奖。

党员作为构成政党的基石和细胞，更应该葆有深厚的底蕴和强大的生命力，为人民创造幸福新生活点亮明灯。从点着煤油灯摸索着前行到高科技自动化生活的出行，从封建社会被奴役到新时代人民当家作主，中国共产党为中国人民带来了希望之光。人民生活的全面小康，历史文化的发展更迭，经济社会的文明进步，都凝聚在共产党人奋斗的精神内涵中，永不凋零。

◎ 力量源于奋斗

奋斗，本义是指为达到一定目的而努力干。奋斗是为一个目标去战胜各种困难的过程，这个过程会充满压力、痛苦、挫折。奋斗精神蕴含知行合一的品质，具有鲜明的实践导向。首先，奋斗不光是取得幸福的手段，它本身也可以是一种幸福的姿势。其次，奋斗不是为了成全某种功利的目的，它本身就意味着激情、快乐与自豪，意味着收获与赠予。

奋斗是一种捍卫理想的民族精神。追本溯源，奋斗精神在中国古代神话中便已呈现。《淮南子·览冥训》中记载，女娲补天时面临一场大灾难："四极废，九州裂；天不兼复，地不周载。"在人类几乎被逼到了无法生存的灭绝境地之时，"女娲炼五色石以补苍天"，还人间以太平。从女娲补天的故事，我们不难看出先民们所希冀的那种捍卫理想、执着奋进、勇于拼搏的民族精神。中华儿女传承先民思想，为坚守革命信念、捍卫革命理想，不怕牺牲、誓死奋斗。中国共产党带领中华儿女视死如归开天辟地，迎来中华人民共和国的诞生，用鲜血和生命捍卫了共产主义理想，铸就了生命不止、奋斗不息的民族精神。

奋斗是一种改造世界的实践精神。奋斗精神当然首先是一种振奋的精神状态，但这种振奋的精神状态必须表现在实际行动上，表现在实践活动中，而不能是仅仅停留在心理状态上，体现在思想观念上，或停留在口头表态上。从这个意义上讲，奋斗精神是一种实践精神，是一种诉诸行动的精神，是在实践活动中体现出来的一种振奋和振作的精神。强调知与行的统一，是中华民族的优秀传统；强调认识世界与改造世界的统一，是马克思主义的基本立场。马克思指出："哲学家们只是用不同的方式解释世界，而问题在于改变世界。"这句镌刻在马克思墓碑上的名言，鲜明地体现了马克思主义的实践精神，体现了共产党人致力改造世界的入世品格。

奋斗是一种生于忧患的担当精神。孟子曰："故天将降大任于斯人也，必先苦其心志，劳其筋骨，饿其体肤，空乏其身……然后知生于忧患，而死于安乐也。"孟子用事例论证：磨难能促使人不断奋进，忧患会激励人奋发有为，正如孔子所言"造次必于是，颠沛必于是"，保持恒常之仁心，即使遭遇危险，甚至面临死亡，也应该一如既往。清朝初年著名儒者顾炎武说："天下兴亡，匹夫有责。"一个人的发展要和一个国家的兴亡紧密相连，毛泽东同志"敌军围困万千重，我自岿然不动"的担当，超导院士赵忠贤实验室里知识报国的担当，他们坚守着不同的人生，承载着不同的使命，不怕牺牲、百折不挠、勇往直前，他们用生于忧患逆境奋发的经历诠释着奋斗精神。

奋斗是一种战胜困难的拼搏精神。在改造世界的实践活动中，应该有顽强拼搏的精神。因为改造世界并不是轻而易举的，总是会遇到各种困难和考验。不论是自然环境的险恶，还是反动势力的迫害，以及自己队伍中的分歧等，都会给我们改造世界的实践活动造成巨大的困难。在这样的情况下，只有迎难而上、顽强拼搏，才能战胜困难，取得成功。因此，作为实践主体，必须具有不懈奋斗、顽强拼搏的精神。党历来所强调的艰苦奋斗精神，其实就是这样一种拼搏精神。因为在艰苦的环境中，以艰苦的努力来追求目标的达成，就是一种拼搏精神。这种精神在不同时期和不同条件下有着不同的表现和要求。在革命年代面临巨大压迫时，拼搏精神就表现为抗争精神和反抗精神，尤其表现为革命精神和斗争精神；在和平环境里和建设事业中就表现为勤劳精神和勤奋精神，尤其表现为创业精神和攻关精神。

奋斗是一种无私奉献的牺牲精神。有奋斗就会有牺牲，因而奋斗精神是与牺牲精神联系在一起的，甚至可以说它本身就是一种牺牲精神。奋斗总是会付出代价的，有时是付出时间和精力，有时是付出感情和心力，有时付出的是辛勤劳动和聪明才智，有时付出的是个人名利，有时付出的是青春和生命。当我们决定要奋斗的时候，当我们具备奋斗精神的时候，就已经内在地包含了会接受这种付出和牺牲。特别是对于将面临的重大牺牲，已经有了思想准备。也正因为如此，这种奋斗精神才充分体现出它的伟大。在革命战争年代，牺牲生命的情况十分常见。在和平建设时期，直接献出生命的牺牲比较少了，而其他各种方式的牺牲则还很多。并不是说只有革命战争中才需要牺牲精神，在和平建设中同样需要牺牲精神。这种牺牲精神不是为了自己，而是为了他人，为了共同的事业，因而它又可以称为奉献精神。

奋斗是一种天道酬勤的愚公精神。《尚书·大诰》曰：“天閟毖我成功，天亦惟用勤毖我民。”是说上天会依照每一个人的付出，赐予勤奋的人们相应的酬劳，正所谓一分耕耘，一分收获。《易经》曰：“天行健，君子以自强不息。”是说，君子所行，应该像天体一样永不停息，永不松懈。没有人能只依靠天分成功，唯有勤奋，才能改天换地。愚公移山的寓言告诉我们，即使愚钝，若肯勤奋，坚持不懈，定能收获。《曾国藩家书》所云：**家勤则兴，人勤则健，能勤能俭，永不贫贱。**曾国藩用一生践行愚公精神，诠释天道酬勤，体现了中华民族勤奋刻苦、蓬勃向上、自强不息的奋斗精神。

奋斗是一种雕琢打磨的工匠精神。《礼记·学记》有云：“玉不琢，不成器，人不学，不知道。”《论语》中将其引申为君子自我修养的不断完善。切磋琢磨，既体现了追求卓越、精益求精的工匠精神，也体现了修身齐家、建德立业、止于至善的君子风范。爱岗、敬业是中国人民的传统美德，诚信、友善是中国人民的价值准则，这是当今社会主义核心价值观对公民个人层面的基本要求。《礼记·大学》阐释了“格物致知诚意正心，修身齐家治国平天下”的修身方法，明确了达到至善的途径。若想人生有所成就，就要进行自我锤炼、自我完善，达到人生较高的层次和较高的境界。切磋琢磨的君子精神，止于至善的人格修炼，是实现自我价值的保障，是通往成功的必经之路，如此，才能在齐家治国平天下的道路上顺利前行。

奋斗是幸福愉悦的。奋斗的过程是艰辛的，奋斗中的付出甚至牺牲时常是令人痛苦的。从这个意义上讲，奋斗精神带有一定的悲壮色彩。但是，我们面对困难、付出和牺牲，不是愁眉苦脸，不是哀怨悲伤，而是带着一种喜悦和愉悦的心情，去奋斗、去追求。共产党人不惧危难，不怕牺牲，把为了崇高理想而奋斗和牺牲看作是人生的幸福。习近平总书记把奋斗与幸福联系在一起，认为幸福是奋斗出来的，奋斗者的人生才是幸福的人生。确实，奋斗者是幸福的，因为它是有目标的，它带给人以精神的充实；奋斗者是幸福的，因为奋斗是一个发展自己和施展才华的过程；奋斗者是幸福的，因为只有奋斗才能创新出幸福生活的条件。奋斗不仅能够带来幸福的结果，而且奋斗的过程本身就是幸福。

党的一切成就都是通过奋斗取得的，党历来以艰苦奋斗闻名于世。时间是历史的见证者，也是伟大的书写者。百年艰辛创业，百年砥砺奋进，党领导亿万人民团结奋斗，新中国发生了天翻地覆的变化，取得了举世瞩目的辉煌成就。正如习近平总书记深刻总结的：“无论是在中华民族历史上，还是在世界历史上，这都是一部感天动地的奋斗史诗。”读懂共和国的奋斗史诗，我们才能深刻理解“中国为什么行”“中国共产党为什么能”“中国特色社会主义制度为什么管用”，才会更加清楚今天的幸福从哪里来、美好的明天该怎样创造，激发出团结一心、不懈奋斗的磅礴力量。

◎历史只会眷顾奋进者

习近平总书记指出，历史车轮滚滚向前，时代潮流浩浩荡荡；历史只会眷顾坚定者、奋进者、搏击者，而不会等待犹豫者、懈怠者、畏难者。

人生如此，对一个政党来说也是一样。中国共产党诞生于苦难深重的旧中国。那个年代有很多政治力量要救亡图存，尝试了各种方案，试图改变国家积贫积弱的面貌。问苍茫大地，谁主沉浮？最终历史和人民选择了中国共产党。从根本上说，当然是因为中国共产党找到了中国革命的正确道路。但不可忽视的是，这条道路之所以能够取得成功，也同中国共产党不懈拼搏奋斗分不开。

一部中国共产党党史就是一部党的奋斗史。百年来，中国共产党由小到大，由弱变强，领导中国人民冲破重重难关，夺取了革命斗争和经济建设的一个又一个胜利。谁都不可能不知道我们的党出生在一个血雨腥风的年代，一开始就是以救国救民为己任；谁都不可能不知道，就是这个成立初才几十个人的组织真正携起了广大工农和各个正义之士的手，以坚忍的品质顶住了国内外的各种压力乃至压迫，撑起了共和国的一片天空；我们更不可能不知道，是共产党带领我们走向今天的社会主义，走向幸福和光明。百年来，中国共产党秉持为中国人民谋幸福、为中华民族谋复兴的初心和使命，为实现中华民族的伟大复兴指明了方向。

在波澜壮阔的历史进程中，一代代中国共产党人团结带领广大人民攻克了一个又一个难关，谱写了气吞山河的壮丽史诗，创造了一个又一个彪炳史册的人间奇迹。

建党伊始，中国共产党人就把马克思主义基本原理同中国革命和建设具体实际结合起来，团结带领人民，不怕牺牲，排除万难，冲锋在前，发扬坚定理想、百折不挠的精神，经过长期奋斗，完成了新民主主义革命，建立了中华人民共和国，确立了社会主义基本制度，成功实现了中国历史上最深刻最伟大的社会变革，为当代中国一切发展进步奠定了根本政治前提和制度基础，为在新的历史时期开创中国特色社会主义提供了宝贵经验、理论准备、物质基础。

改革开放以来，中国共产党人把马克思主义基本原理同中国改革开放的具体实际结合起来，深刻总结我国社会主义建设正反两方面经验，借鉴世界社会主义历史经验，作出把党和国家工作中心转移到经济建设上来、实行改革开放的历史性决策，深刻揭示社会主义本质，确立社会主义初级阶段基本路线，团结带领人民进行建设中国特色社会主义新的伟大实践，使中国大踏步赶上了时代，实现了中华民族从站起来到富起来的伟大飞跃。

党的十八大以来，以习近平同志为核心的党中央，不忘初心，牢记使命，“永远保持建党时中国共产党人的奋斗精神”，以巨大的政治勇气和强烈的责任担当，解决了许多长期想解决而没有解决的难题，办成了许多过去想办而没有办成的大事，推动党和国家事业发生历史性变革，党的面貌、国家的面貌、人民的面貌、军队的面貌、中华民族的面貌发生了前所未有的变化，中华民族迎来了从富起来到强起来的伟大飞跃。

中国特色社会主义进入新时代，是以习近平同志为核心的党中央带领全国各族人民努力奋斗出来的，是伟大实践、伟大奋斗创造出来的伟大时代。

面向未来，党的十九大以实现中华民族伟大复兴为根本指引，对新时代党的历史使命作了进一步科学阐述，在强调要落实党的全面建成小康社会各项要求，使全面建成小康社会得到人民认可、经得起历史检验的同时，还提出了新的“两步走”的战略安排，这就是从二〇二〇年到二〇三五年，在全面建成小康社会的基础上，再奋斗十五年，基本实现社会主义现代化；从二〇三五年到本世纪中叶，在基本实现现代化的基础上，再奋斗十五年，把我国建成富强民主文明和谐美丽的社会主义现代化强国。新时代新目标新征程，也呼唤新气象新作为。

毛泽东同志说过：“夺取全国胜利，这只是万里长征走完了第一步。”革命以后的路程更长，工作更伟大、更艰苦。“务必使同志们继续地保持谦虚、谨慎、不骄、不躁的作风，务必使同志们继续地保持艰苦奋斗的作风”。习近平总书记指出，“一个政党，如一个人一样，最宝贵的是历尽沧桑，还怀有一颗赤子之心”。人民对美好生活的向往就是党的奋斗目标。“功崇惟志，业广惟勤。”创造更美好的生活，实现中华民族的伟大复兴，任重而道远。

伟大斗争磨炼意志，伟大工程强筋健骨，伟大事业催人奋进，伟大梦想激荡神州。前方面临的挑战风险更加重大，全党同志必须保持永不懈怠的奋斗精神状态和一往无前的奋斗姿态，永远把人民对美好生活的向往作为奋斗目标，继续朝着实现中华民族伟大复兴的宏伟目标奋勇前进，引领承载着中国人民伟大梦想的航船胜利驶向光辉的彼岸。一万年太久，只争朝夕。站上新的历史起点的中国共产党，必将永葆旺盛生命力和强大战斗力，汇聚起 14 亿中华儿女的磅礴伟力，书写中华民族伟大复兴的新传奇。

◎奋斗是誓言的庄严承诺

共产党人的“初心”，就是入党誓词中“为共产主义奋斗终身，随时准备为党和人民牺牲一切”。

面对鲜红的党旗，紧握右拳诵读入党誓词，是成为中国共产党党员庄严而又神圣的组织程序。**入党誓词短短80个字，包含了为共产主义事业奋斗终身的庄严政治承诺。**回顾中国共产党各个历史时期的入党誓词，可以看出：“永不叛党”是永恒的内容，不改的是“为共产主义奋斗终身”。

土地革命战争时期的入党誓词：严守秘密，服从纪律，牺牲个人，阶级斗争，努力革命，永不叛党。这是1927年10月毛泽东同志亲自撰写的入党誓词，也是目前所见中国共产党最早的入党誓词。

从抗日战争时期的入党誓词到党的十二大以来的入党誓词。都有“为共产主义奋斗终身”誓言，随时准备为党和人民牺牲一切，永不叛党。

入党誓词也是浓缩版奋斗史。誓词有一种豪迈与艰辛的底色，这是因为共产党是在极其残酷的环境下发展起来的。

虽然时代不同了，我们所面临的形势和任务已经有了根本变化，但“奋斗终身”和“永不叛党”为什么一以贯之地写入誓词？说明，无论过去、现在还是将来，在共产党人的心里，党和人民的事业高于一切；无论顺境还是逆境，特别是危难时刻，共产党看重的是忠诚。

回望历史，从建党之初开始，老一辈革命家就很重视入党宣誓，把它作为共产党人的庄严政治承诺。对老一辈革命家来说，入党宣誓固然难忘，但这只是他们奋斗的新起点。漫长的革命征程，更加需要对誓言的终身坚守、终生不渝。

周恩来同志从宣誓入党之时起，就下定决心，“愿为革命而死，洒热血、抛头颅，在所不惜”。从此，他把自己的全部精力和才能毫无保留地献给了共产主义事业，直到生命的最后一刻。周恩来逝世 12 年后，1988 年 4 月，他的妻子、战友邓颖超追叙他们几十年并肩战斗的革命历程说：“我们在革命征途上是坚定的，不屈不挠的，不管遇到任何艰难险阻，都是勇往直前地去奋斗。”

刘少奇同志 1921 年在莫斯科东方大学学习期间，就坚信马克思主义“确实是真理，确能救中国”，并在那里由青年团团员转为中国共产党党员。他说，我们每个共产党员在入党的时候，都曾经宣誓为共产主义事业奋斗终身，把自己的整个生命献给共产主义事业，在任何情况下都决不停步。他在几十年的革命生涯中，无论在白色恐怖下两次被捕，还是在党内受到“左”倾错误的排斥，甚至在“文化大革命”最困难的情况下，都坚守“一个革命者，生为革命，死也永远为共产主义事业，一心不变”的誓言，以自己顽强奋斗的一生实践了自己的誓言。

习仲勋同志从 1926 年 5 月参加革命那天起，就决心“要跟着共产党干到底”。在 76 年的革命生涯中，无论是 1935 年遭遇错误肃反被关押、虐待，甚至面临死亡威胁，还是 1962 年因所谓“《刘志丹》小说问题”遭诬陷，“文化大革命”中又受到残酷迫害，被审查、关押、监护长达 16 年的艰难岁月里，他都始终保持坚定的共产主义信念，矢志不渝，坚守奋斗。毛泽东同志 1943 年曾亲笔为他书写“党的利益在第一位”的题词。

党的十九大闭幕不久，习近平总书记带领中共中央政治局常委来到中共一大会址纪念馆，向世人郑重宣示：不忘初心、牢记使命、永远奋斗。

“为共产主义奋斗终身”，不是一句空洞的口号。实现共产主义的社会制度，是中国共产党的最终目标。每个共产党员都要确立为实现共产主义而奋斗到底的革命人生观。在革命年代，无数共产党员为了追求这一目标从容就义，英勇牺牲。那么，在社会主义社会的当代中国，共产党党员更应坚信共产主义的理想必然实现，并不惜牺牲个人的一切为之奋斗终身。这是一个共产党员应有的共产主义觉悟。也只有具备共产主义觉悟，才能成为一个合格的共产党员。

入党誓词是永远奋斗的座右铭。入党誓词是一面镜子、一把标尺，每个共产党员必须经常对照、始终践行，做到“一誓一生”“一诺一生”。要做到终身坚守。“古之立大事者，不惟有超世之才，亦必有坚忍不拔之志。”“为共产主义奋斗终身”，作为中国人民和中华民族先锋队的成员，从入党的那一刻起，就已经踏上了永远奋斗的征程，就意味着为党和人民的事业生命不息、奋斗不止。奋斗是共产党人誓言的庄严承诺，既要入脑入心、刻骨铭心，更要始终恪守、见之于行，使之成为永葆奋斗，砥砺前行的遵循。践履信仰需要中国共产党永远奋斗，使命担当需要中国共产党永远奋斗。

践履誓言要接力奋斗。实现共产主义是中国共产党的最高理想和最终目标。实现这个远大理想是一个漫长的历史过程，需要一代代共产党人坚持不懈接力奋斗。接力奋斗既指围绕一个共同奋斗目标接续努力的状态，也是一代人接一代人长期奋斗的历史过程。正如习近平总书记所指出的：“中国的伟大发展成就是中国人民用自己的双手创造的，是一代又一代中国人接力奋斗创造的。”

践履誓言要共同奋斗。马克思、恩格斯在《共产党宣言》中明确提出：“过去的一切运动都是少数人的或者为少数人谋利益的运动。无产阶级的运动是绝大多数人的、为绝大多数人谋利益的独立的运动。”共同奋斗，即团结奋斗，是指中国共产党团结带领人民群众为伟大事业一起努力奋斗。与人民群众共同奋斗，是中国共产党具有无与伦比的强大力量的根源所在。

践履誓言要顽强奋斗。中国共产党从事的是为人类求解放的崇高事业，这一过程充满了各种风险，需要发挥革命英雄主义精神，不惜牺牲个人的一切。顽强奋斗就要不畏艰难险阻，不屈不挠、英勇奋斗、不怕牺牲，要有百折不挠的斗争精神、宁死不屈的革命精神和坚韧不拔的钉钉子精神。

践履誓言要艰苦奋斗。艰苦奋斗是党的优良传统和作风，指在任何条件下都不怕困难、不辱使命，反对铺张浪费，勤俭办一切事业。毛泽东同志曾提出，艰苦奋斗是我们的政治本色。党的十八大以来，习近平总书记多次强调艰苦奋斗，指出要把艰苦奋斗精神一代一代传承下去。

践履誓言要永远奋斗。习近平总书记在瞻仰上海中共一大会址和浙江嘉兴南湖红船时，回顾建党历史，重温入党誓词，宣示新一届党中央领导集体的坚定政治信念，并强调，只有不忘初心、牢记使命、永远奋斗，才能让中国共产党永远年轻。为共产主义事业奋斗终身是每一名共产党员的坚定信念，只有每一名党员终身奋斗、永远奋斗，中华民族伟大复兴才能实现。

“历史本无岁月静好，也没有现成康庄大道，任何一项成就的取得，都靠奋进者知难而进，将绊脚石一块块踏为铺路石。”新时代中国特色社会主义是我们党领导人民进行伟大社会革命的成果，也是我们党领导人民进行伟大社会革命的继续，但社会主义初级阶段仍是最大国情，发展不平衡、不充分是突出短板。经过 40 多年改革开放，剩下的都是难啃的硬骨头，面对复杂形势、繁重任务、巨大压力，还需要我们做好新时代的奋斗者、奋进者，更加自觉地为实现新时代党的历史使命不懈奋斗，续写中国特色社会主义崭新篇章。

◎幸福都是奋斗出来的

习近平总书记指出“要幸福就要奋斗”，指出世界上没有坐享其成的好事，我们的过去是靠我们的努力奋斗得来的，我们的未来也需要我们努力奋斗去争取。这掷地有声的话语，阐明了奋斗对当代中国的重大意义，也强调了奋斗是中国人民自古而今未曾改变的伟大精神。幸福不从天降，幸福不靠空谈空想，幸福来之不易，唯靠奋斗。唯奋斗者进，唯奋斗者强，唯奋斗者胜。

幸福都是奋斗出来的。一代又一代中国共产党人是这么想，也是这么干的。**“一个时代有一个时代的主题，一代人有一代人的使命。”变化的是主题与使命，不变的唯有共产党人奋斗的精神和实干的气概。**在民族复兴之路上，一代又一代中国共产党人团结带领人民进行了艰苦卓绝的斗争，付出巨大牺牲，攻克了一个又一个看似不可攻克的难关，创造了一个又一个彪炳史册的人间奇迹，推动我国经济实力、科技实力、国防实力、综合国力进入世界前列，推动我国国际地位实现前所未有的提升，党的面貌、国家的面貌、人民的面貌、军队的面貌、中华民族的面貌发生了前所未有的变化。

世间万事出艰辛，时间是最客观的见证者。在中华民族伟大复兴的词典里，从来没有“容易”一词，只有“奋斗”二字。1927年10月，党在井冈山创建了第一块农村革命根据地。当时，敌人“围剿”不断、封锁严密，将士们吃红米饭、喝南瓜汤，寒冬腊月只穿两层单衣，木板当床草当被，烧红的锯条做手术刀，伤口只能用石灰水冲洗。在极端困苦面前，以“不怕苦、不怕死”的精神顽强斗争、不懈奋进，星星之火终成燎原之势。**历史的车轮，总是在砥砺中前行；幸福的画卷，总是在奋斗里绘就。**

在革命年代，环境非常恶劣，党靠艰苦奋斗起家。党带领中国人民，经过28年艰苦卓绝的奋斗，推翻了压在中国人民头上的帝国主义、封建主义、官僚资本主义“三座大山”，赢得了新民主主义革命的伟大胜利，建立了中华人民共和国，实现了民族独立、人民解放。在这28年里，正像毛泽东同志所说的那样:“我们党尝尽了艰难困苦，轰轰烈烈，英勇奋斗。从古以来，中国没有一个集团，像共产党一样，不惜牺牲一切，牺牲多少人，干这样的大事。”

在社会主义革命和建设时期，我们全面确立了社会主义的基本制度。我国现行的国体、政体、国家结构形式和政党制度是在这个时期确立的。我们开始全面建设社会主义，并取得历史性巨大进展。就在这期间，在中国共产党的领导下，全党全国人民奋发努力，建立了独立的、比较完整的工业体系和国民经济体系。不仅能够自行设计和批量生产汽车、飞机、坦克、大炮、拖拉机等，还成功爆炸了原子弹、氢弹，发射了中远程导弹和人造地球卫星，建成第一艘核潜艇，培育成功强优势籼型杂交水稻，研制成功第三代电子计算机，在世界上第一个人工合成牛胰岛素，等等。当时所取得的50多项科技成果达到和接近世界先进水平。正像邓小平同志后来所说的：“如果六十年代以来，中国没有原子弹、氢弹，没有发射卫星，中国就不能叫有重要影响的大国，就没有现在这样的国际地位。这些东西反映一个民族的能力，也是一个民族、一个国家兴旺发达的标志。”在这期间我们还初步满足和解决了占世界1/4人口的中国几亿人的吃饭、穿衣基本生活需要问题，当时被世界公认为是一个奇迹。这29年是中华人民共和国的“三十而立”，为后来40年改革开放中国的“四十不惑”奠定了基础。

改革开放使中国大踏步赶上时代，极大地“活跃”了中国、发展了中国。从1978年至2012年，经过全国人民的努力奋斗，我国的社会主义现代化建设取得举世瞩目的巨大成就。经济实力、科技实力、国防实力、国际影响力都大为提升，人民生活水平不断提高。2010年，我国国内生产总值超过日本，成为世界第二大经济体。同时，出口超过德国，成为世界第一大出口国，成为18世纪工业革命以来继英国、美国、日本、德国之后的世界工厂。我国先后于1999年和2010年跨入下中等收入国家和上中等收入国家的行列。中华民族富起来了。

党的十八大以来，以习近平同志为核心的党中央以巨大的政治勇气和强烈的责任担当，推动党和国家事业取得全方位、开创性历史成就，发生深层次、根本性历史变革。中国日益走进世界舞台中央，2018年，我国国内生产总值（GDP）突破90万亿人民币，占世界经济的比重达到18%以上，达到美国经济总量的64%以上，对世界经济增长贡献率超过30%，对外贸易、对外投资、外汇储备稳居世界前列。创新型国家建设取得丰硕成果，大飞机、航空母舰、北斗导航定位系统等等重大科技相继问世，5G技术、量子技术走在世界前列。中华民族迎来了从富起来到强起来的伟大飞跃。

中国的发展不是别人施舍和恩赐的，而是中国共产党带领中国人民奋斗出来的。正是由于激活了华夏儿女的奋斗精神，中国共产党带领广大人民，才书写了一个国家繁荣发展的壮丽史诗，绘就了一幅波澜壮阔、气势恢宏的历史画卷，谱写了一曲感天动地、气壮山河的奋斗赞歌。

党的十九大庄严宣告，把我国建成富强民主文明和谐美丽的社会主义现代化强国，我国物质文明、政治文明、精神文明、社会文明、生态文明全面提升，人民享有更加幸福安康的生活。从全面建成小康社会到基本实现现代化，再到全面建成社会主义现代化强国，是中国特色社会主义新时代“三步走”战略安排，是实现中华民族伟大复兴的路线图和时间表。可以看出，中国共产党的新奋斗目标更为具体、更加充实，本世纪中叶要实现的奋斗目标也比之前设定的更为远大了。

把人民对美好生活的向往作为奋斗目标，这是共产党人的奋斗观。中国共产党的奋斗不是为少数人谋利益的运动，而是“为绝大多数人谋利益的独立的运动”。中国共产党始终是人民的政党。**过去人们常说：“被奴役的劳苦大众翻身做了国家的主人”，70年代的人常说：“共产党的政策好，改革开放让我们过上了好日子”，当代人常说：“世界那么大，我要去看看”。看似简单的三句话实际反映的是人民群众生产生活的巨大变化，**从封建地主的奴役到成为国家的主人，从站起来到富起来，从富起来到见证国家强大起来，这背后是一代又一代的中国共产党人前赴后继的拼搏奋斗。这充分印证了只有中国共产党才能拯救中国，只有中国共产党才能发展好中国，只有中国共产党才能带领中国人民走向复兴崛起。

“奋斗是艰辛的，我们要勇于在艰苦奋斗中净化灵魂、磨砺意志、坚定信念”，因为艰辛，才彰显坚毅；“奋斗是长期的，伟大事业需要几代人、十几代人、几十代人持续奋斗”，因为长期，才检验忠诚；“奋斗是曲折的，我们要始终发扬大无畏精神和无私奉献精神”，因为曲折，才诠释伟大。创造美好生活、实现民族谋复兴，不能靠坐而论道，更不能靠坐享其成，只能靠永不懈怠的精神状态和一往无前的奋斗姿态，“撸起袖子加油干”，用双手辛勤劳动、务实苦干。始终保持共产党人敢于斗争的自觉和胆魄，勇于应对各种矛盾挑战，努力改革创新、攻坚克难，不断锐意进取、担当作为，做出经得起实践、人民、历史检验的实绩，为实现人民对美好生活的向往和中华民族伟大复兴的中国梦而奋斗！

◎酸菜里面出政治

毛泽东同志在党的八届二中全会上，讲到军队要艰苦奋斗时，针对曾经有的同志拿解放军吃酸菜同资本家吃饭五个碗作比较有怨言，说："这个酸菜里面就出政治，就出模范。解放军得人心就是这个酸菜，当然，还有别的。现在部队的伙食改善了，已经比专吃酸菜有所不同了。但根本的是我们要提倡艰苦奋斗，艰苦奋斗是我们的政治本色。"毛泽东同志用"酸菜里面出政治"这质朴而深刻的道理，阐述了艰苦奋斗对我党我军的重要性。

艰苦奋斗是中华民族的传统美德，是中华五千年文明的重要内容，是中国人民自立自强的精神标识，是中国共产党的政治本色和红色基因，是中国共产党人践行初心和使命的必然行为，也是中国共产党兴旺发达的成功密码和传家宝。回望中国共产党百年的光辉历程、社会主义在中国的高歌猛进，就是一部开天辟地、从未停歇的艰苦奋斗史。

中国革命植根于一个生产力十分落后的半封建半殖民地国家。在新民主主义革命时期，为了凝聚党心、军心和民心，尽可能地节省人力、物力和财力，并不断增强克服困难、战胜敌人的能力，以毛泽东为代表的中国共产党人不仅在理论上、政策上积极倡导厉行节约、反对浪费，而且还始终身体力行，把厉行节约、反对浪费作为一项重要的指导方针和工作原则。

在土地革命时期，毛泽东同志明确提出要"节省"，要"反对贪污浪费"。

1934 年毛泽东同志提出，“财政的支出，应该根据节省的方针。应该使一切工作人员明白，贪污和浪费是极大的犯罪”，并强调，“节省每一个铜板为着战争和革命事业，为着我们的经济建设”。

解放战争是中国两种命运、两个前途的决战。为此，毛泽东同志明确提出：“为着粉碎蒋介石的进攻，必须作持久打算。必须十分节省地使用我们的人力资源和物质资源，力戒浪费。必须检查和纠正各地已经发生的贪污现象。”他还强调，“我们是艰苦奋斗，军民兼顾，和蒋介石统治区的上面贪污腐化，下面民不聊生，完全相反。在这种情形下，我们是一定要胜利的。”在中华人民共和国成立前夕毛泽东同志又向全党发出了“务必使同志们继续地保持谦虚、谨慎、不骄、不躁的作风，务必使同志们继续地保持艰苦奋斗的作风”的号召。

新中国成立初，面临着严峻的内外形势。为了巩固新生的人民政权，毛泽东同志明确提出要坚持勤俭办一切事业的方针。他提出：“我并且希望，全国一切革命工作人员永远保持过去十余年间在延安和陕甘宁边区的工作人员中所具有的艰苦奋斗的作风。”随后他又进一步呼吁，在社会主义建设中要勤俭节约、艰苦创业。在党的八届二中全会上，毛泽东同志在谈到提倡艰苦朴素、同人民群众同甘共苦时，举了朱德总司令过草地的故事。他说：“厂长、校长可以住棚子，我看这个法子好，特别是在困难的时候。我们长征路上过草地，根本没有房子，就那么睡，朱总司令走了四十天草地，也是那么睡，都过来了。”

进入改革开放新时期以后，邓小平同志从我国的基本国情出发，提出我国还处在社会主义初级阶段，并据此强调，我们的国家越发展，越要抓艰苦创业等等。改革开放初期，“问题堆积成山，工作百端待举”，邓小平同志提出，在中国搞现代化建设“是一个相当大的目标”“要有相当长时间”，因此要教育人民“不能浪费”“不能把经济发展的成果通通分掉，那样再生产、再发展就没有希望了”。他强调指出：“现在我们搞四化，情况会逐步好起来，但是好起来也要保持艰苦奋斗的精神。”他又进一步强调要坚持我们历来的艰苦奋斗的传统，否则我们的事业是不会有希望的。他说，中国式的现代化，不能同西方比。如果不提倡艰苦奋斗，勤俭节约，这个目标不能达到。随着改革开放的全面展开，邓小平同志更加强调要保持艰苦奋斗的传统，并提出“艰苦朴素的教育今后要抓紧”“我们的国家越发展，越要抓艰苦创业”。为此，他还反复告诫说：我们的路还很长；我们还要夹着尾巴做人，要很谨慎，并且要艰苦奋斗；艰苦奋斗还是要讲，一点不能疏忽；要勤俭办一切事情，才能实现我们的目标。

进入新时代，习近平总书记对党的艰苦奋斗这一优良传统和政治本色坚定奉行，他强调“不论我们国家发展到什么水平，不论人民生活改善到什么地步，艰苦奋斗、勤俭节约的思想永远不能丢”。又指出，“奋斗是艰辛的，奋斗是长期的，奋斗是曲折的”，“党和政府带头过紧日子，为的是让老百姓过上好日子”。

艰苦奋斗和伟大成就伴随中国共产党创业团队步入新时代，中国经济总量以 90 万亿元稳居世界第二，为世界提供着最高的经济增长贡献率、减贫贡献率，建成世界上最大的社会保障网、高速铁路网，“慧眼”卫星遨游太空，C919 大型客机飞上蓝天，量子计算机研制成功，首艘国产航母下水……人民群众有了更多获得感、幸福感、安全感。中国共产党创业团队带领中国人民从富起来走向强起来，中华民族的伟大复兴犹如“立于高山之巅远看东方已见光芒四射喷薄欲出的一轮朝日”。

艰苦奋斗对于一个民族、一个国家、一个政党，乃至每一个共产党人至关重要。**国以艰苦奋斗而强，党以艰苦奋斗而兴，人以艰苦奋斗而立。**艰苦奋斗是中国共产党人的政治本色，是我们党的优良传统，在任何时代都不过时，艰苦奋斗的光荣传统永远都不能丢。我们所推崇的艰苦奋斗，不是抑制人们正当的物质追求和精神享受，而是一种勤俭节约、艰苦朴素的传统美德，一种自力更生、不等不靠的自主精神。艰苦奋斗才有出路，自强不息方有前途。中国这么大的体量，不能指望依靠别人来实现自己的梦想，不能拄着别人的拐棍走路，必须坚持走自力更生的道路，扎扎实实做好我们自己正在做的事情。

新时代是奋斗者的时代，让我们做新时代的艰苦奋斗者，永保艰苦奋斗本色，崇尚勤俭，砥砺开拓，共同开辟中华民族伟大复兴的康庄大道。

◎做有信仰的奋斗者

信仰，是一个人做什么和不做什么的根本态度。高尚的信仰，是净化灵魂的甘露，是催人奋进的动力。“主义譬如一面旗帜。”我们共产党人信仰的是马克思主义，中国共产党这棵参天大树是长在马克思主义这个“根”上的。靠着这个“根”，党才从人民群众凝聚而成的大地不断汲取智慧和力量，团结和带领人民群众披荆斩棘，不断开辟前进的道路，使中华民族实现了从站起来、富起来到强起来的伟大飞跃。

信仰是共产党人的灵魂，是高举过头顶的信念。不管是在革命年代的烽火硝烟中，还是在和平建设时期的困难挑战面前，共产党人以信仰作为自己的精神之基，以身许党，以身报国，忠心为民。小到一个人、一个集体，大到一个政党、一个民族、一个国家，只要有信仰、信念、信心，就会愈挫愈奋、愈战愈勇，否则就会不战自败、不打自垮。

翻开中共党史，回顾坎坷的奋斗历程，答案复杂而又简单。中国共产党这个最初只有几十名成员的政党，何以发展到今天成为党员人数最多的世界第一大党？革命武装的星星之火何以燎原，并迅速成长为所向披靡的强大的人民军队？小米加步枪怎么就能打败800万用美式武器装备到牙齿的国民党军队？百年波澜壮阔的历史进程中，中国共产党之所以能前赴后继、奋勇前行，跨过一道又一道沟坎，取得革命建设改革一个又一个伟大胜利，靠的就是建立在坚定理想信念基石上的奋斗精神。

1949年，当毛泽东同志在天安门城楼上向全世界宣告中华人民共和国成立的时候，远离北京的西柏坡一座平房里，卧病在床的任弼时正在与病魔作最后的抗争。这位“革命的骆驼”在临终时说：“这是共产党人信仰的胜利，这是中国人民革命信仰的胜利！”

为了民族独立、人民解放，国家富强、人民富裕，无数人会聚在马克思主义的旗帜下。历史会记录下每一代人的奋斗与牺牲，也会给他们的选择一个肯定的回答。

“敌人只能砍下我们的头颅，决不能动摇我们的信仰！因为我们信仰的主义，乃是宇宙的真理！为着共产主义牺牲，为着苏维埃流血，那是我们十分情愿的啊！”1935年8月，方志敏在就义之前慷慨陈词。这位赣东北苏区的创建者，过着“清贫，洁白朴素的生活”，却“生存一天就要为中国呼喊一天”，只因他是“马克思主义笃诚的信仰者”，坚信“苏维埃可以救中国，革命必能得最后的胜利”。无数为理想信仰献身的革命先烈，如李大钊、夏明翰、邓中夏、赵一曼、杨靖宇、黄继光等，都是中国共产党人理想信念的人格化身。

信仰是内心深处的追求和坚持。大浪淘沙，唯真信仰不会被黑暗吞没，这是历史的启示，也是颠扑不破的真理。1930年8月27日，临刑的几分钟，共产党员裘古怀有感于“每一个同志在就义时都没有任何一点惧怕，他们差不多都是像完成工作一样跨出牢笼的”，匆匆写下《给中国共产党和同志们的遗书》，诠释自己对信仰的理解：“我满意为真理而死！遗憾的是自己过去的工作做得太少，想补救已经来不及了。”陈望道翻译《共产党宣言》时，忘情地将墨汁当红糖吃。这种信仰的味道，才让血肉之躯拥有了超越艰难险阻的力量。**思想上坚定忠诚，意志上就会坚韧不拔；理想上坚实熔铸，行动上就能坚定不移。**

信仰是“做人民的长工”。革命老前辈何长工同志曾说过，他要以八旬之年，继续报效党和人民，永远做人民的长工。为人民做“长工”，还是做“短工”，是看一个党员全心全意为人民服务的“初心”树立得牢不牢固、信仰坚不坚定的问题。党的历史上，许多优秀党员干部为人民鞠躬尽瘁，当了一辈子“长工”。周总理时常提醒自己要“听人民的指挥，做一条牛”。革命先烈恽代英曾在文中这样写道：“我们吃尽苦中苦，而我们的后一代则可享到福中福。为了我们崇高的理想，我们是舍得付出代价的。”党员干部要牢记宗旨，把群众呼声当第一信号，尽心竭力办好群众迫切需要的急事、难事。

信仰是要用一生践行誓言。“随时准备为党和人民牺牲一切”不只是入党时宣读的誓词，更是内化于心、外化于行的信仰与力量。中国共产党第一个女党员缪伯英临终时说：“既以身许党，应为党的事业牺牲。”为了让山区绿起来、让老乡富起来，“太行赤子”李保国把一生献给太行山区，“先辈们流血都不怕，咱们流点汗算什么”……他们把自己当成如椽大笔，在鲜红党旗上写下忠贞，在祖国大地上写下情怀。

建立中国共产党、成立中华人民共和国、推进改革开放和中国特色社会主义事业，百年的风雨历程，中国共产党为什么能带领中国人民树立这三大里程碑？这一切首先得益于有信仰的引领与支撑。

“为了抉择真理，我们应当回去；为了国家民族，我们应当回去；为了为人民服务，我们应当回去……为我们伟大祖国的建设和发展而奋斗！”1950年2月，华罗庚在归国途中，写下这封《致中国全体留美学生的公开信》。那一年，华罗庚、朱光亚、邓稼先、叶笃正等1000多名留美学生不畏艰辛奔向新中国，很多人加入了中国共产党。他们相信，“新民主主义已经很明显地指出中国社会建设该取的道路”“我们的民族将再也不是一个被人侮辱的民族了”。

“志不立，天下无可成之事。”邓小平同志曾感慨：“为什么我们过去能在非常困难的情况下奋斗出来，战胜千难万险使革命胜利呢？就是因为我们有理想，有马克思主义信念，有共产主义信念。”有了这个“初心”，就能保持清醒头脑，坚定政治定力，做有底气、敢担当、善作为的共产党人。

越是走进历史的深处，就越是震撼于信仰的可歌可泣。黄克诚同志面对敌人升官发财的诱惑不动摇，面对党内的错误批判不灰心。在他60多年的革命生涯中，9次被错误批判、降职，险些被杀头。但他几经沉浮终不悔，丝毫没动摇对党的忠诚，对共产主义的坚定信念。他的人生经历启示我们，**坚定信仰，为人生点亮一盏心灯，任凭沙打雾迷；守住信念，为人生架起一桅风帆，坚定方向不偏航。**

信仰是力量，体现在拼搏奉献的不竭动力。因为坚守信仰，无数共产党人积极投身实现远大理想的实践之中，生命不息，奋斗不止。任弼时同志有“三怕”，第一怕就是怕工作少。他肩负着革命的重担，长期抱病坚持繁重的工作，病重期间仍恪守“能坚持一百步，就不该走九十九”，46岁不幸病逝，被誉为“我们党的骆驼，中国人民的骆驼”。

陈毅元帅被围梅山时写下《梅岭三章》，“此去泉台招旧部，旌旗十万斩阎罗”。这是何等坚定的信仰！

信仰是事物发展的内驱动力，可以有力地促推事物不断向前发展。在中国共产党的奋斗道路上，不能缺少信仰。历史和现实一再表明，对马克思主义坚定信仰一直是我们党进行革命、社会主义建设和改革开放的重要法宝，是中国特色社会主义道路越走越宽广的重要利器，是我们党的事业不断发展壮大并且越来越辉煌的重要动力。

今天，做有信仰的奋斗者，就要坚定对马克思主义的信仰，对中国特色社会主义的信念，掌握马克思主义基本原理作为看家本领，以笃定的信仰学习贯彻习近平新时代中国特色社会主义思想，增强“四个意识”，坚定“四个自信”，做到“两个维护”，把铁一般信仰融化在血液中，体现到为中国人民谋幸福、为中华民族谋复兴而不懈奋斗的行动中。永葆革命信仰，理想信念坚定不移，党的力量就能源源不断，党的事业定能蒸蒸日上。

◎奋斗，永不停歇

回望百年的峥嵘岁月，我们思绪万千，感慨万分。百年，风雨兼程；中国共产党人用血和泪铸就了一篇篇壮丽的奋斗史诗。他们始终坚持“两个务必”原则，一直走在进京赶考的路上，奋斗不止，生命不息，在波澜壮阔的历史进程中，一代代中国共产党人团结带领广大人民攻克了一个又一个难关，创造了一个又一个彪炳史册的人间奇迹……

夸父逐日、精卫填海、大禹治水、愚公移山……诸多中国古代神话与传说，塑造了无数为实现美好理想、为追求人民幸福而不懈斗争、努力抗争的形象。这些形象无不展现出中华民族自强不息、百折不挠的强大精神力量，这种精神品质在中国共产党人的身上得以延续和光大，成为广大党员向往光明、追求真理、矢志不渝跟党走的不竭动力。

奋斗可以净化共产党人的灵魂。纵观中华民族五千年的文明史，大到国家和民族的兴衰，小到家庭和个人的成败，奋斗的历程无不贯穿其中。中国共产党百年的发展史进一步证明，没有奋斗就没有人民的幸福，没有奋斗就没有国家的富强，没有奋斗就没有民族的振兴，奋斗的精神成为我们党在前进道路上战胜一切困难、迎接一切风险、不断夺取胜利的重要力量支撑。越是风急雨骤，越能坚定党的信念；越是坎坷多艰，越能激励党勇往直前，奋斗才能净化共产党人的灵魂，贪图享乐、思想松懈只能消磨我们的意志、丧失我们的灵魂。

奋斗可以磨炼共产党人的意志。司马迁说："文王拘而演《周易》；仲尼厄而作《春秋》；屈原放逐，乃赋《离骚》；左丘失明，厥有《国语》……"在我们党的发展史上，许多伟大的军事家、政治家、革命家，无不是具有坚强意志的人。面对困难，他们敢作敢为，不达目的决不罢休；面对风险，他们沉着冷静，果断做出决策，处理危机；面对挫折，他们毫不气馁，从不退缩，反而越挫越勇。面对严重自然灾害的焦裕禄，忍着病痛同全县干部群众一起顽强斗争、不懈奋斗，兰考"三害"得到有效治理；面对山光水枯、荒凉空旷的大亮山，杨善洲带领乡亲住帐篷、点油灯，创造出了一个绿色奇迹；面对严重的高原反应、巨大的昼夜温差，钟扬将自己变成了一粒种子，永远扎根在青藏高原……这就是共产党人铁一般的意志，越是条件艰苦、越是困难重重，越能够培养吃苦耐劳、坚韧不拔的优秀品格和脚踏实地、艰苦奋斗的优良作风。

奋斗可以坚定共产党人的信念。秋收起义、四渡赤水、飞夺泸定桥、强渡大渡河……面对艰苦的条件和艰巨的挑战，共产党人为什么能够一直走下去，最根本的原因就是我们党有远大的理想和必胜的信念。无论在多么艰苦的环境下，在多么危险的形势下，共产党人始终坚信自己所从事的革命事业，代表和维护劳苦大众的切身利益，这一伟大的革命壮举必将取得最终的胜利。艰苦的斗争更加坚定了共产党人崇高的理想、坚定的信念、革命的乐观主义精神。中国特色社会主义进入新时代，改革发展面临的风险与挑战何尝不更加艰辛与复杂，中国巨轮能够行稳致远，从跟从世界到引领世界，靠的就是坚定的信念。

共产党人信奉的是奋斗的哲学。**“咬定青山不放松”的信念，“任尔东西南北风”的定力，“敢教日月换新天”的气概，“撸起袖子加油干”的务实，“踏石留印、抓铁有痕”的韧劲……从革命、建设，到改革开放，从站起来、富起来到强起来，一个又一个的壮举背后，是经年累月的坚持，是聚沙成塔的累积，是一代又一代共产党人坚韧不拔的努力和一往无前的奋斗姿态。**这样的奋斗姿态，来源于全心全意为人民服务的坚定立场，来源于建设中国特色社会主义的坚定意志，来源于共产党人对民族复兴伟业的忠诚担当。

当前，我国社会主要矛盾已经发生变化，对党和国家工作提出了许多新的挑战。全面深化改革要不断取得新突破，“绝不是轻轻松松、敲锣打鼓就能实现的”，必须付出更艰辛的努力。站在历史交汇期的新起点，带领广大人民顺利实现奋斗目标，把我国建成富强民主文明和谐美丽的社会主义现代化强国，中国共产党人使命在肩、任重道远。正如改革开放之初邓小平同志所言：“没有一股子气呀、劲呀，就走不出一条好路，走不出一条新路，就干不出新的事业。”中国共产党人只有迎难而上，以顽强不懈的奋斗意志和敢于进取的实际行动，才能敢作敢为、善作善成，交出无愧于历史和人民的满意答卷。习近平总书记强调，奋斗不只是响亮的口号，新时代要勇于砥砺奋斗。民族复兴的使命要靠奋斗来实现，人生理想的风帆要靠奋斗来扬起。所有共产党人必须以新的精神状态和奋斗姿态干事创业，把中国特色社会主义推向前进，交出历史新答卷。

第十一章

守正出新的创造力

百年前产党人的呐喊，三千年未有之时代变局，以毛泽东同志为核心的党的第一代中央领导集体开辟了极富创造力的农村包围城市、武装夺取政权的井冈山道路，最终赢得红色江山。40 多年前，以邓小平同志为核心的党的第二代中央领导集体，极富创造力地推行改革开放，这才有了此后中国经济腾飞的奇迹。以江泽民同志为核心的党的第三代中央领导集体，坚定捍卫中国特色社会主义，成功把中国特色社会主义推向 21 世纪。以胡锦涛同志为总书记的党中央，紧紧围绕坚持和发展中国特色社会主义这一主题，科学判断国内外形势，不断研究新情况、解决新问题，在推进中国特色社会主义建设各方面进行了新的探索、积累了丰富经验。以习近平同志为核心的党中央不忘初心、砥砺奋进，有效应对国际国内诸多风险和挑战，解决了许多长期想解决而没有解决的难题，办成了许多过去想办而没有办成的大事。

创新，始终是中国发展的时代最强音。

◎生生不息的创造力

创造力，是人类特有的一种综合性本领。创造力是指产生新思想，发现和创造新事物的能力。它是成功地完成某种创造性活动所必需的心理品质。它是由知识、智力、能力及优良的个性品质等复杂的因素综合优化构成的。党的创造力是党领导人民坚持从中国革命、建设和改革实践出发，运用马克思主义的基本立场、观点和方法，在开辟中国特色社会主义道路、形成中国特色社会主义理论、确立中国特色社会主义制度和发展中国特色社会主义文化的进程中所展现出来的精神状态和能力，包括理论创造力、制度创造力、实践创造力等。**对于一个政党来说，创造力是考验其能否在不同的历史时期，抓住社会发展的主要矛盾，将普遍性规律同具体实践相结合，从而形成政党凝聚力，提升政党战斗力，确立政党领导力，扩大政党号召力。**党的创造力是党自身建设的重要组成部分，其理论渊源是马克思主义的政党学说。

党的历史就是一部不断开拓创新的历史。纵观中国共产党的历史，凡是在历史性变革的门槛上，都能走出一条化危为机的道路，这一次次化险为夷都离不开生生不息的创造力。

党的产生，本身就是马克思主义与中国工人运动相结合的新生事物。党诞生以后为中国革命、建设、改革而奋斗的历史，就是把马克思主义的基本原理与中国实践相结合而不断追求真理、开拓创新的历史。正是中国共产党善于发扬创新精神，勇于进行实践创新和理论创新，在领导中国人民进行新民主主义革命、社会主义革命和建设以及改革开放现代化建设等伟大的革命实践中，才走过了辉煌的历程，取得了辉煌的业绩。

土地革命战争时期，中国共产党人从中国革命失败的经验教训中，深刻认识到无产阶级领导权问题、农民问题和武装斗争问题的极端重要性。以毛泽东同志为主要代表的中国共产党人，发扬中华民族勇于创新的精神，敢于同党内盛行着的把马克思主义教条化，把共产国际决议和苏联经验神圣化的错误倾向作斗争，创造性地开辟了一条以农村包围城市、武装夺取政权的革命道路，中国革命出现了星火燎原之势。

抗日战争时期，中国共产党更加重视理论和实践的创新，不但创新性地建立了全民族的抗日统一战线，实行了持久战的战略战术，带领全国各族人民取得了百年来中国人民反抗帝国主义侵略的第一次伟大的胜利，而且通过深入开展延安整风运动，为以后中国共产党充分发扬创新精神，勇于进行实践创新和理论创新，打下了牢固的思想基础。

解放战争时期，中国共产党以宏大的革命气魄和高超的指挥艺术，创造性地组织了辽沈、平津、淮海三大战役，取得了惊天地、泣鬼神的战争奇迹，把中国革命推向前进。根据国内形势和革命发展的需要，毛泽东同志代表全党在党的七届二中全会上做出了党的工作重心由乡村向城市的战略转移，同时告诫全党，革命胜利后务必继续保持谦虚、谨慎、不骄、不躁的作风，务必继续保持艰苦奋斗的作风。这就为夺取中国革命在全国的胜利做好了思想、政治、组织上的准备。

社会主义革命和建设时期，建立了崭新的中华人民共和国。中国共产党发扬中华民族勇于创新、敢于创新的精神，创造性地建立了人民代表大会制度、多党合作和政治协商制度、民族区域自治制度等一系列重要的政治制度。

党的十一届三中全会以后，中国共产党领导全国人民开始了以实行家庭联产承包责任制为突破口的社会主义改革开放，进行了社会主义的农村改革、城市改革、政治经济文化等一系列改革活动，这是中国共产党勇于创新的显著例证。通过一系列的改革，促进了社会生产力的发展，提高了综合国力，使人民生活达到了小康水平。中国共产党在进行社会主义经济体制改革时，勇于创新，打破了市场经济和计划经济的体制界限，提出了社会主义也可以搞市场经济，并明确指出：计划与市场都是资源配置的方式，不是区分社会制度的标志。经过十多年的改革开放和体制创新，终于建立完善了具有中国特色的社会主义市场经济体制，促进了社会主义事业的更大发展。党的十六大全面强调了创新对于我们民族、国家和政党的重大意义，指出“创新是一个民族进步的灵魂，是一个国家兴旺发达的不竭动力，也是一个政党永葆生机的源泉”，把创新精神放在十分突出的地位，要求我们积极推进理论创新，并以理论创新推动其他各方面的创新，充分体现了一个站在时代前列的执政党所应有的远见卓识。

党的十八大以来，我们党带领全国人民砥砺奋进，取得了“全方位的、开创性的、深层次的、根本性的”的历史性成就，这与以习近平同志为核心的党中央创造性地提出一系列治国理政新理念新思想新战略是分不开的，如统筹推进“五位一体”总体布局、协调推进“四个全面”战略布局、贯彻落实“五大发展理念”、实施共建“一带一路”倡议等。充分彰显了党推进伟大的事业的超强创造力。

历史证明，党之所以能够领导人民不忘初心，牢记使命，继续前行，就是因为党始终保持极强的创造力、凝聚力、战斗力，始终走在时代前列，才使党成为人民衷心拥护、勇于自我革命、经得起各种风险考验、朝气蓬勃的马克思主义政党。

党的创造力体现在中国特色社会主义理论体系创新的每一个阶段，每一个马克思主义中国化的最新理论成果都是对中国共产党强大的理论创造力的有力证明；反过来，中国共产党在理论上的创新和发展，也必将推动中国特色社会主义发展实践的创新。

唯创新者进，唯创新者强，唯创新者胜。实践证明，中国共产党具有伟大的、无穷的创造力，愈是在艰难困苦的时刻，愈是在应对风险和挑战的危急时刻，这种创造力愈能够被激发出来。中国所取得的许多令人瞩目的历史性成就，都是与中国共产党的创造力分不开的。党的十九大报告中的理论新论断、实践新谋略，再次展现了中国共产党的创造力。

◎创造力从何而来

从党的一大到十九大，百年间，中国共产党经历了太多牺牲、质疑与苦难，1949 年中华人民共和国成立时有 400 多万党员，可查的党员烈士就达 370 万；从“山沟里出不了马克思主义”“中国共产党解决不了中国人的吃饭问题”到“社会主义终结论”“中国崩溃论”，一路走来嘲讽、谩骂、诋毁不绝于耳。但中国共产党却越来越强大，从一个 50 多人的党成长为执掌一个拥有 9000 多万党员的世界大国的执政党。且自党诞生之日起，一直坚持用马克思主义观察中国实际、创造性解决中国问题、推动中国发展，因而开辟了具有中国特色的革命、建设和改革的发展道路，展示了中国共产党人勇立潮头的磅礴精神力量。百年来，党领导人民创造的奇迹有很多。这一个个奇迹极大改变了中国的面貌、中华民族的面貌、中国人民的面貌、中国共产党的面貌，汇聚成实现中华民族伟大复兴的盛大景象。

回望党领导中国人民革命、建设、改革开放百年的光辉历程，我们能从中深刻感悟到党的创造伟力无不源于中国共产党开天辟地、敢为人先的首创精神。党自诞生之日起，一直坚持用马克思主义观察中国实际、解决中国问题、推动中国发展，因而开辟了具有中国特色的革命、建设和改革的发展道路，展示了中国共产党人勇立潮头的磅礴精神力量。**从南湖红船上寻找光明的摆渡人，到烽火硝烟中挺立脊梁的主心骨，再到驾驭世界第二大经济体的领航员，中国共产党始终初心如磐，以划时代的理论创新和实践创新，点燃照亮中国的燎原之火，开启走向复兴的伟大征程。**

党的创造伟力源于党对初心和使命的定力与坚守。面对当今西方政治党派纷争，内乱不止、相互倾轧、社会撕裂等种种乱象，中国共产党自信而坚定："大就要有大的样子"，因为我们党不仅是世界上最大的政党，也是最为坚强有力的政党。中国共产党为什么拥有强大的创造力？

创造伟力源于始终坚守"一个理想"，有远大理想追求，为共产主义而奋斗，建立一个没有剥削、没有压迫，人人自由平等富裕的"大同世界"，尽管梦想如此遥远，但从社会主义初级阶段到高级阶段、从共同理想到远大理想，一步一个脚印，一直从未改变。在中国共产党成立之前，中国积贫积弱、落后挨打。为了改变这个状况，许多志士仁人进行了不懈探索，但都没有成功。中国共产党一成立，就肩负起挽救中华民族危亡、实现中华民族伟大复兴的历史使命。党领导人民经过长达28年的浴血奋斗，推翻了帝国主义、封建主义、官僚资本主义的反动统治，建立了中华人民共和国，使中国人民站了起来。之后，又确立社会主义基本制度，实现了中国历史上最深刻最伟大的社会变革。改革开放以来，中国共产党带领中国人民取得国家建设和发展的重大成就。目前，中国经济总量稳居世界第二位，中国人民富起来了，人民生活总体上达到小康水平，民主法治建设等也取得长足进步。中国用几十年时间走完了发达国家几百年走过的工业化历程，创造了人类发展史上的奇迹。

创造伟力源于始终为了“一个宗旨”，除了全心全意为人民服务，党没有自己特殊的利益，是一个真正的人民的党，“人民对美好生活的向往就是我们的奋斗目标”“小康路上一个都不能少”这铿锵有力的宣誓，与西方代表形形色色利益集团的党派形成鲜明对比，坚定的人民立场，始终践行为人民谋幸福的初心。中国特色社会主义制度是当代中国发展进步的根本制度保障，是具有鲜明中国特色、明显制度优势、强大自我完善能力的先进制度。这一制度真正使中国人民成为国家、社会和自己命运的主人；这一制度有利于保持党和国家活力、调动广大人民群众和社会各方面的积极性、主动性、创造性；这一制度有利于解放和发展社会生产力，有利于维护和促进社会公平正义，实现全体人民共同富裕；这一制度的优势以及创造伟力源于它不变的初心，即为中国人民谋幸福。以人民为中心，紧紧依靠人民，为了人民。党的创造力的源泉存在于人民群众之中。党自成立以来，始终坚持尊重人民的首创精神，坚持与人民群众同呼吸共命运，始终保持党同群众的血肉联系。党的实践创造依靠人民，稳扎稳打，不仅改善了人民群众的生存状况、生活状况及发展状况，而且极大地推动了党和国家面貌的深刻变化。

创造伟力源于始终信仰“一个真理”，有科学理论引领，始终坚持以马克思主义为指导，牢牢掌握马克思主义真理的力量，并坚定不移地中国化，与时俱进进行理论创新，从毛泽东思想、邓小平理论、“三个代表”重要思想、科学发展观，到习近平新时代中国特色社会主义思想，不断用科学理论指引航程。对一个政党而言，思想理论建设非常重要。

对党内，要通过思想理论建设告诉党员该怎么干、为什么这样干；对人民，要通过思想理论建设让人民群众跟着党走，凝聚起磅礴力量。党高度重视理论创新，坚持用党的创新理论武装共产党人头脑、团结凝聚人民。中国共产党从成立之日起，就把马克思主义作为指导思想。这是因为，共产党人深刻认识到，“全盘西化”和“中学为体，西学为用”等主张都解决不了中国的问题。只有以马克思主义为指导，走社会主义道路，中国才有希望和出路。反观原苏东国家的共产党之所以相继垮台，一个重要原因就是长期思想僵化，理论没能跟上时代发展，不仅不能指导新的实践，甚至连现实都解释不了。

创造伟力源于始终抓好“一个工程”，有强大领导能力，百年来，党始终把自身建设牢牢抓在手中。把党的建设作为伟大工程来推进，毛泽东同志在总结中国革命胜利的经验时，就把党的建设作为三大法宝之一。全国执政后特别是改革开放以后，在执政党建设探索上，我们党不断迈出新步伐，取得新成效。新的历史条件下，面临着“四大考验”和“四大危险”，党把不断提高党的领导水平和执政水平、提高拒腐防变和抵御风险能力，作为巩固执政地位、实现执政使命必须解决好的重大课题，着力加以解决。全党牢牢把握加强党的执政能力建设、先进性和纯洁性建设这条主线，坚持解放思想、改革创新，坚持党要管党、全面从严治党，全面加强党的思想建设、组织建设、作风建设、反腐倡廉建设、制度建设，不断增强自我净化、自我完善、自我革新、自我提高能力，努力建设学习型、服务型、创新型的马克思主义执政党，确保我们党在世界形势深刻变化的历史进程中始终走在时代前列，在应对国内外各种风险和考验的历史进程中始终成为全国人民的主心骨，在坚持和发展中国特色社会主义的历史进程中始终成为坚强领导核心。

◎ 唯创新者胜

创新是人们在生产力、生产关系和上层建筑全部领域中进行的创造性活动。创新就是对不断出现的新情况、新现象、新问题、新领域作出新的理性分析和理论解答，对认识对象和实践对象的本质、规律和发展变化的趋势作出新的揭示和预见，对人类历史经验和现实经验作新的理性升华。创新是使社会实践永葆其生机和活力的强大动力。

中国共产党自诞生之日起就与“新”结合在一起。近代以来，面对民族危亡，农民、维新派以及革命派虽然救亡努力试遍，虽仁人志士万颗头颅落地，却依然难挽大厦之将倾。找不到出路，一时间整个国家成了鲁迅先生笔下那“无声的中国”，苦闷折磨着国人。“1921 年 7 月中国共产党诞生，从此中国革命的面貌焕然一新。”自诞生起，党在自身理论和实践上不断创新，带给整个国家整个民族“新意”，带来了生机与希望。

百年的历史证明，中国共产党是富有革命创新精神的党；是密切联系群众，为中国各族人民的根本利益不断奋斗并作出巨大牺牲的党；是与时俱进，站在时代前列代表先进生产力发展要求、先进文化前进方向和最广大人民的根本利益，为中华民族的伟大复兴不懈奋斗的党。她历经磨难，斗志弥坚，千锤百炼，更加坚强。创新引领着中国共产党从胜利走向更伟大的胜利。

党以勇于创新的精神成功探索出一条正确革命道路，领导中国人民建立新民主主义的崭新中国。近代以来，在西方殖民者的坚船利炮下，中国陷入内忧外患的悲惨境地。随之兴起的，是中国社会各阶层为救亡图存而进行的不屈斗争与艰难探索。中国社会各阶级都从自己的立场出发，进行过各种各样的尝试，均以失败告终。十月革命一声炮响，为我们送来了马克思主义。1921 年，中国共产党在南湖的红船上诞生了，中国革命的历史从此翻开了崭新的一页。中国共产党以开天辟地的胆识和敢为人先的勇气，团结带领中国人民，将马克思主义与中国革命的具体实际相结合，探索出一条以农村包围城市、武装夺取政权的正确道路，经过 28 年浴血奋战，完成了新民主主义革命，建立了中华人民共和国，实现了中国从几千年封建专制政治向人民民主的伟大飞跃。

党以勇于创新的精神确立社会主义基本制度，为中华民族伟大复兴奠定了根本政治前提和制度基础。新中国成立后，面对的是“一穷二白”的落后面貌。中国共产党发扬敢为人先的首创精神，领导人民建立人民代表大会制度这一根本政治制度，逐步建立中国共产党领导的多党合作和政治协商制度、民族区域自治制度等基本政治制度，在探索中确立了社会主义基本制度，完成了中华民族历史上最为广泛而深刻的社会变革，建设了独立的较为完整的工业体系和国民经济体系，极大提升了社会主义中国在国际上的地位和话语权，为当代中国一切发展进步奠定了根本政治前提和制度基础，实现了中华民族由近代不断衰落到根本扭转命运、持续走向繁荣富强的伟大飞跃。

党以勇于创新的精神开创中国特色社会主义道路。改革开放 40 多年来，中国共产党带领全国人民进行了新的伟大革命，破除阻碍国家和民族发展的一切思想和体制障碍，不懈奋斗，推动我国经济实力、科技实力、国防实力、综合国力进入世界前列，国际地位实现前所未有的提升，成功开辟出一条中国特色社会主义道路。在习近平新时代中国特色社会主义思想指导下，中国特色社会主义事业进入了新时代，中华民族以崭新姿态屹立于世界民族之林，迎来了从站起来、富起来到强起来的伟大飞跃。

习近平总书记说："历史是一面镜子，从历史中，我们能够更好看清世界、参透生活、认识自己；历史也是一位智者，同历史对话，我们能够更好认识过去、把握当下、面向未来。"革命已成过去，改革尚在途中，对话革命，有助于谋划全面改革和塑造未来。

面对具有许多新的历史特点的伟大斗争，需要我们不断提升化解和防范重大风险的能力，党的建设新的伟大工程需要我们不断提升党的建设的自我革新能力，推进中国特色社会主义伟大事业需要我们不断构建发展的新理念新思想新战略，实现民族复兴的伟大梦想需要我们敢于创新、乐于创新、善于创新。新的征程号角已经吹响，新的历史篇章已经打开，需要共产党人提高创新水平，提升创新能力。

中国特色社会主义进入新时代，正面临百年未有之大变局。不忘初心、牢记使命，共产党人必须大力弘扬开天辟地、敢为人先的首创精神。共产党人要做创新发展先行者，要坚持解放思想永无止境，始终秉持敢为天下先、敢闯敢试的创造本色，按照党中央赋予的新使命，深刻把握新要求，聚焦发展重点难点，解放思想，勇于创新，有所作为，善作善成，行稳走远。在更高起点更高水平的创新发展中，充分发挥党的政治组织优势，向人民交出满意的新答卷。

◎ 理论创新是思想的灯塔

站在新时代新起点，回顾中国共产党的光辉历程，我们深切感受到：中国共产党一直致力于把马克思主义与中国实际相结合，不断推进实践基础上的理论创新，这是党及其伟大事业永葆生机活力的不竭之源。可以说，一部中国共产党的发展史，就是马克思主义的基本原理与中国具体实际相结合、不断进行理论创新的历史，推进理论创新是党的重要法宝。

党自诞生之日起，就以实现中华民族伟大复兴为己任。面对中国特殊国情，带领中华民族从沉沦走向复兴应当走什么路？马克思主义经典作家并没有也不可能给出现成答案，党通过摸索，不断推进实践基础上的理论创新，实现了马克思主义中国化的两次飞跃，产生两大理论成果，即毛泽东思想和中国特色社会主义理论体系，成功地走出了中国革命和中国特色社会主义建设的新路，开辟出民族复兴光明前景。

毛泽东思想主要回答和解决了在中国这个半封建半殖民地的国家里如何进行新民主主义革命的问题，并对社会主义建设进行了初步探索。创立了毛泽东思想，实现马克思主义中国化的第一次飞跃，毛泽东思想的灵魂包括三个方面，即实事求是、群众路线、独立自主。给中国革命指出一条新路，带领人民终于取得新民主主义革命胜利，建立新中国，实现了民族独立、人民解放，为实现中华民族伟大复兴创造了必要条件。

中国特色社会主义理论体系是十一届三中全会以来党在理论创新上的最大成果。这个理论体系由邓小平理论、“三个代表”重要思想、科学发展观、习近平新时代中国特色社会主义思想等重大战略思想构成。两大理论成果是党对马克思主义的重大贡献，极大地丰富了马克思主义理论宝库，迎来中华民族伟大复兴前所未有的光明前景。习近平新时代中国特色社会主义思想以“八个明确”和“十四个坚持”为核心内容，擘画了实现中华民族伟大复兴的宏伟蓝图，充满着对马克思主义的坚定信仰，充满着对社会主义、共产主义的坚定信念，充满着“革命理想高于天”的豪迈气概，充满着为人民谋幸福、为民族谋复兴的赤子情怀。

推进理论创新，不断推进马克思主义中国化，是党的十八大以来，以习近平同志为核心的党中央，坚持和发展中国特色社会主义的科学态度和思想自觉。把马克思主义基本原理，与我们党正在面临的具有新的历史特点的伟大实践、伟大斗争相结合，不断研究新情况，解决新问题，总结新经验、提炼新思想新观点新理论，书写具有中国特色、富有时代气息的马克思主义新篇章，实现马克思主义中国化的新飞跃，是时代的呼唤、实践的呼唤、人民的呼唤。

回望历史，我们可以看出：**党的理论创新，不是关在屋子里设定一个必然正确的理论，而是边干边学习、边干边调整、边干边总结，**也就是边干边进行基本经验的提升、边干边进行必要的理论创新。展望中国特色社会主义伟大事业的发展未来，习近平总书记指出："时代是思想之母，实践是理论之源。实践发展永无止境，我们认识真理、进行理论创新就永无止境。今天，时代变化和我国发展的广度和深度远远超出了马克思主义经典作家当时的想象。同时，我国社会主义只有几十年实践、还处在初级阶段，事业越发展新情况新问题就越多，也就越需要我们在实践上大胆探索、在理论上不断突破。""面对新的时代特点和实践要求，马克思主义也面临着进一步中国化、时代化、大众化的问题。马克思主义并没有结束真理，而是开辟了通向真理的道路。"这必将进一步有力地推动党进行理论创新。

◎ 实践创新中国道路

理论来源于实践，理论自信也来源于实践成功。习近平总书记指出："我们说的道路自信、理论自信、制度自信，来源于实践、来源于人民、来源于真理。"

实践是人们能动地改造客观世界的活动。实践构成了人们社会生活的基本内容，推进了人类历史的不断发展，正因为如此，马克思认为“社会生活在本质上就是实践”。在人类生活中，实践体现出鲜明特色。实践具有客观现实性。列宁说得好，实践高于（理论的）认识，因为实践不仅有普遍性优点，并且有直接现实性的优点。实践又具有社会性。马克思主义实践观告诉我们，实践是理论形成和发展的源泉。人们只有在改造世界的伟大实践中，才能逐渐认识自然界、社会和人类思维发展的规律，进而获得对客观事物的正确认识，形成体现社会发展规律的科学理论。

实践是检验真理的唯一标准。理论来源于实践，但科学的理论形成之后又对实践产生重要指导作用，对人们从事新的实践活动提供必要理论指导。习近平总书记指出：“必须高度重视理论的作用，增强理论自信和战略定力，对经过反复实践和比较得出的正确理论，要坚定不移坚持。”在运用科学理论指导社会实践的过程中，理论本身也得到进一步检验，检验成功了，就证明它符合客观实际，是科学的理论；检验失败了，证明它不符合实际，就不是科学的理论。正是从这个意义上说，实践是检验真理的唯一标准。实践还是推进理论发展的根本动力。社会实践是不断发展的，科学理论也要随之而不断发展和创新。正因为实践之路常新，才能使理论之树常青，离开社会实践的不断发展，就不可能有理论创新的成果。

理论创新来源于实践创新，理论创新成果形成之后又对新的实践创新提供理论指导。当代共产党人必须“不断实现理论创新和实践创新良性互动，在这种统一和互动中发展21世纪中国的马克思主义”。党的十八大以来，以习近平同志为核心的党中央坚持在实践创新基础上的理论创新，不断根据新的实践创造出新的理论，为我们制定各项方针政策、推进各项工作提供了科学指导。当代中国正经历着历史上最为广泛而深刻的社会变革，也正在进行着人类历史上最为宏大而独特的实践创新。这种前无古人的伟大实践，必将给党的理论创新提供更加强大的动力和空间。

纵观我国发展历史，道路问题是关系党的事业兴衰成败第一位的问题，道路就是党的生命。我们所一直坚定的道路自信，也并非空中楼阁，而是源于伟大实践创新。

近代以来，中国社会经历了空前的民族灾难和前所未有的深刻变革。“中国向何处去”成为时代性的中心问题。围绕这一问题的破解，中国人进行了不屈不挠的探索，经过反复比较，最终选择了马克思主义、选择了中国共产党。中国共产党经过艰难探索和不懈努力，找到了一条适合中国国情的中国特色社会主义道路，成功带领中国人民走向“两个一百年”奋斗目标和实现中华民族伟大复兴的中国梦历史新征程。

实践创新开辟中国道路：党在历史变革中的伟大觉醒——使中国人站起来。民族复兴的前提是民族独立。因此，中华民族复兴之路始于以毛泽东同志为核心的第一代中央领导集体，其重要标志是使中国人站起来。在革命时代，毛泽东同志等老一代中国共产党人创造性地运用马克思主义的立场、观点、方法来分析和解决当时的“中国问题”，成功开辟了“农村包围城市，武装夺取政权”的革命道路。

实践创新坚持中国道路：党在复杂局势中的清醒自立——使中国人富起来。党的十一届三中全会以后，邓小平同志以“解放思想、实事求是”来破除“两个凡是”，并自觉运用这一方法论来分析和解决“什么是社会主义、怎样建设社会主义”这一重大理论和现实问题，其结果，不仅在理论方面把马克思主义发展到一个新阶段，而且在实践上也极大地推动了中国特色社会主义建设实践的发展。20 世纪 80 年代末 90 年代初，苏联解体、东欧剧变，世界范围内的社会主义事业遭遇曲折，在关键时期，邓小平同志始终坚持中国特色社会主义道路，力主继续改革开放，坚持了改革开放的发展之路。

实践创新发展中国道路：党在全球化条件下的稳步推进——使中国人自信起来。党是一个与时俱进的党，它在解答新时代命题的过程中进行理论创新和实践创新，深化了对中国特色社会主义道路的认识，拓宽了中国特色社会主义道路。改革开放以来我们取得一切成绩和进步的根本原因，归结起来就是：把马克思主义进一步中国化，开辟了中国特色社会主义道路，形成了中国特色社会主义理论体系。中国在新的全球化条件下已经独立自主地走出一条独特的发展道路。对此，要坚定对“中国道路”“中国理论”和“中国制度”的自信。

实践创新强大中国道路：党在新历史条件下的战略谋划——使中国人强起来。在当代中国，实现现代化即实现从传统向现代的整体性转型，是当前以及今后一段时期中国具有风向标意义的事件，也是中国由大国走向强国的发展关键之道。如今，以习近平同志为核心的新一届党中央，正在引领中国从“大国”走向“强国”，使中国人强起来。虽然中国对世界的贡献越来越大，但在世界范围话语权上“西强我弱”的格局还没有根本改变。**落后就要挨打，贫穷就要挨饿，失语就要挨骂，无语即被边缘化。党带领人民就是要不断解决挨打、挨饿、挨骂这三大问题。经过几代人不懈奋斗，挨打和挨饿问题基本得到解决，但挨骂问题还没有得到根本解决，当前我们要发出中国的声音。**

中国道路的开创和成功实践，为实现中华民族伟大复兴迎来了光明前景，使科学社会主义在 21 世纪的发展焕发出强大的生机活力，进一步拓展了发展中国家走向现代化的途径，给世界上那些既希望加快发展又希望保持自身独立性的国家和民族提供了全新选择，为解决人类问题贡献了中国智慧和中国方案。

回首实践创新道路发展历程不难发现，党领导中国人民走有中国特色的社会主义道路，具有历史必然性、比较优势和制度优势。正是历史和人民选择了中国共产党，选择了马克思主义，选择了社会主义道路，选择了改革开放，这启发我们必须将中国道路自信、理论自信、制度自信、文化自信的强大精神的力量，自觉转化为建设社会主义事业的物质力量。

◎ 中国制度何以管用

制度是人类在社会发展进程中创造的维持社会生存、推进社会发展，建立在一定社会生产力发展水平基础之上、具有正式形式和强制性的社会规范体系。制度具有根本性、全局性、稳定性和长期性。在长期的革命、建设、改革实践中，中国共产党人深刻认识到，要改变中国的贫穷落后面貌，实现国家富强、民族振兴、人民幸福，必须建立符合我国实际的先进社会制度。

历史和现实都表明，一个国家选择什么样的政治制度，归根到底是由这个国家的性质和国情决定的。政治制度是否合理和优越，直接关系到一个国家的盛衰兴亡，中国特色社会主义，是党领导中国人民把马克思主义基本原理同中国具体实际相结合、经过长期探索和实践逐步形成确立的，是中国历史和中国人民的必然选择。

“美国人在那儿吵的时候，中国人已经开始干了”“中国人建设新机场的速度比德国快多了”……曾经对中国百般挑剔的西方媒体和政客，如今发出越来越多的这种感叹。相比许多国家存在的人走政息、决策短视、党派相互攻讦拆台等问题，中国的政治制度优势显而易见。美国著名未来学家约翰·奈斯比特指出：“中国的制度优势有利于激发发展活力并保持政策的稳定性和连续性。”

中国制度何以管用是基于中国特色社会主义制度具有巨大的优越性和独特优势。

这一制度植根于中国文化传统，适合中国国情，具有深厚的历史根基和鲜明的中国特色。各个国家的国情不同，其制度必然具有独特性，选择一种什么样的制度，“是在这个国家历史传承、文化传统、经济社会发展的基础上长期发展、渐进改进、内生性演化的结果”。中国特色社会主义制度的建立和完善，具有深厚的历史渊源和广泛的现实基础，是在中国改革开放 40 多年的伟大实践中走出来的，是在中华人民共和国成立 70 多年的持续探索中走出来的，是在对近代以来 170 多年中华民族发展历程的深刻总结中走出来的，是在对中华民族 5000 多年悠久文明的传承中走出来的。

这一制度有利于激发党和国家的活力、调动广大人民群众和社会各方的积极性、主动性、创造性。中国特色社会主义制度坚持以人为本，坚持人民主体地位，坚持党的领导、人民当家作主、依法治国的有机统一，坚持实现好、维护好、发展好最广大人民的根本利益。这一制度最大限度地调动了各方的积极性，使整个社会充满了活力。

这一制度有利于解放和发展社会生产力、推动经济社会持续快速发展。中国特色社会主义制度创造性地把社会主义和市场经济有机结合起来，建立起了社会主义市场经济体制，极大地解放和发展了社会生产力。中国实行改革开放以来取得了巨大进步，最大的成功之处就在于中国创造了一种适合自己的经济和政治发展模式。中国以繁荣发展的崭新面貌，充分展现了中国特色社会主义经济制度的成功，也向世界昭示了中国社会主义政治制度的正确。在世界经济发展史上，像中国这样一个有着14亿人口的大型经济体长期保持平稳快速发展非常罕见。改革开放以来，中国经济以惊人的速度发展起来。从综合国力看，中国从贫穷落后跃升为世界第二大经济体，进出口贸易总额位居世界第二，外汇储备稳居世界第一，大多数工农业产品产量位居世界第一，不仅用不足世界10%的耕地养活了世界22%的人口，而且创造了人民生活从贫困到温饱再到总体小康的历史性跨越。党的十八大以来，我国贫困人口大幅减少，教育事业全面发展，城镇新增就业年均达到1300万人以上，中等收入群体持续扩大，人民获得感、幸福感、安全感更加充实、更有保障、更可持续。

这一制度有利于维护和促进社会公平正义、实现全体人民共同富裕。中国特色社会主义制度在强调多种所有制经济共同发展的同时，始终坚持公有制为主体；在强调多种分配方式并存的同时，坚持按劳分配为主体；在强调一部分地区、一部分人先富起来的同时，坚持地区之间、城乡之间协调发展，最大限度地体现了中国特色社会主义制度蕴含的公平正义价值追求。

这一制度有利于最大限度地整合社会资源、集中力量办大事。中国特色社会主义制度集中体现了广泛民主与高度集中的统一、党的领导与人民当家作主的统一、民主决策与高效执行的统一、宏观调控与市场调节的统一、中央治理和地方自主的统一。这种科学高效的制度设计，使我们党、国家和社会拥有强大的资源整合力、统筹协调力、组织动员力、决策执行力和危机应对力，能够集中力量办大事。改革开放40多年来，我国许多超大型建设项目的建成和一系列重大科技成果的问世，都充分彰显了这一制度的独特优势。

这一制度有利于维护民族团结、社会稳定、国家统一。民族区域自治制度坚持国家统一与保证各少数民族享有平等权利相结合，使少数民族依法自主管理本民族事务，保证我国各民族不论大小都享有平等的经济、政治、文化和社会权利，共同维护国家统一和民族团结。中国共产党领导的多党合作和政治协商制度，既不同于西方两党制和多党制那种权力争夺型的政党关系，也不同于一党制那种权力垄断型的政党关系，有利于社会和谐稳定。

这一制度的优越性还在于其制度韧性。一种好的制度，不仅能够在特定的历史阶段内保持稳定延续，还能够随着历史的发展而自我调适，不断适应新的形势要求。中国特色社会主义制度之所以优越，一个重要原因在于它具有自我完善的制度韧性。这种制度既能保持稳定性与连续性，又能不断改革创新；既能够避免因制度僵化导致的治理失效，也能避免因制度发生颠覆性变化使国家和社会陷入混乱。

“鞋子合不合脚，自己穿了才知道。”衡量一个社会制度是否科学、是否先进，主要看是否符合国情、是否有效管用、是否得到人民拥护。只有扎根本国土壤、汲取充沛养分的制度，才最可靠，也最管用。中国特色社会主义制度之所以行得通、有生命力、有效率，就是因为它是从中国的社会土壤中生长起来的。英国著名思想库伦敦外交政策中心发表题为《北京共识》的长篇研究报告，在国际上引起广泛关注。报告认为，中国实行改革开放以来取得了巨大进步，最大的成功之处就在于中国创造了一种适合自己的经济和政治发展模式。中国以繁荣发展的崭新面貌，充分展现了中国特色社会主义经济制度的成功，也向世界昭示了中国社会主义政治制度的正确。

实践发展没有止境，理论创新没有止境，制度完善也没有止境。中国特色社会主义制度还处于发展的过程中，还会随着外界环境和自身条件的变化而不断发展。只要牢牢守住中国制度的优势，始终坚持中国共产党的领导、始终坚持以人民为中心的理念、始终坚持民主集中制的组织方式和实事求是的原则，坚持和完善中国特色社会主义制度，不断推进国家治理体系和治理能力现代化，坚决破除一切不合时宜的思想观念和体制机制弊端，突破利益固化的樊篱，吸收人类文明有益成果，构建系统完备、科学规范、运行有效的制度体系，充分发挥我国社会主义制度优越性，中国特色社会主义制度将会越来越成熟、越来越完善，其优越性也必将日益彰显，中华民族的伟大复兴也一定会如约而至。

◎让中国制度更加成熟更加定型

习近平总书记指出，国家治理体系和治理能力是一个国家制度和制度执行能力的集中体现。这一重要论断深刻阐明了国家制度建设与国家治理现代化的内在一致性。中国特色社会主义进入新时代，要求我们进一步推进制度建设，不断进行制度创新，以更加成熟更加定型的制度筑牢改革基石、激发发展活力。

制度是管长远的，带有根本性。邓小平同志曾深刻指出："制度好可以使坏人无法任意横行，制度不好可以使好人无法充分做好事，甚至会走向反面。"制度对国家的前途命运具有决定性作用。一个国家只有建立起科学完备、系统有效的制度，才能形成健全的国家治理体系、拥有强大的国家治理能力。改革开放以来，我们党以全新角度思考国家治理问题，强调制度的全局性、稳定性和长期性，始终把制度建设摆在重要位置，将深化改革与制度创新有机结合，不断推动制度完善和发展。进入新时代，我们要坚持在党的领导下深入推进制度改革创新，以更加成熟更加定型的制度激发发展活力、保障民族复兴。

让中国制度更加成熟更加定型要坚持党的领导这一最大优势。党的十九大报告指出，中国特色社会主义制度的最大优势是中国共产党领导。党政军民学，东西南北中，党是领导一切的。改革开放以来，我们党正是通过政治领导、思想领导、组织领导确保国家改革发展的正确方向，确保以党的创新理论武装头脑、指导实践、推动工作，确保党始终坚强有力、统揽全局，从而凝聚起建设中国特色社会主义的强大力量。在全面建设社会主义现代化国家新征程上，要不断提高运用中国制度有效治理国家的能力。为此，既要全面推进依法治国，加强法律法规建设，实现国家治理法治化；又要加强党内法规制度建设，为全面从严治党、加强党的全面领导夯实制度基础；还要不断加强和改善党的领导，善于使党的主张通过法定程序成为国家意志，善于使党组织推荐的人选通过法定程序成为国家政权机关的领导人员，善于通过国家政权机关实施党对国家和社会的领导，善于运用民主集中制原则维护党和国家权威、维护全党全国团结统一。

让中国制度更加成熟更加定型要坚持和完善支撑中国特色社会主义制度的根本制度、基本制度、重要制度。坚持党的集中统一领导，坚持党的科学理论，保持政治稳定，确保国家始终沿着社会主义方向前进的显著优势；坚持人民当家作主，发展人民民主，密切联系群众，紧紧依靠人民推动国家发展的显著优势；坚持全面依法治国，建设社会主义法治国家，切实保障社会公平正义和人民权利的显著优势；坚持全国一盘棋，调动各方面积极性，集中力量办大事的显著优势；坚持各民族一律平等，铸牢中华民族共同体意识，实现共同团结奋斗、共同繁荣发展的显著优势；坚持公有制为主体、多种所有制经济共同发展和按劳分配为主体、多种分配方式并存，把社会主义制度和市场经济有机结合起来，不断解放和发展社会生产力的显著优势；坚持共同的理想信念、价值理念、道德观念，弘扬中华优秀传统文化、革命文化、社会主义先进文化，促进全体人民在思想上精神上紧紧团结在一起的显著优势；坚持以人民为中心的发展思想，不断保障和改善民生、增进人民福祉，走共同富裕道路的显著优势；坚持改革创新、与时俱进，善于自我完善、自我发展，使社会始终充满生机活力的显著优势；坚持德才兼备、选贤任能，聚天下英才而用之，培养造就更多更优秀人才的显著优势；坚持党指挥枪，确保人民军队绝对忠诚于党和人民，有力保障国家主权、安全、发展利益的显著优势；坚持“一国两制”，保持香港、澳门长期繁荣稳定，促进祖国和平统一的显著优势；坚持独立自主和对外开放相统一，积极参与全球治理，为构建人类命运共同体不断作出贡献的显著优势。这些显著优势，是我们坚定中国特色社会主义道路自信、理论自信、制度自信、文化自信的基本依据。

让中国制度更加成熟更加定型要坚持走中国特色制度完善和发展之路。中国制度在建构过程中，将现代化要求与中国具体实际有机结合起来，从中探索和把握自己的逻辑，从而走出了中国特色的制度完善和发展之路。正因为做到了这一点，才建构起能够创造中国发展奇迹的现代制度，并使这一制度具有强大的自我完善和发展能力。中国制度坚持把根本政治制度、基本政治制度同基本经济制度以及各方面体制机制等具体制度有机结合起来，坚持把国家层面民主制度同基层民主制度有机结合起来，坚持把党的领导、人民当家作主、依法治国有机结合起来，符合我国国情、富有中国特色、充满时代气息，集中体现了中国特色社会主义的特点和优势。进入新时代，以习近平同志为核心的党中央围绕制度建设提出一系列具有原创性、时代性的概念和理论，如完善和发展中国特色社会主义制度、推进国家治理体系和治理能力现代化，为走向强起来的中国提供有力制度保障。

使中国制度更加成熟更加定型要在全面深化改革中完善和发展中国制度。习近平总书记强调："摆在我们面前的一项重大历史任务，就是推动中国特色社会主义制度更加成熟更加定型……为党和国家事业发展、为人民幸福安康、为社会和谐稳定、为国家长治久安提供一整套更完备、更稳定、更管用的制度体系。"改革只有进行时，没有完成时。中国制度的完善和发展，必将从持续的改革创新中获得不竭动力。在全面深化改革进程中，中国共产党人坚持制度自信和改革创新有机统一，在始终坚持中国特色社会主义根本制度和基本制度的基础上，坚决破除影响经济社会发展的体制机制障碍，有力推动中国制度的自我完善和发展。在"变"与"不变"的结合中，中国制度保持了延续性和生命力。**在全面深化改革中，中国特色社会主义根本制度和基本制度必须始终坚持，这是制度创新的底线；妨碍经济社会发展的体制机制弊端必须坚决破除，这是制度创新的主攻方向。**比如，要围绕推动高质量发展，建设现代化经济体系，加强和完善政府经济调节、市场监管、社会管理、公共服务、生态环境保护职能，结合新的时代条件和实践要求，着力推进重点领域和关键环节的机构职能优化和调整，构建起职责明确、依法行政的政府治理体系，提高政府执行力，建设人民满意的服务型政府。

◎ 尊重群众首创精神

尊重群众的首创精神，依靠人民是马克思主义唯物史观的基本观点。人民是历史的创造者，是推动社会发展的根本力量，如果离开了人民群众，社会的一切发展都无从谈起。确立人民群众的主体地位，尊重人民群众的首创精神是唯物史观的根本要求。坚持这一基本原理，我们才能把握历史前进的基本规律，发挥人民群众的巨大潜力，不断推动社会向前发展。党遵循马克思主义历史唯物主义的基本观点，坚持一切为了人民，一切依靠人民，坚持群众路线，依靠人民群众不断认识和改造世界。实践表明，只有坚持人民至上的唯物史观，强调人民是真正的英雄，强调人民是决定党和国家前途命运的根本力量，充分调动人民群众的积极性、主动性和创造性，我们的事业才能不断壮大，才能不断谱写历史伟业新的华章。

人民，只有人民，才是创造历史的真正动力。5000年的闪光历史是人民书写的，源远流长的中华文明是人民创造的，在历史的长河中，人民用自己的智慧和汗水，创造了数不清的宝贵的精神文化财富。**从老庄孔孟等思想巨匠，到四大发明，从唐诗宋词等文艺作品，到长城故宫等伟大工程，中国人民始终辛勤劳作、发明创造，铸就了辉煌灿烂的中华文明。每一处文明的足迹，都见证了一个时代人民的智慧和力量；每一个文明的故事，都讲述了一个时代人民的风采。**

在中国革命、建设和改革的历程中，党带领和依靠人民群众不断由胜利走向新的胜利。党克服艰险困难，从弱小到强大，正是依靠人民一以贯之的拥护和支持。党自成立初期开始，就从思想理论、政治纲领到社会实践都把自己的前途和命运与广大人民紧密联系在一起。党动员和依靠广大人民不断掀起革命高潮，建立革命根据地，争取人民民主，激发人民群众参加革命的热情，赢得革命战争的胜利，团结带领中国人民完成新民主主义革命，建立中华人民共和国。中华人民共和国成立后，党团结带领中国人民完成社会主义革命，确立社会主义基本制度，消灭一切剥削制度，推进了社会主义建设。中国共产党尊重群众的首创精神，依靠人民开创了中国特色社会主义新局面。党的十一届三中全会以来，党紧紧依靠人民实行改革开放，尊重群众的首创精神，充分发挥人民群众的智慧和力量，极大激发广大人民群众的创造性，极大解放和发展社会生产力，极大增强社会发展活力，成功推进中国特色社会主义现代化。

党的十八大以来，以习近平同志为核心的党中央围绕以人民为中心的理念，把党的创造力摆在党的建设的关键位置，并与党的执政基础、执政能力联系起来，与践行新时期党的群众路线联系起来，与党的领导责任与历史担当联系起来，开创了新时代中国特色社会主义的崭新格局。是改革开放的春风冲破了僵化思想的束缚，激发起每一个普通人对美好生活的追求，整个社会长期被压抑的创造活力不断迸发，中华大地重现蓬勃生机。从实行家庭联产承包责任制、开放经济特区到大力发展乡镇企业，从鼓励发展非公有制经济、深化国有企业改革到建立完善社会主义市场经济体制，促进资源的优化配置，改革开放中的每一次突破和发展，每一个新生事物的产生和发展，每一个方面经验的创造和积累，都是人民实践和智慧的产物。人民的全力支持和广泛参与，推动着改革开放、中国特色社会主义不断走向新境界、新高度。

人民群众是实践和认识的主体，是创造历史的真正动力。“老百姓是天，老百姓是地。忘记了人民，脱离了人民，我们就会成为无源之水、无本之木，就会一事无成。”中国共产党成立百年来，取得了一个又一个胜利，究其根本，就在于中国共产党始终把人民作为“源”和“本”。

因为有人民之“源”，所以中国共产党能够永葆青春活力；因为有人民之“本”，所以中国共产党终成参天大树。守好这个“源”和“本”，人民就始终是中国共产党执政的最大底气。推进理论创新、制度创新、实践创新必须尊重群众的首创精神，充分发挥人民群众的智慧和力量。

今天，改革创新进入攻坚克难、爬坡过坎的关键阶段。改革创新越是向前推进，遇到的阻力越大、难度越大，就越发需要人民的支持和参与。尊重人民主体地位，发挥群众首创精神，才能依靠人民推动改革，才能为了人民创造新的奇迹。

尊重群众的首创精神要拜群众为师。**“身入才能心近，心近方能生情。”**坚持问政于民、问需于民、问计于民，拜群众为师、甘当小学生，**自觉丢掉“官气”，沾上“土气”，承接“地气”，到村头、走山头、下地头、拿锄头，多听听群众怎么说、多问问群众怎么看、多请教群众怎么干。**深深扎根人民，紧紧依靠人民，就可以获得无穷的智慧。

尊重群众的首创精神要寻找群众路径。要把准群众的脉搏、体察群众的期盼必须扑下身子，察实情、出实招。中国共产党是为中国人民谋幸福的党，也是为人类进步事业而奋斗的党，**要带着问题下基层、装着答案回机关，确保寻得真知灼见、找到锦囊妙计，**解决群众所需所盼。多探索，在实践中不断提升分析问题、解决问题的能力和水平，拒绝蜻蜓点水、浮光掠影。唯有真诚倾听群众呼声、真实回应群众诉求、真情顺应群众期盼，才能把最广大人民智慧和力量凝聚到改革上来，破解发展中面临的难题、化解来自各方面的风险挑战，推动改革创新不断取得新成效。

尊重群众的首创精神要虚心接受群众批评。**群众的批评是党员干部改进工作作风和方法的第一信号。**共产党人要切实把群众需求作为第一选择，把群众满意作为第一标准，用心倾听民声。**遇到困难不绕道、破解难题敢较真，不拈轻怕重、不避实就虚，**主动深入到困难较多、情况复杂、矛盾尖锐的地方，下苦功夫、花大力气**解开制约发展的“结”、破除群众的“难”、化解基层工作的“忧”。**必须具有海纳百川的胸怀，涓流汇海，聚沙成塔。发扬虚怀若谷的包容精神，虚心吸纳各方意见，健全完善社会参与机制，团结更多人理解、支持和参与改革，营造实事求是探究改革良策、知无不言发表真知灼见的良好氛围。在群众的批评声中找准自己的坐标，做为人民服务的标杆。

尊重群众的首创精神要善于总结和推广人民群众在鲜活的实践中创造的宝贵经验。只有尊重群众的首创精神，才能在凝聚起群众智慧的同时增长政治智慧，增强执政本领。每一位共产党人必须懂得，“只有我们把群众放在心上，群众才会把我们放在心上；只有我们把群众当亲人，群众才会把我们当亲人”。

尊重群众的首创精神坚持由群众评判和让人民群众满意的工作标准。我们党是代表最广大人民利益的政党，一切工作的成败得失必然要由人民群众来检验。群众意见是衡量我们工作的长短优劣的最终标准。坚持群众标准、由群众来评判，不能走过场，必须具有约束力，群众赞成什么就鼓励什么，群众期盼什么就做好什么，群众反对的就坚决纠正。让群众真满意，使我们的工作始终体现群众意愿，经得起实践、人民和历史的检验。

历史也反复证明：人民群众中蕴藏着无穷的智慧和力量。人民群众是历史的创造者，是实践和认识的主体，一切智慧的源泉在群众的实践中。**积微壤成泰山，汇细流成江海，**什么时候群众的智慧发挥出来了，遇到的各种难题就会迎刃而解。

◎ 靠实事求是吃饭

“实事求是”语出《汉书·河间献王刘德传》，原意是指一种治学态度和治学风格。明代思想家王阳明提出了“知行合一”的观点，倡导“实事求是”的学风。毛泽东同志创造性地将这一古老命题改造成为马克思主义认识论的一个基本观点，拓展、深化、丰富了实事求是的科学内涵。他在《改造我们的学习》中指出，“实事”就是客观存在着的一切事物，“是”就是客观事物的内部联系，即规律性，“求”就是我们去研究。即从实际出发，积极探索其中的客观规律，以便做到主观与客观相符合、认识与实践相统一。

实事求是，集中体现了马克思主义唯物的、辩证的认识论，是党始终坚持的根本思想方法。邓小平同志总结中华人民共和国成立以来我们党的成败得失，针对“两个凡是”的错误主张，提出了“解放思想，开动脑筋，实事求是，团结一致向前看”的主张，丰富了实事求是思想路线的内涵。他明确指出：“实事求是，是无产阶级世界观的基础，是马克思主义的思想基础。过去我们搞革命所取得的一切胜利，是靠实事求是，现在我们要实现四个现代化，同样要靠实事求是。”习近平总书记强调，实事求是，是马克思主义的根本观点，是共产党人认识世界、改造世界的根本要求，是党的基本思想方法、工作方法、领导方法，“永远是中国共产党人应该遵循的思想方法”。以习近平同志为核心的党中央在治国理政的理论和实践中，也始终体现着实事求是的马克思主义品格。

党在领导中国革命、建设和改革的各个时期，把马克思主义的普遍原理与中国实际结合起来，**学习“本本”又突破“本本”，依据“马列”又发展“马列”，**不断克服“左”右两种错误倾向，不断推进马克思主义中国化，实现了思想解放、理论飞跃。从一定意义上说，党成立百年以来的历史，是一部不断推进思想解放与理论创新、实践创新、制度创新的历史。

毛泽东说过："无产阶级的最尖锐最有效的武器只有一个，那就是严肃的战斗的科学态度。共产党不靠吓人吃饭，而是靠马克思列宁主义的真理吃饭，靠实事求是吃饭，靠科学吃饭。"**众声喧哗之中，如何站稳脚跟？千帆竞渡之际，如何击水中流？强手环伺之间，如何奋力崛起？触动利益之时，如何壮士断腕？只有讲实话、干实事，**敢于斗争、善于斗争，该坚持原则就坚持原则，该较真碰硬就较真碰硬，才能以"见危授命，能致其身"的担当，树好党员的样子，释放党性的力量。

追寻百年的历史轨迹，党的奋斗历程中有一条一以贯之的路线，那就是坚持解放思想、实事求是。革命战争年代，中国共产党人看到了"马克思列宁主义的伟大力量，就在于它是和各个国家具体的革命实践相联系的"，没有照搬苏共通过城市暴动取得政权的模式，而是摸索出了一条适合中国实际的"农村包围城市、武装夺取政权"的革命道路。"文化大革命"结束后，"实践是检验真理的唯一标准"的大讨论，推动中国走出了思想禁锢的樊篱。改革开放以来，"三个有利于""建立社会主义市场经济体制"等一系列重大论断和决策的提出，释放出巨大的社会发展动力，使中国的现代化事业焕发出无限活力。

百年风雨沧桑，党总是在直面问题、迎接挑战的过程中攻坚克难、创造奇迹。**随着中国的崛起，中国共产党也被公认为"人类历史上最足智多谋的政治力量之一"，这种智慧的秘诀，就在于党始终坚持实事求是，与时俱进，勇于变革，永不停滞，不断推进理论和实践创新，为党和国家的发展提供不竭动力。**这也是党自身兴旺发达、永葆生机的关键所在。

百年的历史进程，常常不是一帆风顺，而是充满了曲折、反复和迷失，在力挽狂澜的转折中，在柳暗花明的变幻中，历史的魅力常常更加丰富多彩，也更加彰显了一个政党的优秀政治品质和顽强生命力。无论是大革命失败后召开“八七会议”，果断决定开展武装斗争，还是长征路上召开“遵义会议”，在危急时刻挽救了党、红军和中国革命，还是召开具有划时代意义的十一届三中全会，彻底纠正“文化大革命”的错误，把全党工作重心转移到以经济建设为中心上来的重大决策，在许多决定前途命运的重大历史关头，党总是以非凡的勇气，坚持真理，修正错误，排除一切干扰和困惑，不断健全纠错机制，沿着正确方向前进，进而得到最广大人民的支持拥护。这是党始终保持强大生命力的一大法宝。

在新时代坚持实事求是，要与解放思想有机统一。二者有着内在的、本质的一致性，尤其是在中国的语境中，它们在本质上是统一的。解放思想、实事求是，不仅是马克思主义活的灵魂，而且是中国化的马克思主义世界观与方法论。解放思想主要是从破的角度来讲，而实事求是则是从立的方面来说，二者统一在与时俱进的活的灵魂之中。坚持实事求是，要同解放思想、与时俱进有机统一起来，在解放思想、与时俱进中坚持真理、纠正错误，做到不唯上、不唯书、只唯实，不断推进实践创新基础上的理论创新，把马克思主义同我国实际结合起来，建设中国特色社会主义。

坚持实事求是要自觉接受马克思主义哲学智慧的滋养。树立正确的世界观和方法论，学会用辩证唯物主义和历史唯物主义的立场、观点和方法去观察和研究现实问题，分析事物的普遍规律和内在联系，坚持按规律办事。

坚持实事求是要大兴调查研究之风。“没有调查，没有发言权”，要练好调查研究的基本功，必须脑袋向上、眼睛向下，到实践中去、到群众中去，集中群众智慧，总结实践经验，问政于民、问需于民、问计于民。只有这样，才能掌握真实生动的第一手资料，才能了解到“实事”，进而把握“实事”中蕴藏的规律。

坚持实事求是要坚持党性原则，共产党人要努力培育“实事求是”的政治品格。坚持实事求是，关键是付诸实践、见诸行动、取得实效。坚强的党性是坚持实事求是的保证。共产党人只有不断增强党性修养，才能坚持真理、修正错误；才能讲实情、不讲假话；才能敢于担当，不随波逐流、不见风使舵。在实践中检验和发展真理，把马克思主义基本原理同中国具体实际结合起来，在新的历史起点上把中国推进到“强国时代”。

办好中国的事情，关键在党。站在建党百年的时间节点上回顾历史，展望未来，一个东方大党的奋斗与发展，已经与一个东方大国的前途和命运深刻交融在一起。当前，改革已进入深水区，会遇到难啃的硬骨头。推动改革，需要逢山开路、遇水搭桥，需要涉险滩、跨难关。赓续优良传统，实事求是要成为新时代的主旋律。**在“求是”上追求真理，在“求实”上担当作为，**真正做到对党和国家事业负责、对人民负责、对历史负责。始终坚守信仰、献身理想的高尚品格，始终秉持心在人民、利归天下的为民情怀，始终坚持实事求是、勇于开拓的探索精神，始终恪守求真务实、敢于担当的优秀品质，为实现中华民族伟大复兴的中国梦接续奋斗、接力探索，团结一心、锐意进取，不断创造新业绩、成就新辉煌。

◎ 守正出新为复兴

“守正”意思是恪守正道，《道德经》曾有言：“以正治国，以奇用兵，以无事取天下。”“正”者，大道也。“出新”就是要不断创新、变革。《管子·正世》中也说：**“不慕古，不留今，与时变，与俗化。”**可以说，“守正出新”是富含辩证思维的中国传统智慧，是古往今来成功之士安身立业的要领。对中国共产党来说，要恪守正道，也要变革出新。

“守正”是根基。历史发展是一个客观的进程，“守正”即要坚守正道，把握事物本质、遵循客观规律。不管时代如何变迁，实现党和国家发展，实现人民福祉和民族复兴，必须走中国特色社会主义道路。中国共产党发展为今天拥有9000多万党员的大党，经历了百年艰苦卓绝的奋斗，最关键、最核心、最本质的一点，就是牢记为人民谋幸福、为民族谋复兴的初心和历史使命，坚定实现共产主义的最高理想信念，坚守中国特色社会主义的伟大事业根基，取得了革命、建设、改革一个又一个伟大胜利，使中国特色社会主义展现出更强大的生命力。

“创新”是源泉。“创新”是历代中国共产党人拥有的优秀品格，从毛泽东思想到邓小平理论、“三个代表”重要思想、科学发展观再到习近平新时代中国特色社会主义思想，始终坚持把马克思主义基本原理同中国实际和时代特点紧密结合起来，推进理论创新、实践创新，实现党的指导思想与时俱进。既一脉相承又与时俱进，充分体现了党在不同时代语境中创新的精神品格，是党保持自身先进性的源泉。

守正出新要坚定共产主义理想信念。中国共产党一成立，就把实现共产主义作为最高理想和最终目标。在长期血与火的革命斗争中，无数共产党人为了初心和使命英勇奋斗，用自己的鲜血和生命践诺“对党忠诚、永不叛党”，为了“主义真”而一往无前。习近平总书记告诫全党：“理想信念动摇是最危险的动摇，理想信念滑坡是最危险的滑坡。一个政党的衰落，往往从理想信念的丧失或缺失开始。”这种警示表明，只有理想信念坚定的人，才能始终不渝、百折不挠，坚定不移为实现既定目标而奋斗。

守正出新要坚持对马克思主义真理的信仰之心。**理论上清醒，政治上才能坚定。**党从创立起就把马克思主义作为自己的指导思想。习近平总书记指出：“我们共产党人的根本，就是对马克思主义的信仰，对中国特色社会主义和共产主义的信念，对党和人民的忠诚。立根固本，就是要坚定这份信仰、坚定这份信念、坚定这份忠诚。”新时代要深刻感悟和把握马克思主义强大的真理力量和不竭的生命力，追溯马克思主义政党保持先进性和纯洁性的理论源头，为增强“四个意识”、坚定“四个自信”、做到“两个维护”提供信仰、信念、信心之力。这就要求用习近平新时代中国特色社会主义思想武装全党，就是高扬马克思主义伟大旗帜最重要的体现。

守正出新要坚持和发展中国特色社会主义。不忘初心，就是不忘走过的路。党带领人民走社会主义道路、坚持和发展中国特色社会主义，就是为了实现共产党人的初心和使命，造福最广大人民群众，最终实现中华民族伟大复兴。习近平总书记指出：“一切向前走，都不能忘记走过的路；走得再远、走到再辉煌的未来，也不能忘记走过的过去，不能忘记为什么出发。”**道路问题是关系党的事业兴衰成败第一位的问题，道路就是党的生命。那么，中国的道路是什么？就是中国特色社会主义。中国特色社会主义又是什么？习近平总书记指出，是科学社会主义理论逻辑和中国社会发展历史逻辑的辩证统一，是根植于中国大地、反映中**

国人民意愿、适应中国和时代发展进步要求的科学社会主义，是全面建成小康社会、加快推进社会主义现代化、实现中华民族伟大复兴的必由之路。今天坚守初心使命就是要引导共产党人坚守初心和使命，推动中国特色社会主义航船沿着正确方向劈波斩浪、扬帆远航。

守正出新要勇于自我革命全面推进党的建设。共产党人是高度重视自身建设的党。在长期的革命、建设、改革的伟大实践中，始终顺应时代、实践、人民的要求，把党建设成为既朝气蓬勃又经得起各种风浪考验的新型马克思主义执政党。当今世界上有百年历史的政党已经寥寥无几，有 70 多年执政历史的政党有过，但依然在执政的只有中国共产党。我们要经常对照国际共产主义运动史上的苏联解体、东欧剧变这面镜子。其惨痛教训的原因在于忘记了初心使命。这就警示我们，党执政的时间越长，越要注重执政能力建设和先进性建设，不断巩固党的领导地位和执政地位。

守正出新要弘扬艰苦奋斗无私奉献的精神。艰苦奋斗是共产党人的优良传统。保持艰苦奋斗，不仅意味着在物质层面坚持艰苦朴素、勤俭节约的生活作风，更意味着在精神层面保持着战胜一切艰难险阻、一往无前的思想态度。新时代坚守初心和使命，就必须大力弘扬无私奉献、艰苦奋斗优良传统，还有在不同时期、不同环境中凝练的井冈山精神、长征精神、延安精神、西柏坡精神、“两弹一星”精神以及载人航天精神。这是一个伟大的时代，这个时代来自无数人的艰苦奋斗，也将成就未来的艰苦奋斗者。

守正出新要牢记全心全意为人民服务的根本宗旨。习近平总书记指出：守初心，就是要牢记全心全意为人民服务的根本宗旨，以坚定的理想信念坚守初心，牢记人民对美好生活的向往就是我们的奋斗目标。回顾党的历史，为践行初心使命，共产党人前赴后继，英勇奋斗，为中国人民作出了巨大贡献和牺牲。新时代坚守初心使命就是全党要把扎根人民、造福人民的作为新起点。要始终把人民立场作为根本立场，始终保持同人民群众的血肉联系，永远与人民同呼吸、共命运、心连心，永远为人民利益而奋斗。

守正出新要坚持改革开放、坚持发展是第一要务。改革开放作为我国发展史上的一次伟大革命，顺应了历史潮流，把握了时代主题，适应了人民要求。我国已经成为世界第二大经济体、制造业第一大国、货物贸易第一大国、商品消费第二大国、外资流入第二大国，外汇储备连续多年位居世界第一。中国能有今天这样的大好局面，能在国际上赢得今天这样的重要地位，说到底靠的是冲破重重困难，党坚定不移推进改革开放。如今，国内外形势错综复杂，困难不可低估，唯有坚持发展才是解决我国所有问题的关键。习近平总书记强调："必须坚持以发展为第一要务，不断增强我国综合国力。"这既是要求，更是告诫和提醒。守初心，担使命，为中国人民谋幸福，不断实现人民对美好生活的向往。

守正出新要奋力实现中华民族伟大复兴的中国梦。实现中华民族伟大复兴是近代以来中国人民最伟大的梦想。党一经成立，便义无反顾肩负起实现中华民族伟大复兴的历史使命。经过浴血奋战，取得了新民主主义革命伟大胜利，实现了中国从几千年封建专制政治向人民民主的伟大飞跃。中华人民共和国成立后，经过社会主义革命和建设的艰苦探索，实现了中华民族从"东亚病夫"到站起来的伟大飞跃。改革开放，实现了中华民族从站起来到富起来的伟大飞跃。进入新时代，我们比历史上任何时期都更接近、更有信心和能力实现中华民族伟大复兴。其作始也简，其将毕也必巨。习近平总书记告诫全党："我们千万不能在一片喝彩声、赞扬声中丧失革命精神和斗志，逐渐陷入安于现状、不思进取、贪图享乐的状态。”**走过千山万水，仍需跋山涉水。**这就要求全党，不忘初心、牢记使命，永葆奋发有为的革命精神，敢于担当、开拓创新，勇往直前、不懈奋斗。

第十二章

兴国之魂的文化力

文化，是一个民族的精神家园，是一个民族区别于其他民族独特的精神标识。中国共产党正是在中华民族国运衰微、惨遭欺凌，在文化方面陷入困顿迷茫的境遇下登上历史舞台、担负起救亡图存和民族复兴使命的；经过艰苦卓绝的探索和奋斗，用无可辩驳的历史事实诠释了中国文化的价值，为重振中华民族的文化自信奠定了国力和心理基础。

中华民族走出文化迷茫、告别文化自卑、经历文化自觉、走向文化自信、追求文化自强的历史逻辑昭示我们，没有中国共产党的文化担当，就不可能有中华民族的伟大复兴和民族文化的自信自强。正如习近平总书记所说，“文化自信是更基本、更深沉、更持久的力量”。

◎文化的宏大力量

文化是一只看不见的巨手，能够在人们认识世界、改造世界的过程中创造生产力、提高竞争力、增强吸引力、形成凝聚力，转化为强大的力量。对人的成长和社会的发展产生深刻的影响。文化的力量，深深熔铸在历史、实践和民族之中，具有物质力量难以匹敌的精神力量。

文化具有强大的历史穿透力。中华文化几千年来延续、传承，生生不息，具有超越时空的穿透力量。比如，中华文化阐述的“天人合一”思想于今天的生态文明建设依然具有重要意义，“知行合一”于当今苦干实干亦有鲜明导向。

文化具有强大的实践创造力。文化提供创造的土壤和环境，提供创造的勇气和精神，提供创造的力量和源泉，没有文化发展和继承就没有创造，创造是在深厚的文化积累中孕育的，是在不断的文化交流交融交锋中实现的。人们所熟知的我国古代“四大发明”，欧洲文艺复兴，现代科学技术，无不源于文化与实践的结合。近现代以来，中国文化发生革命性变革，我们党把马克思主义基本原理与中国革命具体实践创造性结合起来，产生了毛泽东思想、邓小平理论、“三个代表”重要思想、科学发展观、习近平新时代中国特色社会主义思想，开辟了马克思主义中国化的新境界。这些科学理论蕴含着巨大的真理力量，蕴含着中华民族文化的优秀基因，指引中华民族迎来了从站起来、富起来到强起来的伟大飞跃。

文化具有强大的民族凝聚力。文化是民族的身份证，是维系民族的精神纽带。没有蕴藏于人们内心深处的文化精神，民族团结就缺少力量。正是由于几千年绵延不断的中华文化，最广泛地维系了全国各民族人民和海外华侨华人的认同和团结，中华民族在历史发展的长河中才打不散、压不垮，始终保持强大的凝聚力和向心力；正是民族文化的优秀传统凝结成的民族精神，使中华民族历经磨难而生生不息。

文化的力量，是一个民族的重量，一个国家的分量，一个社会的体量。社会历史的发展和进步，民族的独立和振兴，国家的繁荣和富强，人民的幸福和安康，都离不开文化的力量支撑。

中华五千多年的文明浩浩长卷中，灿烂辉煌的文化激荡着中华各民族的雄风，展示着魏晋风骨，辉映着盛唐气象，标注着宋朝文化的精神高度……**这是"民之所好好之，民之所恶恶之"的价值认定，这是"苟日新，日日新，又日新"的境界追求，这是"内圣外王"的人生抱负，这是"参天地之化育"的浩然正气，这更是"天下大同"的美好愿景。**

近代以来，当文化观念的束缚成为封建传统的最后藏身之地的时候，以最彻底革命的姿态登上中国历史舞台的中国共产党，继承中华民族优秀文化传统，怀着对家国和民族兴旺发达的使命，奋起抗争，"拼将十万头颅血，须把乾坤力挽回"，慷慨悲歌，悲愤泣血，在战斗中失败，在失败中战斗，揩干同志身上的鲜血，以命相搏、救亡图存，直到胜利，这种爱国主义精神是中华文化的精髓。

英国前首相丘吉尔有句名言：我宁可失去一个印度，也不愿失去一位莎士比亚。一个国家、一个民族的强盛，总是以文化兴盛为支撑，中华民族伟大复兴需要以中华文化发展繁荣为重要基础。实现中国梦，讲好中国故事，传播中国声音，文化自信不可缺席。

实现中华民族伟大复兴，首先应从中华优秀传统文化中寻找精神之源。中华民族具有五千多年连绵不断的文明历史，创造了博大精深的中华文化，为人类文明进步作出了不可磨灭的贡献。中华民族五千多年文明发展中孕育的中华优秀传统文化，诸如刚毅奋进、积极进取的人生态度，天下为公、世界大同的理想精神，各族一家、和而不同的宽容精神，忧国忧民、先忧后乐的爱国精神等，都足以激发中华儿女的自信心和自豪感，为实现中华民族伟大复兴贡献自己的聪明才智。

实现中华民族伟大复兴，还要从党和人民伟大斗争中孕育和创立的革命文化和社会主义先进文化中寻找新的不竭的精神动力。19 世纪末 20 世纪初兴起的新文化运动，特别是五四运动形成的爱国、进步、民主、科学的五四精神，揭开了中国新民主主义革命的序幕，不仅促进了马克思主义的传播，而且推动了中国共产党的建立。中华民族伟大复兴展现了光明前景。

习近平总书记指出，“我们说要坚定中国特色社会主义道路自信、理论自信、制度自信，说到底是要坚定文化自信”，并强调“当高楼大厦在我国大地上遍地林立时，中华民族精神的大厦也应该巍然耸立”。坚定的文化自信，是中国共产党人不忘初心、领导人民克服任何艰难险阻奋勇前进的精神支柱。

◎光荣的传承者和弘扬者

优秀传统文化指的是对中国人的民族特质、价值观念、生活方式、行为规范及社会进步发挥积极影响的中华传统文化。中国共产党继承中华优秀传统文化，不是从表面上继承，而是从骨子里继承，是批判的吸收，是“扬弃”。中国共产党要继承的是中华优秀传统文化，是作为民族优秀传统文化的核心和灵魂的民族精神。

优秀传统文化的精神标识，是中华优秀传统文化皇冠上的明珠，是中国人思想和精神的内核与精髓，对中华民族和中华文化都带有根本性、基因性意义，体现着中华文明的高度和深度，是代表中华民族独特品格的精神标识。作为引领中华民族历经艰难斗争走向伟大复兴的核心政治力量，党从一诞生起，就与中国优秀传统文化有着不可割裂的联系。党就是中华优秀传统文化的忠实传承者和弘扬者，又是中国先进文化的积极倡导者和发展者。

中华优秀传统文化为弘扬中国精神提供强大精神信念。中华民族是一个勤劳质朴、自强不息、勇于进取、敢于担当的民族。**“常思奋不顾身，而殉国家之急”的家国情怀、“先天下之忧而忧，后天下之乐而乐”的忧患意识、“天下兴亡，匹夫有责”的担当精神等，构成了中华民族的爱国主义传统。“天行健，君子以自强不息”的进取意识、“苟日新，日日新，又日新”的创新精神，“变则通、通则久”的变革要求等，构成了中华民族的改革创新精神，**这些都是中国精神的深厚渊源和重要组成，塑造了中华儿女典型的文化心理和性格禀赋，赋予了中华民族自强不息、厚德载物的民族精神，为夺取新时代中国特色社会主义伟大胜利提供了强大的精神动力。

中华优秀传统文化为凝聚中国力量提供深厚价值观念。中华民族在长期发展过程中孕育形成了讲仁爱、重民本、守诚信、崇正义、尚和合等思想理念和自强不息、敬业乐群、扶正扬善、扶危济困、见义勇为、孝老爱亲等传统美德，成为中华文化的底色和精髓，也成为涵养社会主义核心价值观的重要源泉，为实现“两个一百年”奋斗目标和中华民族伟大复兴的中国梦提供了丰富的价值资源。

中华优秀传统文化为塑造中国价值提供丰富思想理念。数千年来，中华民族走着一条不同于其他国家和民族的发展道路。中华民族在几千年历史中创造的灿烂文明，是我们坚持道路自信、理论自信、制度自信、文化自信的坚实基础。“和而不同”的世界观、“民惟邦本”的执政理念、“推己及人”的交往理念等，这些博大精深的中华优秀传统文化塑造出独特的中国价值理念，为中国道路提供了丰富的思想资源。

党的先锋队性质决定了中国共产党既是中华民族优秀传统文化的忠实传承者和弘扬者，又是中国先进文化的积极倡导者和发展者。中华优秀传统文化由衰微走向重振，是从马克思主义传入中国开始的，是以马克思主义为理论武器的共产党人启动的。从这时起，近代世界历史上那种看不起中国人、看不起中国文化的时代就开始完结了。中华优秀传统文化哺育了中国共产党，党也一直是中华优秀传统文化最坚定的忠实传承者和弘扬者；作为中国工人阶级的先锋队，中国共产党的诞生是先进文化在中国传播、发展的必然结果，不仅代表中国先进生产力发展要求走上历史舞台，而且一直以代表着人类社会文明进步的先进文化为指导、以倡导和发展先进文化为己任。

党从成立之日起，就始终代表中国先进生产力的发展要求，代表中国先进文化的前进方向，代表中国最广大人民的根本利益。正是中国共产党最早发现，近代中国之所以出现“三千年未有之大变局”，根本原因在于封建制度之腐朽没落，在于小农生产方式效率低下，在于帝国主义对我国的侵略掠夺。中国共产党立足中国实际，着眼世界文化发展前沿，发扬中华文化的优秀传统，汲取世界各民族文化的优长，与人民同心，与时代同步，高扬主旋律，在内容和形式上积极创新，不断取得丰硕成果，使中华文化在现代以来奏响了堪称华夏五千年文明历程的辉煌乐章。

在实践中把党对发展先进文化的意志和目标转化为现实的领导能力、建设能力和实践能力。

党从成立之日起，就自觉肩负起带领中国人民争取民族独立、人民解放，实现国家富强、人民富裕，推进中华民族走向伟大复兴的历史使命。中华文化繁荣兴盛是中华民族伟大复兴的有机组成部分，中华民族伟大复兴也必然伴随着中华文化繁荣兴盛。党以高度的文化自觉，始终走在时代前列，推动实现中华文化繁荣兴盛，以先进文化为指导，积极倡导和发展中国先进文化，为民族复兴提供科学理论指导；以民族文化为土壤，忠实传承和弘扬中华优秀传统文化，建设中华民族共同精神家园。

党的初心与使命是与中华优秀传统文化紧密联系在一起的，中华优秀传统文化是孕育党的初心与使命的重要源泉和精神因子，实现中国梦是弘扬和光大中华优秀传统文化的内在要求和重要使命。党的初心与使命凝聚了几代中国人的夙愿和追求，彰显了全国各族人民的共同理想和愿望，是对中华优秀传统文化的传承和发展。实现党的初心与使命需要与弘扬中华优秀传统文化有机地结合起来，通过对中华优秀传统文化的创造性转化和创新性发展，为实现党的初心与使命提供不竭的精神源泉，打牢实现党的初心与使命的文化根基。

百年来，中国共产党正是这样一代代地薪火相传，使马克思主义与中华优秀传统文化相融合，不但创立了一个又一个中国化的马克思主义理论，指导中国革命、建设和改革事业蓬勃向前发展；而且作为中华民族独特精神标识的优秀传统文化，也在不断展现它的魅力，为一代又一代中国共产党人提供了丰厚滋养。

◎革命文化价值长存

革命文化是中国共产党人运用马克思主义、领导全国人民为实现党的政治追求和完成近代中国历史主题而不断开拓进取、艰苦卓绝奋斗的文化结晶，是在长期革命实践中积淀与孕育形成的所有物质文化与精神财富的总和。革命文化是中国革命实践的光辉产物，与革命的发展交相辉映。

革命文化在继承传统文化的优秀基因的基础上，推动着中华文化从传统到现代的转化，逐渐建立起具有科学性、先进性、时代性的现代化文化形态，成为中华民族独特的精神标识。革命文化所蕴含的物质文化是文化自信建设的重要载体，所蕴含的精神文化是文化自信建设的重要精神支撑，所蕴含的行为文化是文化自信建设的重要思想基础，革命文化，作为共产党人带领人民群众在艰难的革命斗争中锻造的文化成果，具有深厚的历史性内涵。

革命理想高于天。在马克思主义中国化的进程中，来自五湖四海、具有高度革命觉悟的先锋分子，为了一个共同目标创建了中国共产党。正如毛泽东同志所言："我们共产党人从来不隐瞒自己的政治主张。我们的将来纲领或最高纲领，是要将中国推进到社会主义社会和共产主义社会去的，这是确定的和毫无疑义的。我们的党的名称和我们的马克思主义的宇宙观，明确地指明了这个将来的、无限光明的、无限美妙的最高理想。"我们共产党人在坚持革命理想方面，始终都异常清楚、异常确定和毫不含糊。党从成立之日起就把中国化的马克思主义确立为政治信仰，把实现一个没有剥削、压迫、奴役的，平等、自由、幸福的，人民彻底解放的共产主义社会作为奋斗目标。党的二大宣言强调："为和平而战！为自由而战！为独立而战！和平、自由、独立万岁！受压迫群众之解放万岁！”并以此相号召，团结了一大批有志之士，密切合作，任劳任怨，艰苦奋斗。

忠诚意识刻于心。在1922年党的组织章程决议案中明确强调：“一个革命的党，若是缺少严密的集权的有纪律的组织与训练，那就只有革命的愿望便不能够有力量去做革命的运动。”要实现共产主义的远大理想，就必须造就一大批忠诚于党组织的先锋战士。只有党员忠诚地为民族、为人民、为党而工作时，革命事业才能取得胜利；相反出现叛徒，革命事业则会遭受严重损失。延安时期，面对部分党员对党隐瞒、说假话的现象，陈云同志在《党员对党要忠实》中指出：“共产党是言行一致的政党，而且只有共产党才能言行一致。我们共产党内也不允许有对党言行不一致的党员，不允许任何党员对党讲一句假话。”每一名共产党人入党时都要举行严肃庄重的仪式：面对党旗，举起拳头，庄严宣誓。拳头代表心，誓词就是对党发于心的承诺，守不住这个初心，就做不到对党忠诚。

牺牲精神永不忘。毛泽东同志讲过：“要造就一大批人，这些人是革命的先锋队。这些人具有政治远见。这些人充满着斗争精神和牺牲精神。”我们党不是一个狭隘的小利益团体，而是代表全人类的整体利益和长远利益的大政党。共产党员具有人类最伟大最高尚的共产主义道德，他们时刻准备着牺牲，不是为了个人或者少数人的利益，而是为了最广大人民的利益，必要时“杀身成仁”“舍生取义”，在共产党员看来理所当然是应该的、值得的。在烽火连天的革命战争年代，面对穷凶极恶的帝国主义、封建军阀，刀光剑影血雨腥风，共产党员作为先锋队为了人民的彻底解放历经苦难，甚至献出了宝贵的生命。

勇于创新不停歇。中国半殖民地半封建的国情，决定了中国革命的特殊性。中国共产党在领导中国革命的过程中，不断探索前进，修正错误，勇于创新，把马克思主义中国化，解决了无产阶级政党在东方落后国家如何进行革命的一系列问题。如正确进行中国革命的新民主主义理论，具有中国特色的农村包围城市的革命道路，最大限度团结和争取革命同盟军、形成广泛统一战线的方针，解决中国农民问题的土地政策，体现党的性质和宗旨的群众路线，建设人民民主政权的制度，克敌制胜的人民战争的战略战术，卓有成效的宣传动员和文化艺术工作，等等，从而在极其艰险的历史条件下，不断发展，战胜远比自己强大得多的敌人，取得新民主主义革命的伟大胜利。**在革命斗争中形成了光照千秋的井冈山精神、苏区精神、长征精神、延安精神、西柏坡精神等革命精神；形成了理论联系实际、密切联系群众、批评与自我批评、团结一心、艰苦奋斗、实事求是等优良作风。**这些体现中国共产党人坚强革命意志、不朽革命业绩、高尚革命情操和英雄形象的物态的、精神的、行为的，以及心态的文化遗存，成为党和中华民族文化的瑰宝，属于革命文化的重要内容。

革命文化基于革命、在革命过程中发挥了极其重要的作用。一是强劲地宣传了中国共产党的革命思想、革命主张及其路线方针政策，引领了实行革命和发展革命的方向，发挥了普及革命理论和思想的作用。二是做了广泛的革命舆论动员。革命文化与自由、解放、翻身、新生、救国、独立等蕴含密切关联，富有革命性、民族性、大众性，既指明了“中国向何处去”的方向，又贴合实际地触及了广大人民群众如何实现翻身的现实问题，因此在发动、组织人民群众进行革命方面，发挥了突出的功效。“打倒列强除军阀”“打土豪，分田地”等主张和口号，极大地调动了人民群众的革命积极性，使其前仆后继地投入到革命的洪流中。三是提升了人民群众对中国共产党的认识。革命文化形象地、艺术地展现了中国共产党人的世界观、政治观、革命观、价值观与群众观，鲜明地表达了中国共产党的价值追求，在传播革命思想的同时，拉近了人民群众与党的关系，促进了人民群众对党、对革命的认同和支持。

虽然今天已经远离了革命战争时期，但革命文化的价值和意义仍然留存。因为革命文化贯穿于马克思主义意识形态和共产主义的理想信念，是共产党人根本宗旨和最高价值观的生动表达，革命文化是社会主义先进文化的重要基因和直接来源，革命文化体现了党领导人民群众选择与发展中国道路、中国理论和中国制度的过程，不仅于革命年代是中华民族的精神食粮，在社会主义现代化建设的新时代同样具有强大的精神凝聚力和感召力，特别是革命文化蕴含的完全献身中华民族、为之奋斗不息的政治信念、革命精神和革命情操、革命风范，是引领我们为党、国家和人民努力奉献的楷模，永远值得后人敬仰、汲取和效仿。习近平总书记指出：“对我们共产党人来说，中国革命历史是最好的营养剂。多重温我们党领导人民进行革命的伟大历史，心中就会增添很多正能量。”因此，要继承和弘扬红色文化，传承红色革命文化基因，培育新的红色文化基因，让红色基因浸润到人民群众的灵魂深处。

◎先进文化的引领者和践行者

先进文化是人类文明进步的结晶，是能够顺应人类社会发展规律，为人类社会文明进步提供强有力的思想保证、精神动力和智力支持的文化。先进文化是符合人类社会发展方向、体现先进生产力发展要求、代表最广大人民根本利益、反映时代进步潮流的文化。它最基本、最直接的价值取向是崇尚和追求先进性。习近平总书记指出：“中国共产党从成立之日起，既是中国先进文化的积极引领者和践行者，又是中华优秀传统文化的忠实传承者和弘扬者。”

党从成立起便注重先进文化建设，这是由党的思想品格决定的。党是用马克思主义这一科学理论武装起来的政党。正是在“五四”新文化运动中，包括马克思主义在内的当时的先进文化的传播，才有了先进知识分子对马克思主义和社会主义的选择和信仰。由此，党一开始就明确认识到，创造和传播先进文化，代表先进文化的前进方向，是党的历史责任，是党从小到大、从弱到强的历史发展过程中，拥有凝聚力和感召力的一个重要因素。从一开始，党的领导人就注重总结我党文化实践活动的经验，并高度自觉地把这些经验用以指导不断发展的文化实践活动，由此形成了先进文化建设的优良传统。比如，毛泽东同志在《新民主主义论》《在延安文艺座谈会上的讲话》等文献中提出的一些重要论点，在后来中国共产党领导的文化活动中，始终发挥着重要作用。从实际效果讲，党领导的文化战线、文化事业、文化产业，对促进革命、建设、改革和社会的进步，确实发挥了不可替代的作用。

党的先进性本质特征决定了党始终是中国先进文化的引领者和践行者。党从成立之日起，就以马克思主义这个人类历史上最先进最科学的思想体系作指导；以人类历史最美好的社会共产主义的实现为最高纲领，又立足于现实提出了最低纲领的推进目标和任务；始终坚持工人阶级先锋队性质，始终把工人阶级作为自己的最基本的阶级基础，同时也不排斥其他阶层中的先进分子；始终把全心全意为人民服务作为自己的根本宗旨，使自己获得了永不枯竭的力量源泉。

党的历史使命决定了党始终是中国先进文化的倡导者和发展者。党诞生于四分五裂的、半殖民地半封建社会的中国，“中国共产党自诞生之日起就勇敢担当起团结带领人民实现中华民族伟大复兴的历史使命”。“我们共产党人，多年以来，不但为中国的政治革命和经济革命而奋斗，而且为中国的文化革命而奋斗”，并且最终取得了新民主主义革命的胜利。中华人民共和国成立后不久，党领导制定了“过渡时期的总路线”，为完成社会主义政治、经济、文化改造和建设任务而奋斗。在社会主义制度基本确立后，党根据国内主要矛盾的变化，把解决人民对于经济文化迅速发展的需要同当前经济文化不能满足人民需要状况之间的矛盾，作为主要任务。改革开放以来，党科学判断中国国情，提出党在社会主义初级阶段的奋斗目标是把我国建设成富强民主文明和谐美丽的社会主义现代化强国。综上可见，积极倡导和发展中国先进文化，是党的历史使命使然，是党的文化使命所决定的。

新时代仍需要共产党人担负起新的文化使命，在实践创造中进行文化创造，在历史进步中实现文化进步。

◎凝聚灵魂的思想长城和兴国之魂

文化软实力的核心是价值观的影响力和传播力。价值观念是文化中最核心最根本的部分，文化的先进性首先体现在价值观念的先进上。

价值观是人们基于主体需要，对什么是价值、怎样评判价值、如何创造价值等问题的根本观点，是人们关于基本价值的信念、信仰和理想系统。政党价值观是一个政党的灵魂与思想理论基础，是党号召、凝聚民心并获得广大人民群众支持与拥护的强大精神武器。价值观，是决定一个人成为什么样的人，一个政党举什么旗、走什么路的“灵魂”。

中国特色社会主义进入新时代，中国共产党人的价值观是什么？答案就是为中国人民谋幸福，为中华民族谋复兴——不忘初心，牢记使命，这就是共产党人的价值观。共产党人价值观，是共产党人的“思想长城”，是中国共产党的立党之本、执政之基，是中国特色社会主义事业的引路之灯、自信之源。

正如任何一个人的价值观都不是从天上掉下来的，共产党人的价值观也不是凭空产生的——党一经成立，就把实现共产主义作为党的最高理想和最终目标，义无反顾肩负起实现中华民族伟大复兴的历史使命。百年初心不改、矢志不渝，近代以来久经磨难的中华民族迎来了从站起来、富起来到强起来的伟大飞跃，迎来了实现中华民族伟大复兴的光明前景，今天，我们比历史上任何时期都更接近、更有信心和能力实现中华民族伟大复兴的目标。

对任何政党而言，“组织和意识形态是其两个不可分割的支柱，缺一不可”。组织层面主要是制度、章程、纪律等刚性规定，意识形态层面则是指党的理想、信念、价值观等柔性力量，其中，价值观是政党意识形态的核心。习近平总书记提出，**要弘扬共产党人忠诚老实、光明坦荡、公道正派、实事求是、清正廉洁、人民至上等价值观，明确了新时代中国共产党人价值观建设的基本内容。**

价值观的生命力在于实践，共产党人价值观是党凝聚民心并获得广大人民群众支持与拥护的强大精神武器，而价值观的吸引力、感召力和影响力来源于价值观本身的先进性，因此，在推进党的建设新的伟大工程中，必须大力弘扬共产党人价值观。

中国共产党的价值观是中国化的马克思主义政党价值观，是以解放思想、实事求是，唯物史观与群众路线，独立自主与改革开放为理论基础的价值观；是以中国工人阶级和中国人民解放、中华民族伟大复兴、世界和平与发展的利益和需要为价值标准和评价标准，以习近平新时代中国特色社会主义思想为根本价值标准的价值观；是党的初心使命与人民幸福、民族复兴，**核心内容是人民美好生活，价值实现的社会政治条件是美好社会和强盛国家建设，价值实现的基础是平衡和充分发展，价值发展的领域是"五位一体"总体布局，价值实现的路径是"四个全面"战略布局，价值实现的具体行动是"四个伟大"社会实践。**为中国现代化之路提供强大思想支撑，成为中华儿女为实现中华民族伟大复兴而努力奋斗的强大精神力量源泉。

党的十八大提出，倡导国家层面的价值目标是富强、民主、文明、和谐，倡导社会层面的价值取向是自由、平等、公正、法治，倡导个人层面的价值准则是爱国、敬业、诚信、友善。这是社会主义核心价值观的基本内容。

核心价值观是社会主义先进文化的精髓，决定着中国特色社会主义发展方向；推动社会主义文化大发展大繁荣，必须以建设社会主义核心价值体系为根本任务。倡导富强、民主、文明、和谐，倡导自由、平等、公正、法治，倡导爱国、敬业、诚信、友善这些论断，深刻把握了文化与价值体系的深层结构，凸显了价值体系在文化发展中的核心意义，阐明了文化繁荣发展的根本任务和战略支点，把对社会主义核心价值体系建设重要意义的认识提到了又一个新的高度。

核心价值观是兴国之魂。兴国，就是要实现民族复兴、国家昌盛、人民幸福。兴国需要价值引领，离不开价值支撑。在中华人民共和国即将宣告成立之际，站在民族复兴的历史转折点上，毛泽东同志豪迈断言，

“中国人民的文化，就其精神方面来说，已经超过了整个资本主义的世界”，“近代世界历史上那种看不起中国人，看不起中国文化的时代应当完结了”。中华民族追求伟大复兴进程中这一历史性转折的实现，根本原因正在于“中国人学会了马克思列宁主义”，有了先进价值体系的引领，作出了正确的价值抉择。站在新的历史起点上，面对世界格局的大发展大变革大调整，面对综合国力竞争的日趋激烈和复杂，面对国内改革和建设的纵深攻坚，中华民族要继续推进兴国大业，尤其需要坚持马克思主义指导地位，坚定中国特色社会主义共同理想，弘扬以爱国主义为核心的民族精神和以改革创新为核心的时代精神，树立和践行社会主义荣辱观，凝神聚魄、激扬士气。

文化强则国强，文化兴则国兴，历史证明，人类社会越是发展，文化的作用就越明显，思想理论与价值观念的功能也就越显著。国家的强盛、社会的发展、文明的进步和民族的振兴，都需要文化所蕴含的核心价值的精神力量来支撑。社会主义核心价值体系就是一种伟大的精神力量，鼓舞我们在中国特色社会主义道路上奋勇前进。为此，要从关系执政党执政地位的重大战略意义上，认识与把握培育和践行社会主义核心价值观的内涵与要求，使培育和践行社会主义核心价值观成为共产党人的自觉行动；要把发挥共产党人先进示范作用作为实践抓手，发挥党领导下人民群众在培育和践行社会主义核心价值观中的主体作用，使培育和践行社会主义核心价值观成为全体社会成员的基本共识；要努力营造培育和践行社会主义核心价值观的思想文化环境，着力于建立健全体制机制，积极探索自觉践行社会主义核心价值观的途径和方法，加强培育和践行社会主义核心价值观的宣传教育，建立完善培育和践行社会主义核心价值观的奖惩机制等，形成扶正祛邪、公平正义的良好风气，引导全体公民自觉做良好道德风尚的建设者，做社会文明进步的推动者；要促进培育和践行社会主义核心价值观的实践长效化、实效化，为人民美好生活价值实现提供有利的社会条件，使党的初心使命和人民幸福价值得以最终实现。

◎文化是最有底气的自信

文化是一个国家和民族最具魅力和鲜明特点的符号，它反映的是这个民族自身的文化底蕴和精神气质。文化自信则是一个民族、一个国家以及一个政党对自身文化价值的充分认同和积极践行，并对其文化的生命力持久的坚定信心。文化自信事关国运兴衰、文化强弱、民族精神的独立。习近平总书记指出："我们说要坚定中国特色社会主义道路自信、理论自信、制度自信，说到底是要坚定文化自信。文化自信是更基本、更深沉、更持久的力量。"

文化自信是继道路自信、制度自信、理论自信之后，第四个关乎中国前途命运的重大命题。当代中国的文化自信，本质上是对社会主义先进文化的自信。这种别人没有我独有的优势，是对道路、理论、制度自信的升华和信服，是对道路、理论、制度清醒、理智的把握和践行，更是党团结带领中华民族实现"两个一百年"奋斗目标和中华民族伟大复兴的中国梦的制胜法宝。

"硬实力不强一打就败，软实力不强不打自败"——文化自信是中华民族生生不息的精神血脉。中华优秀传统文化是文化自信的根与魂。中国优秀传统文化体现着中华民族世世代代在生产生活中形成和传承的世界观、人生观、价值观、审美观等，其中最核心的内容已经成为中华民族最基本的文化基因。**19世纪德国古典哲学家黑格尔在他的《历史哲学》一书中也不得不惊叹，世界上所有的民族都曾经长期处于分裂之中，而唯独亚洲黄河流域的那个东方古国则是一个打不烂、冲不散的整体。**中华民族在长期共同生活和生产中孕育形成的宝贵精神财富，是凝聚民族认同和民族标识的“共同记忆”，是中华民族赖以生存、共同发展的根脉和灵魂，包含着丰富的哲学思想、道德情操、价值观念、审美品格、艺术情趣、辩证思维和科学智慧，这些优秀文化的产生反映了中华民族最深层的精神追求，形成了中华民族讲仁义、重民本、守诚信、求大同的优秀文化传统，铸就了中国人的家国情怀、社会担当和个体修养的文化性格。

中国共产党自诞生以来就将文化视为一个国家、一个民族的灵魂，并始终追寻，始终坚守，始终自信。这种文化自信来自于党在长期丰富实践基础上形成的科学的理论体系、崇高的理想信念、全心全意为民服务的宗旨。这种文化自信代表着社会主义先进文化的发展方向，是中国共产党与生俱来的独特气质，也是每个党员应有的自信底气。

坚定文化自信是事关国运兴衰、事关文化安全、事关民族精神独立性的大问题。我们要坚持社会主义先进文化前进方向，用优秀文化产品振奋人心、鼓舞士气，用中华优秀传统文化为人民提供丰润的道德滋养，提高精神文明建设水平。弘扬社会主义核心价值观，弘扬以爱国主义为核心的民族精神和以改革创新为核心的时代精神，不断增强全党全国各族人民的精神力量。

要以文化定力彰显文化自信，文化定力就是在文化上的定心定行之力，即对自己文化的关注力、方向力、坚持力始终不变，对自身文化价值高度认同的立场不动摇。保持文化定力是一个国家、民族、政党成熟与否的重要标志，也是提升文化自信和文化自强的内在要求与必要前提。增强文化自信需要培植文化定力。否则，就会“乱花渐欲迷人眼”，茫然四顾，在文化大潮中迷失自我。坚持文化自信要崇尚、敬仰传统文化。一个民族只有对自己的民族文化、传统文化有自信，这个民族才能林立于世界之林，才能够赢得其他民族的尊敬。

坚持文化自信要坚持马克思主义理论和红色革命文化。马克思主义理论是党的指导思想，是建党伊始就高举着的伟大精神旗帜，指导党带领中国人民推翻了三座大山，取得了中国革命的胜利，建立了中华人民共和国。马克思主义理论是被实践证明了的科学的世界观和方法论，新时代要将马克思主义原理同当代中国实际和时代特点紧密结合起来，推进马克思主义中国化。党在领导全国各族人民进行革命、建设和改革的历史实践中，创造了鲜明独特、奋发向上的革命文化和精神。这些都是我们中华民族文化中的一部分，要时刻牢记党的光荣历史、牢记为国为人民英勇牺牲的革命先烈、牢记创造历史的人民群众，认清我们今天的安定生活是建立在无数先烈的牺牲奉献之上的，饮水思源不忘本。

◎以文化涵养政治生态

文化是一个民族的灵魂，也是一个政党信仰的火种、精神的谱系、制胜的密码，是其前进的根本动力。文化作为一种独特的观念形态和精神现象，既渗透在社会生活的各个角落，也体现于政党内部的不同层面。**党内政治文化涵盖的范围很广泛，主要包括政治理想、政治纪律和政治品质等内容，也包含政治认知、政治情感等方方面面，是影响个人政治行为的重要因素。**党内政治文化是反映党性、彰显党性的文化。党内政治文化是融入共产党人灵魂的精神标识，是一个政党软实力的突出表现。在建设党内政治文化的伟大实践中，汲取信仰的力量、精神的力量、文化的力量，涵养共产党人的精神品格，营造风清气正的良好政治生态。

国民之魂，文以化之；国家之神，文以铸之。党内政治文化是一种长期积淀，是以文化人的过程，必须破立并举、激浊扬清。既要破除庸俗政治文化，同时也要把鲜明的价值标杆立起来，把弘扬正气这个“大气候”营造好，使忠诚老实、光明坦荡、公道正派、实事求是、艰苦奋斗、清正廉洁等价值观深入共产党人内心，如同空气一样“日用而不觉”。文化作为思想意识、精神信仰、价值观念等的集中体现，对共产党人发挥着更基础、更深沉、更持久的作用。党内政治文化是一种持久力量，是强党兴党的根本之策，必须正本清源、持续建设。对于治国理政来说，文化是一种基本、持久的力量；对于党的建设来说，党内政治文化是强党兴党更为持久的力量。

一个政党兴衰存亡，不取决于当时的社会文化水平，而是取决于党内政治文化建设。长期以来，在几代中国共产党人的共同努力下，党形成了具有鲜明特色的党内政治文化，比如：以马克思主义中国化最新成果为指导，从传统政治智慧中汲取营养，在血与火的革命实践中培育出大无畏的革命精神，在社会主义先进文化建设中走在前列，在党性修养中永葆党的先进性和纯洁性，由此形成了共产党人坚定的理想信念、强烈的使命担当、铁一般的纪律、为人民服务的精神、与时俱进的品格，等等。党是一个具有鲜明特征的马克思主义政党，在加强党内政治文化建设的道路上从来没有懈怠，因为唯有不断加强党内政治文化建设，才能真正形成山清水秀的政治生态，促进管党治党从治标转向治本。

回首历史，党内政治文化是在长期的斗争实践中逐步形成和发展的，注重党内政治文化建设是党的优良传统。中国共产党是由先进文化孕育而生的，又始终代表中国先进文化的前进方向。党成立伊始，就把马克思主义作为根本指导思想，在带领全国人民进行革命、建设和改革伟大实践的进程中，形成并不断丰富和发展了党内政治文化；新民主主义革命时期，以毛泽东同志为主要代表的中国共产党人坚持以马克思列宁主义为指导，并结合中国革命和中国共产党自身建设实际，有力推动了党的建设伟大工程和党内先进政治文化的形成；中华人民共和国成立后，党加强思想建设、组织建设和作风建设，大力发扬党的实事求是、群众路线等优良传统，健全党的民主集中制，发展党内民主生活，加强对党组织和党员的监督，既传承了党内政治文化的优秀基因，又丰富了党内政治文化建设的基本内涵；改革开放以来，我们党十分重视政治文化建设。1980 年制定的《关于党内政治生活的若干准则》，对党在长期政治生活实践中取得的宝贵经验进行了总结，强调坚持党性，要讲真话、言行一致，发扬党内民主、正确对待不同意见，保障党员权利不受侵犯，接受党和群众的监督、不准搞特权，这些原则和内容直到今天仍要很好地坚持；党的十八大以来，习近平总书记多次论述净化党内政治生态这个重大问题，强调政治文化是政治生活的灵魂，对政治生态具有潜移默化的影响。要注重加强党内政治文化建设，党内政治文化建设更加系统化、科学化。

党内政治文化以马克思主义为“魂”。马克思主义是我们党的精神旗帜、灵魂所在、行动指南。马克思主义及其在中国的发展，为党和人民事业发展提供了既一脉相承又与时俱进的科学理论指导，为增进全党全国各族人民团结统一提供了坚实思想基础。马克思主义是我们立党立国的根本指导思想，也是党内政治文化的核心要义和命脉所在。背离或放弃马克思主义，我们党就会失去灵魂、迷失方向，党内政治文化就会失去核心要义和命脉所在。

以中华优秀传统文化为“基”。中华优秀传统文化是中国特色社会主义植根的文化沃土，也是党内政治文化的基础。在5000多年文明发展中孕育的中华优秀传统文化，积淀着中华民族最深沉的精神追求，代表着中华民族独特的精神标识，支撑着中华民族生生不息、薪火相传，是中华民族生存和发展的“根”。中华民族和中国人民在修齐治平、尊时守位、知常达变、开物成务、建功立业过程中培育和形成的基本思想理念，为我们党认识和改造世界提供了有益启迪，为我们党治国理政提供了有益启示，是党内政治文化最丰富的精神宝库。

以革命文化为“源”。孕育和成长于战斗岁月中的革命文化，是中国道路、中国理论和中国制度发展的深厚土壤，也是党内政治文化的源头。革命文化是中国共产党和中国人民在革命、建设和改革开放各个历史时期形成的精神追求、精神品格、精神力量，是党和中国人民革命斗争史的高度文化凝聚。对共产党人来说，中国革命历史是最好的营养剂，革命文化是最可宝贵的精神优势。中国共产党从艰苦卓绝的革命斗争中走来，孕育了极为宝贵的革命精神文化，从红船精神到井冈山精神，从苏区精神到长征精神，从延安精神到西柏坡精神，中国共产党的革命文化一脉相承、绵延不绝，形成了中国共产党人独特的红色基因和精神优势，铸就了党内政治文化之魂。

以社会主义先进文化为“体”。社会主义先进文化是以马克思主义为指导，以培养有理想有道德有文化有纪律的公民为目标，面向现代化面向世界面向未来的，民族的科学的大众的文化。社会主义先进文化在指导思想、核心价值观、民族精神和时代精神、培养目标上与党内政治文化是一致的。社会主义先进文化是中国特色社会主义的有机组成部分。

完善和发展中国特色社会主义，实现“两个一百年”奋斗目标和中华民族伟大复兴的中国梦，与党的最高理想和最终奋斗目标是统一整体，党内政治文化必然以社会主义先进文化为主体。

以党性为“用”。中国共产党党性是中国共产党区别于其他政党的本质属性，也是党内政治文化的集中体现。党性体现为作为中国共产党组织整体的党性和作为党员个体的党性两方面。马克思主义政党的本质属性是先进性和纯洁性。党内政治文化集中体现了中国共产党党性，是党的先进性和纯洁性在党的指导思想、奋斗目标、路线纲领、制度规范、思维方式、价值观念、精神风貌、行为规范、作风习惯等方面的具体体现。党正是在马克思主义指导下，融入中华民族优秀传统文化的“根”和“魂”，传承革命文化的红色基因，秉承社会主义先进文化的基本要素，科学总结中国共产党管党治党的历史经验和新鲜经验，形成和不断完善能够充分体现中国共产党党性的党内政治文化。

文化是民族的血脉，是人民的精神家园。要实现党内政治生活更加规范、党内政治生态根本好转，关键是要持之以恒，使党的性质、宗旨、目标和党的纪律、规矩、制度，成为共产党人的自觉追求，永葆共产党人的政治本色。因此，加强新时代党内政治文化建设的任务还很艰巨，需要共产党人在以习近平同志为核心的党中央坚强领导下，不忘初心、继续努力，共同把党内政治文化建设好、巩固好、发展好，使我们党始终走在时代前列。

◎ “笔杆子”与“枪杆子”

毛泽东同志说过一句精彩的话，“笔杆子、枪杆子，革命就靠这两杆子”。邓小平同志予以进一步发挥，“拿笔杆是实行领导的主要方法”“不懂得用笔杆子，不会用笔杆子，这个领导就是很有缺陷的”。共产党人拿起“笔杆子”是我们党治国理政实施领导的优良传统，是引领发展指导工作的重要手段，是提高素质增长才干的有效路径。在革命建设年代，老一辈无产阶级革命家靠“两杆子”打出新天下，开辟新天地；在新时代，呼唤新一代继承者拿起“笔杆子”，绘出新蓝图，续写新篇章。

枪杆子里出政权。1927年8月7日在湖北汉口召开的“八七”会议上，毛泽东同志结合中国当时国情提出了“枪杆子里出政权”的著名论断，即中国内部没有民主，只能以革命武装斗争为主要形式，这是由中国当时的国情决定的。夺取政权要依靠枪杆子，巩固政权少不了笔杆子。如果没有枪杆子只有笔杆子，一切力量就只是纸上谈兵，同样的，如果没有笔杆子只有枪杆子，那就和没有灵魂没有思想的土匪恶霸一样。

笔杆子里得民心。在马克思主义刚刚传入中国的时候，其内容并不是每个民众都能了解到的，那么如何让广大民众特别是当时的农民同志们了解并接受马克思主义思想，就只能依靠宣传工作。1919年李大钊在《新青年》发表《我的马克思主义观》，向广大民众大致介绍了马克思主义，并指明了革命对象，起到了宣传和动员广大民众的作用。

毛泽东曾经说过：“共产党是左手拿传单右手拿枪弹才可以打倒敌人的。”可以说，解放战争的胜利，既是中国共产党人善于运用“枪杆子”这一物质武器的胜利，也是善于运用“笔杆子”这一精神武器的胜利；既是“硬实力”的比拼，也是“软实力”的较量。解放战争之初，国共双方“硬实力”的强弱差距是非常明显的，但共产党靠“软实力”弥补不足，并很快促进了双方综合实力的逆转。历史证明解放战争既是“枪杆子”的胜利，也是“笔杆子”的胜利。

党自成立之日起，牢牢抓住“笔杆子”，加强意识形态工作，强化社会舆论引导，掌控宣传导向“风向标”。“枪杆子”和“笔杆子”是党的制胜法宝。中国共产党夺取全国政权靠的正是“枪杆子”和“笔杆子”，巩固政权同样离不开“枪杆子”和“笔杆子”。“笔杆子”关系到舆论导向，关系到民心向背，“星星之火，可以燎原。”意识形态工作是党的一项极端重要的工作。历史反复告诉我们，做好意识形态工作，事关党的前途命运，事关国家长治久安，事关民族凝聚力和向心力。这是党的政治建设和执政能力的本质要求。

毛泽东同志站在“掌握思想领导是掌握一切领导的第一位”的战略高度，对加强党的意识形态领导工作进行了许多思考和探索。毛泽东同志指出：必须牢牢把握党对意识形态工作的领导权，坚持中国共产党的领导核心地位，提高意识形态工作本领；必须坚持马克思主义在意识形态领域的指导地位，以马克思主义指导政治、经济、文化各项事业发展，指导现实运动，反对教条主义和修正主义，旗帜鲜明地与非马克思主义、反马克思主义思想作斗争；必须围绕党的中心工作发挥意识形态的能动作用，让意识形态工作反映并服务于经济建设这个中心任务，做好社会主义建设的“统帅”和“灵魂”；要根据不同历史时期的核心任务，制定科学合理的意识形态工作方针；要坚持原则性和策略性相结合的意识形态工作方法，使意识形态工作取得实效。毛泽东同志提出的这些宝贵思想和方法，是对马克思列宁主义意识形态理论的继承、发扬和创新发展，为新中国意识形态工作打下了理论与实践两方面的坚实基础。

党的十八大以来，面对意识形态领域日益错综复杂的形势，习近平总书记高度重视做好这项工作，他参加全国宣传思想工作会议，到新闻媒体单位调研，发表了一系列重要讲话。习近平总书记强调宣传思想的使命任务：就是要举旗帜、聚民心、育新人、兴文化、展形象。巩固马克思主义在意识形态领域的指导地位，巩固全党全国人民团结奋斗的共同思想基础。强调要大力践行和弘扬社会主义核心价值观，核心价值观是其中最持久最深沉的力量；强调党的新闻舆论工作是治国理政、定国安邦的大事，人在哪儿，宣传思想工作的重点就在哪儿，要切实提高党的新闻舆论传播力、引导力、影响力、公信力，不断增强脚力、眼力、脑力、笔力，努力打造一支政治过硬、本领高强、求实创新、能打胜仗的宣传思想工作队伍；强调营造风清气正的网络环境，正能量是总要求，管得住是硬道理，用得好是真本事。没有网络安全就没有国家安全，过不了互联网这一关，就过不了长期执政这一关。

执政党离不开舆论，舆论是她的喉舌。舆论导向正确，是党和人民之福；舆论导向错误，是党和人民之祸。毛泽东同志曾经形象地说过，党离不开枪杆子、笔杆子。这里的笔杆子，就是泛指意识形态、舆论阵地。苏联共产党丧失执政地位，并非一日之寒，恰恰是因为多年舆论失控，导向偏移。

中国共产党恰恰相反，极为重视宣传舆论。走过百年历史的现代政党，党从成立之初，就有几件事是连朋友和对手都佩服的。一曰“枪杆子”，党指挥枪，从古田会议开始，这一条绝对不动摇。二曰“笔杆子”，党管宣传，始终如一，党的最高领导人经常带头撰文，宣传党的主张，宣传大政方针。这方面，毛泽东同志堪为表率。他从大革命时期开始，一直笔耕不辍。在长征路上、在陕北窑洞里、在西柏坡窄小的房间中，战时里、百忙中、油灯下，写下多少重要文章！《为人民服务》《纪念白求恩》《愚公移山》有口皆碑；《矛盾论》《实践论》《在延安文艺座谈会上的讲话》，构成毛泽东思想的重要篇章。进城后，他依然著述不断，

《关于正确处理人民内部矛盾的问题》《论十大关系》等丰富发展毛泽东思想。

接力棒传到习近平同志手中。在他眼里，宣传舆论是治国理政、定国安邦的大事，一定要高度重视。他不仅光大传统，亲自撰写文章，发表系列讲话，还先后亲自主持召开文艺工作座谈会、新闻舆论工作座谈会、网信工作座谈会。为新时期宣传舆论工作指明发展方向："高举旗帜、引领导向，围绕中心、服务大局，团结人民、鼓舞士气，成风化人、凝心聚力，澄清谬误、明辨是非，联接中外、沟通世界。"习近平总书记在新时代中国特色社会主义思想中展示了中国道路自信、理论自信、制度自信和深厚的文化自信，并要求这项工作变得更加"主动"。习近平总书记本人就是讲好中国故事的典范，他在诸多外交场合用"讲故事"的方式，来传播中华文化、阐释中国理念、传递中国友谊、展示天下情怀，给国际社会留下了深刻的印象。

在革命建设年代，老一辈无产阶级革命家靠"两杆子"打出新天下，开辟新天地；进入新代，呼唤新一代继承者拿起"笔杆子"，绘出新蓝图，续写新篇章，"枪杆子""笔杆子"要始终如一，"笔杆子跟枪杆子结合起来"，建设美好未来，习近平总书记强调："我们必须把意识形态工作的领导权、管理权、话语权牢牢掌握在手中，任何时候都不能旁落，否则就要犯无可挽回的历史性错误。"发挥"笔杆子"的作用，用先进的理论武装人们的头脑和思想，凝心聚力，为完成党和国家的战略目标、为实现崇高的使命而奋斗。

◎以文化自信塑造大的样子

我们党站在新的历史起点上，必须以“大就要有大的样子”的形象，领导和团结全国各族人民进行伟大斗争、建设伟大工程、推进伟大事业、实现伟大梦想，在世界形势深刻变化的历史进程中始终走在时代前列，在坚持和发展中国特色社会主义中始终成为坚强领导核心。

习近平总书记指出，中国共产党是世界上最大的政党，大就要有大的样子。这是宣示也是鞭策，坚毅豪迈掷地有声，充满期许又意味深长。既表达出永葆初心牢记使命的价值自觉，又标示出勇于自我革命从严管党治党的决心意志，还彰显出以天下为己任的大党担当和从容自信。

“大就要有大的样子”彰显的实质是文化自信。文化自信有基，强大党魂有形。中国传统文化凝聚着中华民族最深沉的精神追求，形成了中华民族独特禀赋与特质，是中华民族独特的精神标识，这就是共产党人增强文化自信的基础，坚定文化自信的源流依凭；而中华民族千年文明的薪火延续至今，所展现出来的伟大创造精神，伟大奋斗精神，伟大团结精神，伟大梦想精神，是久经时间沉淀的民族文化精魂，弥足珍贵，保持并修炼这种强大而美好的精神品质，是我们共产党人在修炼自身党性、铸就自身党魂的过程中必须去参悟的时代课程。

要以人民为中心的大情怀彰显大的样子。人民情怀是马克思主义政党特有的高尚情怀。中国共产党始终坚持以人民为中心，同人民在一起，为人民利益而奋斗，这是中国共产党不同于其他政党的大情怀。中国共产党坚持人民是历史的创造者的唯物史观，植根人民，把人民放在心中最高位置，把人民立场作为根本立场，把为人民谋幸福作为根本使命，把全心全意为人民服务作为根本宗旨，把人民对美好生活的向往作为奋斗目标。这也体现了“天下为公”的大境界。

要以“大理想”引领时代大发展体现大的样子。作为马克思主义政党，自创立之日起，中国共产党就把实现共产主义作为党的最高理想和最终目标。在新时代，中国特色社会主义是中国共产党人的共同理想。理想信念，是政党的政治灵魂，决定着政党的方向、道路和抱负；理想信念，是共产党人精神上的“钙”。大理想才能有大成就。理想信念坚如磐石、矢志不移，是中国共产党书写传奇、铸就“大的样子”的根本动因。

要以“大格局”走近世界舞台中央体现大的样子。“中国人民愿同各国人民一道，推动人类命运共同体建设，共同创造人类的美好未来！”这一庄严宣示，展示了一个在逐梦路上与各国携手并进的中国。事实上，诞生于民族危难之际的中国共产党，始终把为人类作出新的更大贡献视为自己的使命。新时代，“人类命运共同体”的提出，更是延续了中华民族5000年文明史一脉相承的“天下”精神，凝聚起国际社会的合作共识，绽放出国际主义的时代光芒。

要坚持宵衣旰食的“大担当”体现大的样子。旰食，指的是半夜才吃饭；宵衣，说的是天没亮就起床穿衣服工作。真正能做到这一点的，还是为伟大事业而奋斗的中国共产党。所以，我们党才赢得了民心、赢得了胜利。回顾过去几年，我们坚持在国际斗争中讲团结讲艺术，以宏大的视野和坚定的信心赢得了更多的认同。回头再看“打铁还需自身硬”的誓言，一个结论更加清晰：正是不断地淬火、时时地磨砺，才得以提振党心、凝聚民力，推动中国的不断发展。同时，党始终不忘为中国人民谋幸福、为中华民族谋复兴的初心和使命，党的十九大提出的“两个一百年”奋斗目标则前承几代人的求索、后启无数人的梦想。大抱负才能有大担当。党的“大的样子”是兴国之光。

要以自我革命的“大气魄”体现大的样子。心底无私天地宽，我们党之所以有自我革命的勇气，是因为党除了国家、民族、人民的利益，没有任何自己的特殊利益。不谋私利才能谋根本、谋大利，才能正视问题、祛病疗伤。党的十八大以来，以习近平同志为核心的党中央以刮骨疗毒、壮士断腕的勇气，深入推进全面从严治党，"打虎拍蝇猎狐"保持高压态势，党风政风为之一新，党心民心为之一振。党和国家事业取得历史性成就、发生历史性变革深刻昭示：打铁必须自身硬，必须以党的自我革命来推动党领导人民进行的伟大社会革命。在新征程上，唯有坚定不移全面从严治党，继续清除一切侵蚀党的健康肌体的病毒，继续以勇于自我革命精神打造和锤炼自己，党才能永远走在时代前列，永远做中国人民和中华民族的主心骨。

要以实现民族复兴的"大作为"体现大的样子。长征的血战、抗日的烽烟；开放的探索、改革的攻坚……民族复兴路上每前行一步，我们党都要经受考验与洗礼。革故鼎新、引领时代，让中国共产党得以长盛不衰、枝繁叶茂。新时代，坚持以习近平新时代中国特色社会主义思想为指引，接续奋斗、砥砺前行，我们一定能写就神州千秋业，将民族复兴的梦想化作乾坤万里春。今天，中国已经成为世界第二大经济体，对全球经济增长的贡献率连续多年超过30%，成为世界经济增长的主要稳定器和动力源。同时，中国特色社会主义道路、理论、制度、文化不断发展，给世界上那些既希望加快发展又希望保持自身独立性的国家和民族提供了全新选择，只要找准方向、驰而不息，在现代化的征途上条条大路通罗马。这是中国共产党人对中国、对世界、对历史、对人类的大贡献。

"大的样子"不是一劳永逸的。在新时代，要以文化自信塑造大的样子。继续保持"大的样子"，立志建设大党，立志治理大国，立志推进人类大业，既是世界级挑战，也是历史性担当。打铁必须自身硬。**大且"硬"，"硬"而强，是党的"大的样子"的基本风骨、基本风范。**

展现出“大的样子”的独特魅力，一方面，要扎实推进“大党铸魂”工程，用习近平新时代中国特色社会主义思想武装全党，突出把政治建设摆在首位，以思想建党筑牢信仰之基、补足精神之“钙”，切实拧紧思想和行动的“总开关”。另一方面，要有效推进“大党治理”工程，按照新时代党的建设总要求，以加强党的长期执政能力建设、先进性和纯洁性建设为主线，全面加强和整体推进党的政治建设、思想建设、组织建设、作风建设和纪律建设，并把制度建设贯穿其中，切实提高党的建设质量。还要切实走好未来“大党赶考”之路，要时刻警醒面临的“四大考验”“四大危险”，坚持问题导向，保持战略定力，牢记初心使命，坚守宗旨信念，在自我净化、自我完善、自我革新、自我提高中筑牢执政为民根基，努力向人民交出优异的答卷。

办好中国的事情，关键在党。历史是最好的注解，现实是有力的印证，未来是必圆的梦想。面向未来，党迎来百年里程碑并进入下一个新的百年，携带“强党方略”前行，我们完全有理由相信，**它必然因其使命非凡而壮大，必然因其道路壮阔而伟大，必然因其本领高强而强大。**中国共产党“大就要有大的样子”这一豪迈宣示和深沉鞭策，必将以浓墨重彩的“大的样子”书写现代政党形象建设的崭新篇章。